진짜
수학의 답을
찾아서!

수학의 답

중학 수학 3

KB190400

| 교재
내용
문의 | 교재 내용 문의는 EBS 중학사이트
(mid.ebs.co.kr)의 교재 Q&A
서비스를 활용하시기 바랍니다. | 교 재
정오표
공 지 | 발행 이후 발견된 정오 사항을 EBS
중학사이트 정오표 코너에서 알려 드립니다.
교재학습자료 → 교재 → 교재 정오표 | 교재
정정
신청 | 공지된 정오 내용 외에 발견된 정오 사항이 있다면
EBS 중학사이트를 통해 알려 주세요.
교재학습자료 → 교재 → 교재 선택 → 교재 Q&A |

꿈을 키우는 인강

정승익 선생님

김정민 선생님

이정우 선생님

김청해 선생님

김준우 선생님

장동준 선생님

김구 선생님

정유빈 선생님

김지원 선생님

허준석 선생님

학교가 달라도 교과서가 달라도
기본에 충실한 강의
EBS중학

시험 대비와 실력향상을 동시에
교과서별 맞춤 강의
EBS중학프리미엄

진짜
수학의 답을
찾아서!

수학의 답

중학 수학 3

EBS 중학 수학의 인기 강좌 수학의 답!
이제 교재로 만날 수 있습니다!

수학의 답 총 1,300개의 강좌 중 3학년 교육과정
순서에 맞게 174개 유형으로 재구성하였습니다.

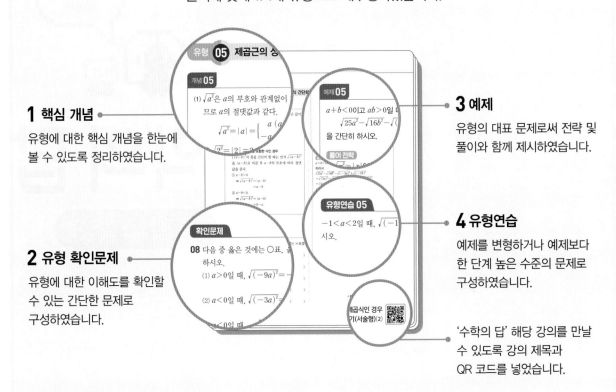

1 핵심 개념

유형에 대한 핵심 개념을 한눈에
볼 수 있도록 정리하였습니다.

2 유형 확인문제

유형에 대한 이해도를 확인할
수 있는 간단한 문제로
구성하였습니다.

3 예제

유형의 대표 문제로써 전략 및
풀이와 함께 제시하였습니다.

4 유형연습

예제를 변형하거나 예제보다
한 단계 높은 수준의 문제로
구성하였습니다.

'수학의 답' 해당 강의를 만날
수 있도록 강의 제목과
QR 코드를 넣었습니다.

● **정답과 풀이** 자세하고 친절한 풀이

수학의 답 강의 활용 방법 EBS ◐● 중학

개념이나 문제 하단의 QR 코드를 찍으세요!
수학의 답 해당 강의를 바로 만날 수 있습니다.

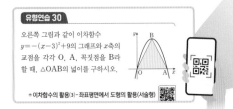

이 책의 차례

CONTENTS

1 실수와 그 연산

개념 01

(1) **제곱근**: 어떤 수 x를 제곱하여 a가 될 때, 즉 $x^2=a$
일 때, x를 a의 제곱근이라 한다.
① 양수의 제곱근은 양수와 음수 총 2개가 있으며, 그
절댓값은 서로 같다.
② 0의 제곱근은 0이다.
③ 음수의 제곱근은 생각하지 않는다.

(2) **제곱근 구하기**

어떤 수 x의 제곱근을 구할 때
➡ 제곱해서 x가 되는 수를 찾는다.
예 4의 제곱근은 2, -2이다.

●제곱근의 뜻

예제 01

10의 제곱근을 a, 8의 제곱근을 b라 할 때, a^2+b^2의 값
을 구하시오.

풀이 전략

a의 제곱근은 제곱하면 a가 되는 수이다.

풀이

a는 10의 제곱근이므로
$a^2=10$
b는 8의 제곱근이므로
$b^2=8$
따라서 $a^2+b^2=10+8=18$

●제곱근의 뜻

확인문제

01 다음 □ 안에 알맞은 수를 써넣으시오.

25의 제곱근 ➡ 제곱하여 □가 되는 수
➡ $x^2=$□를 만족시키는 x의 값
➡ □ 또는 -5

02 다음 수의 제곱근을 구하시오.
(1) 16 　　　　　 (2) 100

(3) $\dfrac{1}{4}$ 　　　　 (4) 0.81

유형연습 01

다음 중 옳지 <u>않은</u> 것은?
① 144의 제곱근은 12, -12이다.
② 0.3은 0.09의 제곱근이다.
③ 16의 제곱근인 두 수의 합은 0이다.
④ 모든 정수의 제곱근은 2개이다.
⑤ x가 8의 제곱근이면 $x^2=8$을 만족시킨다.

유형 02 근호를 사용하여 제곱근 나타내기

개념 02

$a>0$일 때

(1) a의 제곱근: $\pm\sqrt{a}$

예 5의 제곱근은 $\pm\sqrt{5}$이다.

[참고] 양수의 제곱근은 절댓값이 같고 부호가 반대인 2개의 수로 나타나므로 $\sqrt{a}$와 $-\sqrt{a}$를 합쳐서 $\pm\sqrt{a}$라 한다.

(2) a의 양의 제곱근: $\sqrt{a}$

a의 음의 제곱근: $-\sqrt{a}$

(3) 제곱근 a: $\sqrt{a}$ ➡ a의 양의 제곱근

[주의] · (a의 제곱근) $\neq$ (제곱근 a)

· a의 제곱근과 제곱근 a의 비교(단, $a>0$)

	a의 제곱근	제곱근 a
표현	$\pm\sqrt{a}$	$\sqrt{a}$
개수	2	1

● 제곱근의 표현(1)

예제 02

다음 중 옳지 <u>않은</u> 것은?

① 49의 제곱근은 ±7이다.

② 9의 양의 제곱근은 3이다.

③ 0의 제곱근은 0이다.

④ $\sqrt{16}$의 음의 제곱근은 -2이다.

⑤ 제곱근 25는 ±5이다.

풀이 전략

a의 제곱근은 제곱하여 a가 되는 수로 $\pm\sqrt{a}$이고, 제곱근 a는 a의 양의 제곱근으로 $\sqrt{a}$이다.

풀이

① 제곱해서 49가 되는 수는 ±7이므로 49의 제곱근은 ±7이다.

② 3은 9의 제곱근이면서 동시에 양수이므로 9의 양의 제곱근이다.

③ 제곱해서 0이 되는 수는 0뿐이므로 0의 제곱근은 0이다.

④ $\sqrt{16}$은 제곱해서 16이 되는 수 중에 양의 값이므로 4이고, 4의 음의 제곱근은 -2이다.

⑤ 제곱근 25는 $\sqrt{25}$이므로 5이다.

따라서 옳지 않은 것은 ⑤이다.

확인문제

03 다음 중 옳은 것에는 ○표, 옳지 <u>않은</u> 것에는 ×표를 하시오.

(1) -3은 -9의 음의 제곱근이다. (　　)

(2) 4의 양의 제곱근은 2이다. (　　)

(3) $\sqrt{81}$의 제곱근은 ±9이다. (　　)

(4) 제곱근 7은 $\pm\sqrt{7}$이다. (　　)

유형연습 02

다음 중 그 값이 나머지 넷과 다른 하나는?

① $\sqrt{9}$의 양의 제곱근

② $+\sqrt{3}$

③ 제곱근 3

④ 제곱하여 3이 되는 수

⑤ $x^2=3$을 만족시키는 양수 x의 값

유형 03 제곱근을 이용하여 도형의 길이 구하기

개념 03

(1) **정사각형의 한 변의 길이 구하기**

넓이가 S인 정사각형의 한 변의 길이를 x라 하면
$x=\sqrt{S}$

(2) **직각삼각형의 한 변의 길이 구하기**

빗변의 길이가 c이고, 나머지 두 변의 길이가 각각 a, b인 직각삼각형에서 피타고라스 정리에 의하여
$c^2=a^2+b^2$이므로

① $c^2=a^2+b^2 \Rightarrow c>0$이므로 $c=\sqrt{a^2+b^2}$
② $a^2=c^2-b^2 \Rightarrow a>0$이므로 $a=\sqrt{c^2-b^2}$
③ $b^2=c^2-a^2 \Rightarrow b>0$이므로 $b=\sqrt{c^2-a^2}$

확인문제

04 넓이가 10인 정사각형의 한 변의 길이를 근호를 사용하여 나타내시오.

05 오른쪽 그림과 같은 직각삼각형에서 x의 값을 근호를 사용하여 나타내시오.

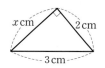

06 오른쪽 그림에서 직사각형의 넓이가 $10\,\text{cm}^2$일 때, x의 값을 근호를 사용하여 나타내시오.

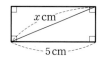

예제 03

다음 그림에서 삼각형 ABC와 정사각형 EFGH의 넓이가 서로 같을 때, x의 값을 구하시오.

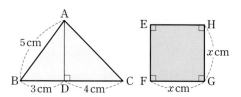

풀이 전략

피타고라스 정리를 이용하여 삼각형 ABC의 넓이를 먼저 구한다.

풀이

삼각형 ABD에서 피타고라스 정리에 의하여
$\overline{AD}^2=5^2-3^2=25-9=16$
$\overline{AD}$의 길이는 16의 양의 제곱근이므로
$\overline{AD}=4$
따라서 삼각형 ABC의 넓이는
$\dfrac{1}{2}\times 7\times 4=14(\text{cm}^2)$
삼각형 ABC와 정사각형 EFGH의 넓이가 서로 같으므로
$x^2=14$
따라서 $x=\sqrt{14}$

유형연습 03

넓이가 $96\,\text{cm}^2$인 정사각형 모양의 색종이를 다음 그림과 같이 각 변의 중점을 꼭짓점으로 하는 정사각형 모양으로 접는 것을 반복하였다. 이때 [5단계]에서 만들어지는 정사각형의 대각선의 길이를 구하시오.

유형 **04** 제곱근의 성질을 이용하여 계산하기

개념 **04**

(1) **제곱근의 성질**

$a>0$일 때

① $(\sqrt{a})^2=a$, $(-\sqrt{a})^2=a$

　예 $(\sqrt{3})^2=3$, $(-\sqrt{3})^2=3$

② $\sqrt{a^2}=a$, $\sqrt{(-a)^2}=a$

　예 $\sqrt{3^2}=3$, $\sqrt{(-3)^2}=3$

[참고] · $a>0$일 때, $(\sqrt{a})^2$, $(-\sqrt{a})^2$은 어떤 수를 제곱한 결과이므로 양수이다.

　　　· $a\neq0$일 때, $\sqrt{a^2}$은 a^2의 양의 제곱근이므로 a의 부호와 관계없이 항상 양수이다.

(2) **제곱근의 성질을 이용한 계산**

제곱근의 성질을 이용하여 근호를 없앤 후 계산한다.

예 $(\sqrt{2})^2+\sqrt{3^2}=2+3=5$

　　$-\sqrt{(-13)^2}+(-\sqrt{7})^2=-13+7=-6$

예제 **04**

$\sqrt{81}-\sqrt{(-5)^2}$의 양의 제곱근을 A,

$\left(-\sqrt{\dfrac{15}{2}}\right)^2\times\sqrt{\left(-\dfrac{4}{3}\right)^2}$의 음의 제곱근을 B라 할 때,

$A+B^2$의 값을 구하시오.

풀이 전략

제곱근의 성질을 이용하여 A, B의 값을 구한다.

풀이

$\sqrt{81}-\sqrt{(-5)^2}=9-5=4$이고

4의 양의 제곱근은 2이므로

$A=2$

$\left(-\sqrt{\dfrac{15}{2}}\right)^2\times\sqrt{\left(-\dfrac{4}{3}\right)^2}=\dfrac{15}{2}\times\dfrac{4}{3}=10$이고

10의 음의 제곱근은 $-\sqrt{10}$이므로

$B=-\sqrt{10}$

따라서 $A+B^2=2+(-\sqrt{10})^2=2+10=12$

확인문제

07 다음 중 옳은 것에는 ○표, 옳지 <u>않은</u> 것에는 ×표를 하시오.

(1) $\sqrt{\left(-\dfrac{1}{2}\right)^2}=\dfrac{1}{2}$　　　　　（　　　）

(2) $\sqrt{(-7)^2}=-7$　　　　　　（　　　）

(3) $\sqrt{3^2}+(-\sqrt{2})^2=1$　　　　（　　　）

(4) $a>0$일 때, a의 제곱근의 제곱은 a이다.

　　　　　　　　　　　　　　（　　　）

(5) a의 제곱의 제곱근은 a이다.　（　　　）

유형연습 **04**

A, B가 다음과 같을 때, $A+B$의 값을 구하시오.

$$A=(\sqrt{0.2})^2\div\left(-\sqrt{\dfrac{1}{4}}\right)^2\times\sqrt{25}$$

$$B=\sqrt{(-0.6)^2}\div\sqrt{0.04}-\sqrt{49}\times\sqrt{\left(\dfrac{2}{7}\right)^2}$$

유형 **05** 제곱근의 성질을 이용하여 식 간단히 하기

개념 05

(1) $\sqrt{a^2}$은 a의 부호와 관계없이 항상 음이 아닌 값이 므로 a의 절댓값과 같다.

$$\sqrt{a^2}=|a|=\begin{cases} a \ (a\geq 0) \\ -a \ (a<0) \end{cases}$$

예 $\sqrt{2^2}=|2|=2$

$\sqrt{(-2)^2}=|-2|=2$

(2) $\sqrt{(a-b)^2}$의 꼴을 포함한 식인 경우

$\sqrt{(a-b)^2}$의 꼴을 간단히 할 때는 먼저 $\sqrt{(a-b)^2}$ 을 $|a-b|$로 바꾼 후 $a-b$의 부호에 따라 절댓 값을 푼다.

① $a-b>0$

➡ $\sqrt{(a-b)^2}=|a-b|$
$=a-b$

② $a-b<0$

➡ $\sqrt{(a-b)^2}=|a-b|$
$=b-a$

예제 05

$a+b<0$이고 $ab>0$일 때,

$$\sqrt{25a^2}-\sqrt{16b^2}-\sqrt{(-3a)^2}+\sqrt{(-7b)^2}$$

을 간단히 하시오.

풀이 전략

(1) $\sqrt{x^2}=|x|$임을 이용하여 식을 간단히 한다.

(2) $ab>0$ ➡ a와 b의 부호가 같다.

➡ $a>0, b>0$ 또는 $a<0, b<0$

풀이

$a+b<0$이고 $ab>0$이므로 $a<0, b<0$

따라서

$\sqrt{25a^2}-\sqrt{16b^2}-\sqrt{(-3a)^2}+\sqrt{(-7b)^2}$
$=\sqrt{(5a)^2}-\sqrt{(4b)^2}-\sqrt{(-3a)^2}+\sqrt{(-7b)^2}$
$=|5a|-|4b|-|-3a|+|-7b|$
$=-5a-(-4b)-(-3a)+(-7b)$
$=-5a+4b+3a-7b$
$=-2a-3b$

🔹 루트 안이 완전제곱식인 경우 간단히 하기(서술형)(2)

확인문제

08 다음 중 옳은 것에는 ○표, 옳지 <u>않은</u> 것에는 ×표를 하시오.

(1) $a>0$일 때, $\sqrt{(-9a)^2}=-9a$ ( )

(2) $a<0$일 때, $\sqrt{(-3a)^2}=3a$ ( )

(3) $a<0$일 때, $-\sqrt{36a^2}=6a$ ( )

(4) $a>0$일 때, $-\sqrt{(-4a)^2}=-4a$ ( )

(5) $a<0$일 때, $\sqrt{16a^2}=4a$ ( )

유형연습 05

$-1<a<2$일 때, $\sqrt{(-1-a)^2}+\sqrt{(a-2)^2}$을 간단히 하시오.

🔹 루트 안이 완전제곱식인 경우 간단히 하기(서술형)(1)

유형 **06** 근호로 나타내어진 수의 대소 관계 판별하기

개념 **06**

(1) $a>0$, $b>0$일 때

① $a<b$이면 $\sqrt{a}<\sqrt{b}$

예 $2<3$이므로 $\sqrt{2}<\sqrt{3}$

② $\sqrt{a}<\sqrt{b}$이면 $a<b$

예 $\sqrt{x}<\sqrt{3}$이면 $x<3$

③ $\sqrt{a}<\sqrt{b}$이면 $-\sqrt{a}>-\sqrt{b}$

예 $\sqrt{3}<\sqrt{5}$이므로 $-\sqrt{3}>-\sqrt{5}$

(2) $\sqrt{a}$와 양수 p의 대소 관계 판별하기 (단, $a>0$)

[방법 1] 양수 p에 근호를 씌운다.

➡ $\sqrt{a}$와 $\sqrt{p^2}$의 대소를 비교한다.

[방법 2] 각 수를 제곱한다.

➡ a와 p^2의 대소를 비교한다.

예 2와 $\sqrt{3}$의 대소 비교

[방법 1] $2=\sqrt{4}$이고 $\sqrt{4}>\sqrt{3}$이므로

$2>\sqrt{3}$

[방법 2] $2^2=4$, $(\sqrt{3})^2=3$이고 $4>3$이므로

$2>\sqrt{3}$

예제 **06**

다음 수 중에서 가장 큰 수를 A, 가장 작은 수를 B라 할 때, A^2-B^2을 구하시오.

$$\sqrt{2}, \ \sqrt{\dfrac{16}{3}}, \ \sqrt{\dfrac{9}{2}}, \ 1.5, \ \sqrt{(-2)^2}$$

풀이 전략

양수 a, b에 대하여 $\sqrt{a}<\sqrt{b}$이면 $a<b$임을 이용한다.

풀이

$1.5=\sqrt{1.5^2}=\sqrt{2.25}$이고 $\sqrt{(-2)^2}=\sqrt{4}$이므로

주어진 수를 근호가 있는 수로 나타내면

$\sqrt{2}, \ \sqrt{\dfrac{16}{3}}, \ \sqrt{\dfrac{9}{2}}, \sqrt{2.25}, \sqrt{4}$

$2<2.25<4<\dfrac{9}{2}<\dfrac{16}{3}$이므로

$\sqrt{2}<\sqrt{2.25}<\sqrt{4}<\sqrt{\dfrac{9}{2}}<\sqrt{\dfrac{16}{3}}$

즉, $\sqrt{2}<1.5<\sqrt{(-2)^2}<\sqrt{\dfrac{9}{2}}<\sqrt{\dfrac{16}{3}}$

따라서 $A=\sqrt{\dfrac{16}{3}}$, $B=\sqrt{2}$이므로

$A^2-B^2=\dfrac{16}{3}-2=\dfrac{10}{3}$

확인문제

09 다음 □ 안에 알맞은 부등호를 써넣으시오.

(1) $\sqrt{5}$ □ $\sqrt{7}$

(2) $\sqrt{\dfrac{1}{2}}$ □ $\sqrt{\dfrac{1}{3}}$

(3) $-\sqrt{\dfrac{2}{3}}$ □ $-\sqrt{\dfrac{4}{3}}$

(4) $\sqrt{8}$ □ 3

(5) 0.3 □ $\sqrt{0.9}$

유형연습 **06**

다음을 간단히 하시오.

$$\sqrt{(3-\sqrt{7})^2}+\sqrt{(2-\sqrt{5})^2}+\sqrt{(\sqrt{5}-\sqrt{7})^2}+\sqrt{(-5)^2}$$

유형 **07** 근호를 포함한 부등식

개념 **07**

$a>0$, $b>0$, $c>0$일 때

(1) $\sqrt{a}<\sqrt{b}<\sqrt{c}$

➡ $(\sqrt{a})^2<(\sqrt{b})^2<(\sqrt{c})^2$

➡ $a<b<c$

(2) $a<\sqrt{b}<c$

➡ $a^2<(\sqrt{b})^2<c^2$

➡ $a^2<b<c^2$

[참고] 부등식의 모든 변이 양수일 때, 각 변을 제곱하거나 각 변에 근호($\sqrt{}$)를 씌워도 부등호의 방향은 바뀌지 않는다.

확인문제

10 $2<\sqrt{n}<3$을 만족시키는 자연수 n의 개수를 구하시오.

11 $\sqrt{2}<n<\sqrt{30}$을 만족시키는 자연수 n의 개수를 구하시오.

12 다음 중 옳은 것에는 ○표, 옳지 <u>않은</u> 것에는 ×표를 하시오.

(1) $0<a<1$이면 $\sqrt{\dfrac{1}{a}}>1$이다.　　　（　　　）

(2) $a<b$이면 $\sqrt{a^2}<\sqrt{b^2}$이다.　　　（　　　）

예제 **07**

$2\leq\sqrt{x-1}+1<5$ (x는 자연수)일 때, 자연수 x의 개수를 구하시오.

풀이 전략

부등식의 모든 변이 양수일 때, 각 변을 제곱하여도 부등호의 방향은 바뀌지 않는다.

풀이

$2\leq\sqrt{x-1}+1<5$의 각 변에서 1을 빼면

$1\leq\sqrt{x-1}<4$

각 변을 제곱하면

$1\leq x-1<16$

각 변에 1을 더하면

$2\leq x<17$

따라서 자연수 x는 2, 3, 4, $\cdots$, 16이므로 그 개수는 15이다.

● 제곱근을 포함한 부등식(서술형)(1)

유형연습 **07**

$3<\sqrt{x+2}-1\leq5$를 만족하는 자연수 x의 개수를 구하시오.

● 제곱근을 포함한 부등식(서술형)(2)

유형 08 근호로 나타내어진 수가 자연수가 되도록 하는 미지수의 값 구하기(1)

개념 08

A가 자연수일 때

(1) $\sqrt{Ax}$, $\sqrt{\dfrac{A}{x}}$가 자연수가 되도록 하는 가장 작은 자연수 x의 값은?

➡ A를 소인수분해한 후, 지수가 홀수인 밑을 모두 곱한 값이 x의 값이다.

[참고] 근호 안을 소인수분해했을 때 소인수의 지수가 모두 짝수가 되면 (자연수)^{2}의 꼴인 수가 되므로 근호를 없앨 수 있다.

(2) $\sqrt{Ax}$가 자연수가 되도록 하는 두 자리 자연수 x 중 가장 큰 수(작은 수)는?

➡ A를 소인수분해한 후, 지수가 홀수인 밑을 모두 곱한 값에 적당한 (자연수)^{2}의 꼴인 수를 곱하여 구한다.

● 근호를 포함한 값이 자연수가 되도록 하는 미지수 값 구하기(곱)

확인문제

13 $\sqrt{2 \times 5^2 \times x}$가 자연수가 되도록 하는 가장 작은 자연수 x의 값을 구하시오.

14 $\sqrt{2^3 \times 5 \times x}$가 자연수가 되도록 하는 가장 큰 두 자리 자연수 x의 값을 구하시오.

15 $\sqrt{\dfrac{2 \times 3^3}{x}}$이 자연수가 되도록 하는 모든 자연수 x의 값을 구하시오.

예제 08

$\sqrt{\dfrac{504}{a}}$가 자연수가 되도록 하는 가장 작은 자연수 a의 값을 구하시오.

풀이 전략

504를 소인수분해한 후 $\dfrac{504}{a}$의 소인수의 지수가 모두 짝수가 되도록 a의 값을 정한다.

풀이

$\sqrt{\dfrac{504}{a}}$가 자연수가 되려면 $\dfrac{504}{a}$는 (자연수)^{2}의 꼴인 수이어야 한다.

$504 = 2^3 \times 3^2 \times 7^1$

504의 소인수 중 지수가 홀수인 밑은 2와 7이므로 $\dfrac{504}{a}$의 소인수의 지수를 모두 짝수로 만들기 위해서는 a는 소인수로 2와 7을 가져야 한다.

$a = 2 \times 7$이면

$$\frac{504}{a} = \frac{2^3 \times 3^2 \times 7^1}{a} = \frac{2^3 \times 3^2 \times 7^1}{2 \times 7} = 2^2 \times 3^2 = (2 \times 3)^2$$

이므로 $\dfrac{504}{a}$는 (자연수)^{2}의 꼴인 수가 된다.

따라서 $a = 14$

● 근호를 포함한 값이 자연수가 되도록 하는 미지수 값 구하기(분수)

유형연습 08

x는 100 이하의 자연수일 때, $\sqrt{288x}$가 자연수가 되도록 하는 모든 자연수 x의 합을 구하시오.

● 근호를 포함한 값이 자연수가 되도록 하는 미지수 값(곱)(서술형)(4)

유형 09 근호로 나타내어진 수가 자연수가 되도록 하는 미지수의 값 구하기(2)

개념 09

A, x가 자연수라 할 때

(1) $\sqrt{A+x}$가 자연수가 되려면

 ➡ A보다 큰 제곱수를 찾은 후, 그 제곱수가 되도록 하는 x의 값을 구한다.

(2) $\sqrt{A-x}$가 자연수가 되려면

 ➡ A보다 작은 제곱수를 찾은 후, 그 제곱수가 되도록 하는 x의 값을 구한다.

[주의] 근호로 나타내어진 수가 정수가 되도록 하는 조건이 나오면 근호 안이 0이 되는 경우도 고려해야 한다.

[참고] 제곱수는 $1(=1^2)$, $4(=2^2)$, $9(=3^2)$, $16(=4^2)$, …와 같이 자연수의 제곱인 수이다.

 ➡ $\sqrt{(제곱수)} = \sqrt{(자연수)^2} = (자연수)$

확인문제

16 $\sqrt{10+x}$가 자연수가 되도록 하는 가장 작은 자연수 x의 값을 구하시오.

17 $\sqrt{40-x}$가 자연수가 되도록 하는 가장 큰 자연수 x의 값을 구하시오.

18 $\sqrt{15-x}$가 정수가 되도록 하는 모든 자연수 x의 값의 합을 구하시오.

예제 09

$\sqrt{41+x}$와 $\sqrt{33-x}$가 모두 자연수일 때, 자연수 x를 구하시오.

풀이 전략

$\sqrt{33-x}$가 자연수가 되도록 하는 자연수 x의 값을 구한 후 $41+x$가 제곱수가 되는지 확인한다.

풀이

$\sqrt{33-x}$가 자연수가 되려면 $33-x$는 33보다 작은 제곱수이어야 하므로 1, 4, 9, 16, 25 중 하나이다.

$33-x=1$이면 $x=32$ ➡ $41+x=73$

$33-x=4$이면 $x=29$ ➡ $41+x=70$

$33-x=9$이면 $x=24$ ➡ $41+x=65$

$33-x=16$이면 $x=17$ ➡ $41+x=58$

$33-x=25$이면 $x=8$ ➡ $41+x=49$

따라서 구하는 자연수 x의 값은 $33-x$와 $41+x$가 모두 제곱수가 되도록 하는 x의 값인 8이다.

[참고] $\sqrt{41+x}$가 자연수가 되도록 하는 x의 값은 8, 23, 40, …이다. 이때 x가 33보다 작아야 하므로 8, 23의 두 가지 경우만 확인해 보면 문제를 좀 더 쉽게 해결할 수 있다.

⚬ 근호를 포함한 값이 자연수가 되도록 하는 미지수 값(합차)(서술형)(1)

유형연습 09

$\sqrt{x+50} - \sqrt{90-y}$가 가장 작은 정수가 되도록 하는 두 자연수 x, y의 값을 각각 구하시오.

개념 **10**

$\sqrt{x}$ 이하의 자연수를 구할 때에는 x와 가장 가까운 제곱수 2개를 찾은 후 x의 값의 범위를 나타내어 구한다.

$$n^2 < x < (n+1)^2 \Rightarrow n < \sqrt{x} < n+1$$

예 $\sqrt{10}$ 이하의 자연수를 모두 구해 보자.

10과 가장 가까운 제곱수 2개는 $3^2 = 9$, $4^2 = 16$이 므로

$$3^2 < 10 < 4^2 \Rightarrow 3 < \sqrt{10} < 4$$

따라서 $\sqrt{10} = 3.\cdots$이므로 $\sqrt{10}$ 이하의 자연수는 1, 2, 3이다.

● $\sqrt{x}$ 이하의 자연수 구하기

확인문제

19 $\sqrt{15}$ 이하의 자연수를 모두 구하시오.

20 자연수 x에 대하여 $\sqrt{x}$ 이하의 자연수의 개수를 $f(x)$라 할 때, 다음의 값을 구하시오.

(1) $f(3)$

(2) $f(11)$

(3) $f(13)$

(4) $f(20)$

예제 **10**

$f(x) = 5 - (\sqrt{x}$ 이하의 자연수의 개수)라 할 때, $f(7) + f(8) + \cdots + f(17)$의 값을 구하시오.

풀이 전략

각 자연수 x마다 $\sqrt{x}$의 값을 어림하여 $\sqrt{x}$ 이하의 자연수의 개수를 구한다.

풀이

$f(7) = 5 - (\sqrt{7}$ 이하의 자연수의 개수)
   $= 5 - 2 = 3$

$f(8) = 5 - (\sqrt{8}$ 이하의 자연수의 개수)
   $= 5 - 2 = 3$

$f(9) = 5 - (\sqrt{9}$ 이하의 자연수의 개수)
   $= 5 - 3 = 2$

⋮

$f(15) = 5 - 3 = 2$

$f(16) = 5 - 4 = 1$

$f(17) = 5 - 4 = 1$

따라서

$f(7) + f(8) + \cdots + f(17) = 3 \times 2 + 2 \times 7 + 1 \times 2$
   $= 6 + 14 + 2 = 22$

● $\sqrt{x}$ 이하의 자연수 구하기(서술형)(2)

유형연습 **10**

자연수 x에 대하여

$$f(x) = (\sqrt{x}$$보다 작은 자연수의 개수)

라 할 때, $f(1) + f(2) + f(3) + \cdots + f(n) = 42$를 만족시키는 자연수 n의 값을 구하시오.

유형 ⑪ 무리수의 뜻을 이해하고 무리수 판별하기

개념 ⑪

(1) **유리수:** $\dfrac{(정수)}{(0이\ 아닌\ 정수)}$의 꼴로 나타낼 수 있는 수

　① 정수, 유한소수, 순환소수 **예** $3,\ -\dfrac{2}{5},\ 1.4,\ 0.333\cdots$

　② 근호를 없앨 수 있는 수 **예** $\sqrt{16}=4$ ➡ 유리수

(2) **무리수:** 유리수가 아닌 수

　① 순환하지 않는 무한소수 **예** $\pi,\ 0.12123\cdots$

　② 근호를 없앨 수 없는 수 **예** $\sqrt{5},\ \sqrt{\dfrac{1}{2}},\ -\sqrt{2}$

(3) **유리수와 무리수의 구별**

$$소수 \begin{cases} 유한소수 & \\ 무한소수 \begin{cases} 순환소수 \\ 순환하지\ 않는\ 무한소수 \end{cases} \end{cases}$$

➡ 유한소수, 순환소수는 유리수

➡ 순환하지 않는 무한소수는 무리수

　① 유리수는 $\dfrac{(정수)}{(0이\ 아닌\ 정수)}$의 꼴로 나타낼 수 있

　　지만 무리수는 $\dfrac{(정수)}{(0이\ 아닌\ 정수)}$의 꼴로 나타낼

　　수 없다.

　② 유리수이면서 무리수인 수는 없다.

◉ 유리수와 무리수의 구별

예제 ⑪

다음 중 $\dfrac{a}{b}$ ($a,\ b$는 정수, $b\neq0$)의 꼴로 나타낼 수 없는 수를 모두 고르시오.

$$3,\ \ 0.4,\ \ -1.\dot{2},\ \ \sqrt{2},\ \ \sqrt{0.\dot{4}},\ \ -\pi,\ \ \dfrac{\sqrt{3}}{2}$$

풀이 전략

$\dfrac{a}{b}$ ($a,\ b$는 정수, $b\neq0$)의 꼴로 나타낼 수 없는 수는 무리수이다.

풀이

$3,\ 0.4,\ -1.\dot{2}$는 유리수이다.

$\sqrt{2},\ \dfrac{\sqrt{3}}{2}$은 무리수이다.

$-\pi$도 순환하지 않는 무한소수이므로 무리수이다.

$\sqrt{0.\dot{4}}=\sqrt{\dfrac{4}{9}}=\sqrt{\left(\dfrac{2}{3}\right)^2}=\dfrac{2}{3}$이므로 $\sqrt{0.\dot{4}}$는 유리수이다.

따라서 무리수인 것은 $\sqrt{2},\ -\pi,\ \dfrac{\sqrt{3}}{2}$이다.

[주의] 근호를 사용하여 나타낸 수 중 근호를 없앨 수 있는 수는 유리수임에 주의한다.

◉ 유리수와 무리수의 구별

확인문제

21 다음 수가 유리수이면 '유'를, 무리수이면 '무'를 ( ) 안에 써넣으시오.

(1) $\sqrt{10}$ 　　(　)　　(2) $\sqrt{\dfrac{9}{4}}$ 　　(　)

(3) $\sqrt{0.9}$ 　　(　)　　(4) $-\sqrt{(-5)^2}$ 　　(　)

(5) 3.14 　　(　)　　(6) $1+\sqrt{2}$ 　　(　)

유형연습 ⑪

$\sqrt{n}$이 무리수가 되도록 하는 100 이하의 자연수 n의 개수를 구하시오.

유형 **12** 실수의 분류

개념 **12**

(1) **실수**: 유리수와 무리수를 통틀어 실수라 한다.

(2) **실수의 분류**

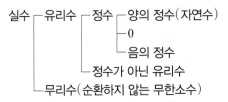

● 실수의 분류

확인문제

22 다음 중 옳은 것에는 ○표, 옳지 <u>않은</u> 것에는 ×표를 하시오.

(1) 유리수이면서 무리수인 실수가 존재한다.

( )

(2) 모든 정수는 유리수이다. ( )

(3) 정수가 아니면서 유리수인 수는 없다. ( )

(4) 순환하지 않는 무한소수는 모두 무리수이다.

( )

(5) 무한소수 중에는 유리수인 것도 있다. ( )

(6) 실수 중 유리수가 아닌 수는 무리수이다.

( )

예제 **12**

다음 중 옳은 것을 모두 고르면? (정답 2개)

① 실수 중 정수가 아닌 수는 무리수이다.

② 순환하지 않는 무한소수는 실수이다.

③ 모든 실수는 순환소수로 나타낼 수 있다.

④ 유리수는 모두 유한소수이다.

⑤ 순환하지 않는 무한소수는 유리수가 아니다.

풀이 전략

순환하지 않는 무한소수는 무리수임을 이용한다.

풀이

① $\frac{3}{2}$은 정수가 아니지만 무리수도 아니다. 실수 중 정수가 아닌 수는 '무리수' 또는 '정수가 아닌 유리수'이다.

② 순환하지 않는 무한소수는 무리수이고, 무리수는 실수이다.

③ 무리수는 실수이지만, 순환소수로 나타낼 수 없다.

④ $\frac{7}{9}=0.\dot{7}$은 유리수지만 유한소수가 아니다.

⑤ 순환하지 않는 무한소수는 무리수이고, 무리수는 유리수가 아니다.

따라서 옳은 것은 ②, ⑤이다.

유형연습 **12**

다음 중 옳은 것을 모두 고르면? (정답 2개)

① $\sqrt{0.\dot{1}}$은 유리수이다.

② 무한소수는 모두 무리수이다.

③ 순환소수는 모두 유리수이다.

④ 근호를 사용하여 나타낸 수는 모두 무리수이다.

⑤ 서로 다른 두 무리수를 더한 수도 무리수이다.

유형 **13** 정사각형을 이용하여 $\sqrt{a}$를 수직선 위에 나타내기

개념 **13**

(1) $\sqrt{2}$를 수직선 위에 나타내기

한 눈금의 길이가 1인 모눈종이 위의 정사각형 ABCD의 넓이는 모눈종이 네 칸의 $\frac{1}{2}$이므로 2이다.

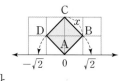

□ABCD의 한 변의 길이를 x라 하면 $x^2 = 2$이고 $x > 0$이므로 $x = \sqrt{2}$이다.

중심이 A이고 반지름의 길이가 x인 원을 점 A의 오른쪽으로 그려서 $\sqrt{2}$를 수직선 위에 나타낼 수 있다. 또한, 왼쪽으로 원을 그리면 $-\sqrt{2}$를 수직선 위에 나타낼 수 있다.

(2) $\sqrt{5}$를 수직선 위에 나타내기

한 눈금의 길이가 1인 모눈종이 위의 정사각형 ABCD의 넓이는 모눈종이 9칸에서 4칸을 빼면 되므로 5이다.

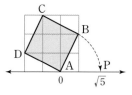

따라서 □ABCD의 한 변의 길이는 $\sqrt{5}$이므로 $\overline{AB} = \overline{AP}$가 되도록 점 P를 점 A의 오른쪽에 잡아 $\sqrt{5}$를 수직선 위에 나타낼 수 있다.

● 무리수의 수직선 표현(1)

확인문제

23 오른쪽 그림과 같이 넓이가 3인 정사각형에 대하여 $\overline{AB} = \overline{AP}$, $\overline{AC} = \overline{AQ}$가 되도록 수직선 위에 두 점 P, Q를 각각 정할 때, 점 P에 대응하는 수를 구하시오.

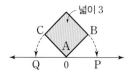

예제 **13**

다음 수직선에서 □ABCD와 □EFGH는 한 변의 길이가 1인 정사각형이다. $\overline{CA} = \overline{CP}$, $\overline{FH} = \overline{FQ}$일 때, 점 P와 점 Q에 대응하는 수를 각각 구하시오.

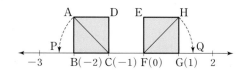

풀이 전략

원과 수직선이 만나는 점이

(1) 원의 중심의 오른쪽에 있으면
　➡ $p + \sqrt{a}$

(2) 원의 중심의 왼쪽에 있으면
　➡ $p - \sqrt{a}$

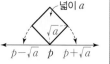

풀이

한 변의 길이가 1인 정사각형의 대각선의 길이는
$$\sqrt{1^2 + 1^2} = \sqrt{2}$$
즉, $\overline{CA} = \overline{CP} = \sqrt{2}$이므로 점 P에 대응하는 수는 $-1 - \sqrt{2}$
또, $\overline{FH} = \overline{FQ} = \sqrt{2}$이므로 점 Q에 대응하는 수는 $0 + \sqrt{2} = \sqrt{2}$

● 무리수의 수직선 표현(1)

유형연습 **13**

다음 그림과 같이 한 눈금의 길이가 1인 모눈종이 위에 정사각형 ABCD가 있다. $\overline{CB} = \overline{CP}$, $\overline{CD} = \overline{CQ}$이고 점 P에 대응하는 수가 $-2 - \sqrt{10}$일 때, 점 Q에 대응하는 수를 구하시오.

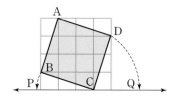

유형 **14** 직각삼각형을 이용하여 $\sqrt{a}$를 수직선 위에 나타내기

개념 **14**

(1) **$\sqrt{a}$를 수직선 위에 나타내기**
   빗변의 길이가 $\sqrt{a}$인
   직각삼각형 OAB를
   그린 후, 점 O를 중심
   으로 하고 $\overline{OB}$를 반지

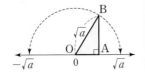

   름으로 하는 원을 그리면 $\sqrt{a}$, $-\sqrt{a}$를 수직선 위
   에 나타낼 수 있다.
   예 $\sqrt{2}$를 수직선 위에 나타내기
      직각을 낀 두 변의
      길이가 1인 직각삼
      각형에서 피타고

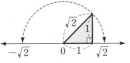

      라스 정리에 의하여 빗변의 길이는 $\sqrt{2}$이므로
      반지름의 길이가 $\sqrt{2}$인 원을 그려 $\sqrt{2}$, $-\sqrt{2}$를
      수직선 위에 나타낼 수 있다.

(2) **$p+\sqrt{a}$를 수직선 위에 나타내기**

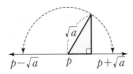

확인문제

24 다음 그림과 같이 한 눈금의 길이가 1인 모눈종
이 위에 수직선과 직각삼각형 ABC를 그린 후
$\overline{AC}=\overline{AP}$가 되도록 수직선 위에 점 P를 정할 때,
점 P에 대응하는 수를 구하시오.

(1)
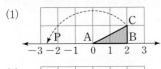

(2)
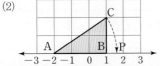

예제 **14**

그림과 같이 한 눈금이 길이가 1인 모눈종이 위에 수직
선과 직각삼각형 ABC를 그린 후 점 A를 중심으로 하
고 반지름의 길이가 $\overline{AC}$인 원을 그려 수직선과 만나는
두 점을 각각 P, Q라 할 때, 다음 중 옳은 것을 모두 고
르면? (정답 2개)

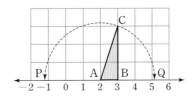

① $\overline{AC}=\sqrt{10}$ ② $\overline{BQ}=\sqrt{10}$
③ $P(-\sqrt{10})$ ④ $Q(3+\sqrt{10})$
⑤ $\overline{BP}=\sqrt{10}+1$

풀이 전략

피타고라스 정리를 이용하여 빗변의 길이를 구한 후, 두 점
P, Q의 좌표를 구한다.

풀이

① $\triangle ABC$에서 $\overline{AC}=\sqrt{1^2+3^2}=\sqrt{10}$
② $\overline{BQ}=\overline{AQ}-\overline{AB}=\overline{AC}-\overline{AB}=\sqrt{10}-1$
③ $\overline{AC}=\overline{AP}=\sqrt{10}$이므로 $P(2-\sqrt{10})$
④ $\overline{AC}=\overline{AQ}=\sqrt{10}$이므로 $Q(2+\sqrt{10})$
⑤ $\overline{BP}=\overline{AP}+\overline{AB}=\sqrt{10}+1$
따라서 옳은 것은 ①, ⑤이다.

유형연습 **14**

다음 그림과 같이 $\overline{BC}=3$인 직사각형 $ABCD$와 반원이
접한다. 반원이 수직선과 만나는 두 점을 각각 P, Q라
할 때, 두 점 P, Q에 대응하는 수를 각각 구하시오.

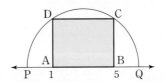

개념 **15**

(1) $a>0$, $b>0$일 때
① $\sqrt{a}>0$, $-\sqrt{a}<0$
② $\sqrt{a}>-\sqrt{b}$
③ 양수끼리는 절댓값이 큰 수가 크다.
④ 음수끼리는 절댓값이 큰 수가 작다.

(2) **두 실수의 대소 관계**
a, b가 실수일 때
① $a-b>0$이면 $a>b$
② $a-b=0$이면 $a=b$
③ $a-b<0$이면 $a<b$

예 $\sqrt{3}+2 \;\square\; 4$
➡ $(\sqrt{3}+2)-4=\sqrt{3}-2<0$이므로
$\sqrt{3}+2 \;\boxed{<}\; 4$

(3) **세 실수의 대소 관계**
세 실수 a, b, c에 대하여 $a<b$이고 $b<c$이면
➡ $a<b<c$

●실수의 대소 관계

확인문제

25 다음 $\square$ 안에 알맞은 부등호를 써넣으시오.
(1) $-\sqrt{2} \;\square\; 0$

(2) $\sqrt{5} \;\square\; -3$

(3) $\dfrac{2}{3} \;\square\; \sqrt{3}$

(4) $-\sqrt{\dfrac{3}{4}} \;\square\; -1$

(5) $\sqrt{5}+3 \;\square\; 5$

예제 **15**

다음 중 $\square$ 안에 알맞은 부등호를 써넣을 때, 나머지 넷과 다른 하나는?

① $\sqrt{5}+3 \;\square\; \sqrt{6}+3$　　② $2-\sqrt{2} \;\square\; 2-\sqrt{3}$
③ $3 \;\square\; 2+\sqrt{3}$　　④ $-4-\sqrt{7} \;\square\; -4-\sqrt{6}$
⑤ $\sqrt{10}-2 \;\square\; 2$

풀이 전략
두 수의 뺄셈을 이용하여 두 수의 크기를 비교한다.

풀이
① $\sqrt{5}<\sqrt{6}$이므로 $\sqrt{5}+3 \;\boxed{<}\; \sqrt{6}+3$
② $-\sqrt{2}>-\sqrt{3}$이므로 $2-\sqrt{2} \;\boxed{>}\; 2-\sqrt{3}$
③ $3-(2+\sqrt{3})=1-\sqrt{3}<0$이므로 $3 \;\boxed{<}\; 2+\sqrt{3}$
④ $-\sqrt{7}<-\sqrt{6}$이므로 $-4-\sqrt{7} \;\boxed{<}\; -4-\sqrt{6}$
⑤ $(\sqrt{10}-2)-2=\sqrt{10}-\sqrt{16}<0$이므로
$\sqrt{10}-2 \;\boxed{<}\; 2$
따라서 나머지 넷과 다른 하나는 ②이다.

다른 풀이
③ $1<\sqrt{3}<2$이므로 $\sqrt{3}=1.\cdots$
따라서 $2+\sqrt{3}=3.\cdots$이므로 $3 \;\boxed{<}\; 2+\sqrt{3}$
⑤ $3<\sqrt{10}<4$이므로 $\sqrt{10}=3.\cdots$
따라서 $\sqrt{10}-2=1.\cdots$이므로 $\sqrt{10}-2 \;\boxed{<}\; 2$

●실수의 대소 관계

유형연습 **15**

다음 세 수 A, B, C의 대소 관계를 바르게 나타낸 것은?

$$A=-\dfrac{5}{2}, \quad B=-\sqrt{6}, \quad C=-\dfrac{1}{2}-\sqrt{5}$$

① $A<B<C$　　② $A<C<B$　　③ $B<A<C$
④ $C<A<B$　　⑤ $C<B<A$

유형 16 실수와 수직선

개념 16

(1) 수직선은 실수에 대응하는 점으로 완전히 메울 수 있다.
  ➡ 수직선은 실수를 나타내는 직선
(2) 한 실수는 수직선 위의 한 점에 대응하고, 수직선 위의 한 점은 한 실수에 대응한다.
(3) 서로 다른 두 실수 사이에는 무수히 많은 실수가 있다.

● 실수와 수직선

확인문제

26 다음 중 옳은 것에는 ○표, 옳지 않은 것에는 ×표를 하시오.

(1) 두 유리수 0과 1 사이에는 무리수가 없다.
( )

(2) 무리수 중에서 수직선 위의 점에 대응되지 않는 수도 있다. ( )

(3) $\sqrt{5}$과 $\sqrt{6}$ 사이에는 무수히 많은 무리수가 있다.
( )

(4) 무리수에 대응하는 점만으로 수직선을 완전히 메울 수 있다. ( )

(5) 모든 실수는 각각 수직선 위의 한 점에 대응한다.
( )

(6) 서로 다른 두 정수 사이에는 무수히 많은 유리수가 있다. ( )

예제 16

다음 중 옳지 <u>않은</u> 것은?
① 수직선은 유리수와 무리수에 대응하는 점으로 완전히 메워져 있다.
② 서로 다른 유리수와 유리수 사이에는 유한개의 유리수가 있다.
③ 서로 다른 무리수와 무리수 사이에는 무수히 많은 무리수가 있다.
④ 유리수와 무리수 사이에는 무수히 많은 유리수가 있다.
⑤ 수직선 위에 $-\sqrt{2}$에 대응하는 점이 한 개 있다.

풀이 전략

서로 다른 두 수 사이에는 무수히 많은 유리수, 무수히 많은 무리수, 무수히 많은 실수가 있다.

풀이

① 유리수와 무리수는 실수이며, 수직선은 실수로 완전히 메워져 있다.
② 서로 다른 유리수와 유리수 사이에는 무수히 많은 유리수가 있다.
⑤ 한 실수는 수직선 위의 한 점에 대응한다.
따라서 옳지 않은 것은 ②이다.

● 실수와 수직선

유형연습 16

다음 중 옳은 것은?
① 1에 가장 가까운 무리수는 $\sqrt{2}$이다.
② 서로 다른 두 무리수 사이에는 무리수만 있다.
③ 서로 다른 두 무리수 사이에는 유한개의 정수가 있다.
④ π는 수직선 위에 대응하는 점이 없다.
⑤ 0에 가장 가까운 무리수를 찾을 수 있다.

유형 **17** 두 실수 사이의 수 구하기

개념 **17**

(1) $\sqrt{a}$가 두 자연수 m, n 사이의 수인지 알아보려면 $m^2 < a < n^2$인지 확인한다.

$$m^2 < a < n^2 \Rightarrow m < \sqrt{a} < n$$

(2) 양수 k가 두 무리수 $\sqrt{a}$, $\sqrt{b}$ 사이의 수인지 알아 보려면 $\sqrt{a} < \sqrt{k^2} < \sqrt{b}$인지 확인한다.

(3) **두 실수 사이의 수 구하기**

주어진 수가 어떤 두 정수 사이에 있는 수인지 확인하여 어림한 값으로 나타낸다.

예 $\sqrt{5} - 2$와 $\sqrt{3} + 4$ 사이에 있는 정수를 모두 구해 보자.

$2 < \sqrt{5} < 3$이므로 $\sqrt{5} = 2.\cdots$

$\Rightarrow \sqrt{5} - 2 = 0.\cdots$

또한, $1 < \sqrt{3} < 2$이므로 $\sqrt{3} = 1.\cdots$

$\Rightarrow \sqrt{3} + 4 = 5.\cdots$

따라서 $\sqrt{5} - 2$와 $\sqrt{3} + 4$ 사이에 있는 정수는 $0.\cdots$와 $5.\cdots$ 사이에 있는 정수이므로 1, 2, 3, 4, 5이다.

● 두 실수 사이의 수 구하기

예제 **17**

다음 중 2와 3 사이에 있는 실수가 <u>아닌</u> 것은?

① $2.\dot{3}$　　② $\sqrt{5}$　　③ $\sqrt{8}$

④ $\dfrac{\sqrt{5} + \sqrt{6}}{2}$　　⑤ $2 + \sqrt{2}$

풀이 전략

무리수의 값을 어림하여 주어진 수가 2보다 크고 3보다 작은 지 확인한다.

풀이

① $2.333\cdots$이므로 2와 3 사이에 있다.

② $4 < 5 < 9$이므로 $2 < \sqrt{5} < 3$

③ $4 < 8 < 9$이므로 $2 < \sqrt{8} < 3$

④ $\sqrt{5}$와 $\sqrt{6}$은 2와 3 사이에 있으므로 두 값의 평균인 $\dfrac{\sqrt{5} + \sqrt{6}}{2}$도 2와 3 사이에 있다.

⑤ $\sqrt{2} = 1.\cdots$이므로 $2 + \sqrt{2} = 3.\cdots$

　따라서 $2 + \sqrt{2} > 3$

따라서 2와 3 사이에 있는 실수가 아닌 것은 ⑤이다.

● 두 실수 사이의 수 구하기

확인문제

27 다음 중 두 수 $\sqrt{3}$과 $\sqrt{20}$ 사이에 있는 수는 ○표, 사이에 있지 않은 수는 ×표를 하시오.

(1) 2　　　　　　　　　　　　（　　　）

(2) $\sqrt{7}$　　　　　　　　　　　（　　　）

(3) 4　　　　　　　　　　　　（　　　）

(4) $\sqrt{15}$　　　　　　　　　　（　　　）

(5) 5　　　　　　　　　　　　（　　　）

유형연습 **17**

두 수 $\sqrt{\dfrac{50}{3}} + 2$와 $-5 - \sqrt{\dfrac{20}{3}}$ 사이에 있는 정수의 개수를 구하시오.

유형 **18** 제곱근의 곱셈

개념 **18**

$a>0$, $b>0$이고, m, n이 유리수일 때

(1) $\sqrt{a}\times\sqrt{b}=\sqrt{ab}$ → 근호 안의 수끼리 곱한다.

  예 $\sqrt{2}\times\sqrt{3}=\sqrt{2\times3}=\sqrt{6}$

(2) $m\sqrt{a}\times n\sqrt{b}=mn\sqrt{ab}$ → 근호 안의 수끼리, 근호 밖의 수끼리 곱한다.

  예 $2\sqrt{3}\times3\sqrt{5}=6\sqrt{15}$

[참고] · $\sqrt{a}\times\sqrt{b}$ 는 곱셈 기호를 생략하여 $\sqrt{a}\sqrt{b}$로 나타낼 수 있다.

  · $m\sqrt{a}=m\times\sqrt{a}$

  · $a>0$, $b>0$, $c>0$일 때
    $\sqrt{a}\sqrt{b}\sqrt{c}=\sqrt{abc}$

● 제곱근의 곱셈

예제 **18**

$\sqrt{5}\times\sqrt{2}\times\sqrt{2a}\times\sqrt{20}\times\sqrt{a}=60$일 때, 양수 a의 값을 구하시오.

풀이 전략

$a>0$, $b>0$일 때, $\sqrt{a}\times\sqrt{b}=\sqrt{ab}$임을 이용한다.

풀이

$\sqrt{5}\times\sqrt{2}\times\sqrt{2a}\times\sqrt{20}\times\sqrt{a}$
$=\sqrt{5\times2\times2a\times20\times a}$
$=\sqrt{400a^2}$

이므로 $\sqrt{400a^2}=60$

양변을 제곱하면
$400a^2=3600$, $a^2=9$

a는 양수이므로 $a=3$

● 제곱근의 곱셈

확인문제

28 다음 □ 안에 알맞은 수를 써넣으시오.

(1) $\sqrt{3}\times\sqrt{7}=\sqrt{3\times\boxed{}}=\sqrt{\boxed{}}$

(2) $2\sqrt{3}\times5\sqrt{2}=(2\times\boxed{})\times\sqrt{\boxed{}\times2}=\boxed{}\sqrt{\boxed{}}$

29 다음을 계산하시오.

(1) $\sqrt{2}\times\sqrt{5}$

(2) $2\sqrt{7}\times\sqrt{2}$

(3) $5\sqrt{11}\times4\sqrt{3}$

(4) $\sqrt{\dfrac{15}{2}}\times\sqrt{\dfrac{6}{5}}$

(5) $4\sqrt{5}\times3\sqrt{6}\times\left(-\sqrt{\dfrac{1}{10}}\right)$

유형연습 **18**

다음을 만족시키는 두 수 A, B에 대하여 AB의 값을 구하시오.

$$A=\sqrt{\dfrac{9}{2}}\times\sqrt{\dfrac{20}{3}}\times\sqrt{(-0.5)^2}$$

$$B=\sqrt{\dfrac{6}{5}}\times\sqrt{\dfrac{20}{3}}\times\sqrt{\dfrac{1}{15}}$$

유형 **19** 근호가 있는 식의 변형(1)

개념 **19**

$a>0$, $b>0$일 때

(1) **근호 안의 수를 근호 밖으로 꺼내기**

$$\sqrt{a^2b}=\sqrt{a^2}\times\sqrt{b}=a\sqrt{b}$$

예 $\sqrt{12}=\sqrt{2^2\times3}=2\sqrt{3}$

$\sqrt{72}=\sqrt{6^2\times2}=6\sqrt{2}$

(2) **근호 밖의 양수를 근호 안으로 넣기**

$$a\sqrt{b}=\sqrt{a^2}\times\sqrt{b}=\sqrt{a^2b}$$

예 $3\sqrt{2}=\sqrt{3^2\times2}=\sqrt{18}$

[주의] 근호 밖의 수를 근호 안으로 넣을 때는 양수만 가능
하다.

예 $-2\sqrt{3}=\sqrt{(-2)^2\times3}$ (×)

$-2\sqrt{3}=-\sqrt{2^2\times3}$ (○)

● 근호가 있는 식의 변형(1)

예제 **19**

$\sqrt{800}=a\sqrt{2}$, $\sqrt{5000}=b\sqrt{2}$일 때, $\sqrt{ab}$의 값을 구하시오.

풀이 전략

$a>0$, $b>0$일 때, $\sqrt{a^2b}=a\sqrt{b}$임을 이용한다.

풀이

$\sqrt{800}=\sqrt{400\times2}=\sqrt{20^2\times2}=20\sqrt{2}$이므로

$a=20$

$\sqrt{5000}=\sqrt{2500\times2}=\sqrt{50^2\times2}=50\sqrt{2}$이므로

$b=50$

따라서

$\sqrt{ab}=\sqrt{20\times50}$

$=\sqrt{1000}$

$=\sqrt{10^2\times10}$

$=10\sqrt{10}$

● 근호가 있는 식의 변형(1)

확인문제

30 다음 수를 $a\sqrt{b}$의 꼴로 나타내시오.

(단, b는 가장 작은 자연수이다.)

(1) $\sqrt{8}$

(2) $\sqrt{20}$

(3) $\sqrt{60}$

31 다음 수를 $\sqrt{a}$의 꼴로 나타내시오.

(1) $3\sqrt{3}$ (2) $4\sqrt{3}$

유형연습 **19**

$\sqrt{1.7}=a$, $\sqrt{17}=b$이고, 두 유리수 x, y에 대하여

$\sqrt{17000}+\sqrt{1700}=xa+yb$일 때, $x+y$의 값을 구하시오.

유형 **20** 제곱근의 나눗셈

개념 **20**

$a>0$, $b>0$, $c>0$, $d>0$이고 m, n이 유리수일 때

(1) $\sqrt{a}\div\sqrt{b}=\dfrac{\sqrt{a}}{\sqrt{b}}=\sqrt{\dfrac{a}{b}}$ → 근호 안의 수끼리 나눈다.

   예 $\sqrt{9}\div\sqrt{3}=\dfrac{\sqrt{9}}{\sqrt{3}}=\sqrt{\dfrac{9}{3}}=\sqrt{3}$

(2) $m\sqrt{a}\div n\sqrt{b}=\dfrac{m}{n}\sqrt{\dfrac{a}{b}}$ (단, $n\neq0$)→ 근호 안의 수끼리, 근호 밖의 수끼리 나눈다.

   예 $6\sqrt{3}\div3\sqrt{5}=\dfrac{6}{3}\sqrt{\dfrac{3}{5}}=2\sqrt{\dfrac{3}{5}}$

(3) $\dfrac{\sqrt{a}}{\sqrt{b}}\div\dfrac{\sqrt{c}}{\sqrt{d}}=\dfrac{\sqrt{a}}{\sqrt{b}}\times\dfrac{\sqrt{d}}{\sqrt{c}}=\sqrt{\dfrac{ad}{bc}}$

● 제곱근의 나눗셈

확인문제

32 다음 □ 안에 알맞은 수를 써넣으시오.

(1) $\sqrt{15}\div\sqrt{3}=\dfrac{\sqrt{15}}{\sqrt{\square}}=\sqrt{\dfrac{15}{\square}}=\sqrt{\square}$

(2) $4\sqrt{6}\div2\sqrt{2}=\dfrac{\square}{2}\times\sqrt{\dfrac{6}{\square}}=\square\sqrt{\square}$

(3) $\sqrt{\dfrac{21}{5}}\div\sqrt{\dfrac{3}{10}}=\sqrt{\dfrac{21}{5}}\times\sqrt{\square}=\sqrt{\dfrac{21}{5}\times\square}=\sqrt{\square}$

33 다음을 계산하시오.

(1) $\sqrt{30}\div\sqrt{5}$　　　　(2) $\sqrt{50}\div\sqrt{2}$

(3) $\dfrac{\sqrt{99}}{\sqrt{11}}$　　　　(4) $3\sqrt{40}\div2\sqrt{5}$

예제 **20**

$\dfrac{4\sqrt{3}}{\sqrt{6}}\div\left(-\dfrac{1}{\sqrt{2}}\right)$을 간단히 하시오.

풀이 전략

$a>0$, $b>0$일 때, $\sqrt{a}\div\sqrt{b}=\dfrac{\sqrt{a}}{\sqrt{b}}=\sqrt{\dfrac{a}{b}}$임을 이용한다.

풀이

$\dfrac{4\sqrt{3}}{\sqrt{6}}\div\left(-\dfrac{1}{\sqrt{2}}\right)=4\times\dfrac{\sqrt{3}}{\sqrt{6}}\times\left(-\dfrac{\sqrt{2}}{1}\right)$

$\qquad\qquad=4\sqrt{\dfrac{3}{6}}\times(-\sqrt{2})$

$\qquad\qquad=4\sqrt{\dfrac{1}{2}}\times(-\sqrt{2})$

$\qquad\qquad=-4\sqrt{\dfrac{1}{2}\times2}$

$\qquad\qquad=-4$

● 제곱근의 나눗셈

유형연습 **20**

$\sqrt{20}$은 $\dfrac{\sqrt{5}}{4}$의 몇 배인지 구하시오.

● 제곱근의 나눗셈

유형 **21** 근호가 있는 식의 변형(2)

개념 21

$a>0$, $b>0$일 때

(1) 근호 안의 수를 근호 밖으로 꺼내기

$$\sqrt{\frac{b}{a^2}}=\frac{\sqrt{b}}{\sqrt{a^2}}=\frac{\sqrt{b}}{a}$$

예 $\sqrt{0.07}=\sqrt{\frac{7}{100}}=\frac{\sqrt{7}}{\sqrt{10^2}}=\frac{\sqrt{7}}{10}$

(2) 근호 밖의 양수를 근호 안으로 넣기

$$\frac{\sqrt{b}}{a}=\frac{\sqrt{b}}{\sqrt{a^2}}=\sqrt{\frac{b}{a^2}}$$

예 $\frac{\sqrt{2}}{3}=\sqrt{\frac{2}{3^2}}=\sqrt{\frac{2}{9}}$

● 근호가 있는 식의 변형(2)

예제 21

$\sqrt{1200}$은 $\sqrt{3}$의 a배이고, $\sqrt{0.002}$는 $\sqrt{5}$의 b배일 때, $10ab$의 값을 구하시오.

풀이 전략

$a>0$, $b>0$일 때, $\sqrt{\dfrac{b}{a^2}}=\dfrac{\sqrt{b}}{a}$임을 이용한다.

풀이

$a=\dfrac{\sqrt{1200}}{\sqrt{3}}=\sqrt{400}=\sqrt{20^2}=20$

$b=\sqrt{\dfrac{1}{500}}\div\sqrt{5}$

$=\sqrt{\dfrac{1}{10^2\times5}}\times\dfrac{1}{\sqrt{5}}$

$=\dfrac{1}{10\sqrt{5}}\times\dfrac{1}{\sqrt{5}}=\dfrac{1}{50}$

따라서 $10ab=10\times20\times\dfrac{1}{50}=4$

● 근호가 있는 식의 변형(2)

확인문제

34 다음 수를 $\dfrac{\sqrt{b}}{a}$의 꼴로 나타내시오.

(단, b는 가장 작은 자연수이다.)

(1) $\sqrt{\dfrac{7}{16}}$

(2) $\sqrt{\dfrac{34}{200}}$

(3) $\sqrt{0.19}$

35 다음 수를 $\sqrt{a}$의 꼴로 나타내시오.

(1) $\dfrac{\sqrt{5}}{2}$ (2) $\dfrac{\sqrt{6}}{3}$

유형연습 21

$\sqrt{6.7}=a$, $\sqrt{67}=b$이고, 유리수 x, y에 대하여
$\sqrt{670}+\sqrt{6700}+\sqrt{0.67}=xa+yb$일 때, xy의 값을 구하시오.

● 근호가 있는 식의 변형(2)(서술형)

유형 **22** 분모의 유리화

개념 22

(1) **분모의 유리화:** 분수의 분모가 근호를 포함한 무리수일 때, 분모와 분자에 0이 아닌 같은 수를 곱하여 분모를 유리수로 고치는 것

(2) **분모를 유리화하는 방법**

$a>0$이고 a, b, c가 유리수일 때

① $\dfrac{\sqrt{b}}{\sqrt{a}}=\dfrac{\sqrt{b}\times\sqrt{a}}{\sqrt{a}\times\sqrt{a}}=\dfrac{\sqrt{ab}}{a}$ (단, $b>0$)

예 $\dfrac{\sqrt{2}}{\sqrt{3}}=\dfrac{\sqrt{2}\times\sqrt{3}}{\sqrt{3}\times\sqrt{3}}=\dfrac{\sqrt{6}}{3}$

② $\dfrac{c}{b\sqrt{a}}=\dfrac{c\times\sqrt{a}}{b\sqrt{a}\times\sqrt{a}}=\dfrac{c\sqrt{a}}{ab}$ (단, $b\neq0$)

예 $\dfrac{2}{3\sqrt{2}}=\dfrac{2\times\sqrt{2}}{3\sqrt{2}\times\sqrt{2}}=\dfrac{2\sqrt{2}}{6}=\dfrac{\sqrt{2}}{3}$

● 분모의 유리화(1)

확인문제

36 다음은 분모를 유리화하는 과정이다. □ 안에 알맞은 수를 써넣으시오.

$$\dfrac{6}{\sqrt{18}}=\dfrac{6}{\boxed{}\sqrt{2}}=\dfrac{2\times\boxed{}}{\sqrt{2}\times\boxed{}}=\dfrac{2\sqrt{2}}{\boxed{}}=\sqrt{2}$$

● 분모의 유리화(1)

37 다음 수의 분모를 유리화하시오.

(1) $\dfrac{1}{\sqrt{5}}$

(2) $\dfrac{26}{\sqrt{13}}$

(3) $\dfrac{\sqrt{8}}{\sqrt{5}}$

(4) $\dfrac{5}{2\sqrt{3}}$

예제 22

$\dfrac{4}{\sqrt{12}}=a\sqrt{3}$, $\dfrac{1}{3\sqrt{2}}=b\sqrt{2}$를 만족하는 유리수 a, b에 대하여 $\sqrt{a}+\sqrt{b}$의 값을 구하시오.

풀이 전략

분모의 근호 부분을 분자와 분모에 곱하여 분모를 유리수로 만든다.

풀이

$\dfrac{4}{\sqrt{12}}=\dfrac{4}{2\sqrt{3}}\times\dfrac{\sqrt{3}}{\sqrt{3}}=\dfrac{2}{3}\sqrt{3}$이므로 $a=\dfrac{2}{3}$

$\dfrac{1}{3\sqrt{2}}=\dfrac{1}{3\sqrt{2}}\times\dfrac{\sqrt{2}}{\sqrt{2}}=\dfrac{\sqrt{2}}{6}$이므로 $b=\dfrac{1}{6}$

따라서

$\sqrt{a}+\sqrt{b}=\sqrt{\dfrac{2}{3}}+\sqrt{\dfrac{1}{6}}=\dfrac{\sqrt{6}}{3}+\dfrac{\sqrt{6}}{6}$

$\phantom{\sqrt{a}+\sqrt{b}}=\dfrac{2\sqrt{6}+\sqrt{6}}{6}=\dfrac{3\sqrt{6}}{6}=\dfrac{\sqrt{6}}{2}$

[참고] 분모의 근호 안의 수가 제곱수를 포함하고 있으면 먼저 근호 안의 수를 간단히 바꾼 후 분모를 유리화한다.

● 분모의 유리화(1)(서술형)

유형연습 22

$\sqrt{\dfrac{147}{128}}=\dfrac{b\sqrt{3}}{a\sqrt{2}}=c\sqrt{6}$일 때, a, b, c의 값을 각각 구하시오. (단, a, b는 서로소인 자연수이고, c는 유리수이다.)

유형 ㉓ 제곱근의 곱셈과 나눗셈의 혼합 계산

개념 23

제곱근의 곱셈과 나눗셈의 혼합 계산을 할 때에는
❶ 나눗셈은 역수의 곱셈으로 고친다.
❷ 근호 밖의 수끼리, 근호 안의 수끼리 곱한다.
❸ 제곱근의 성질과 분모의 유리화를 이용하여 식을 정리한다.

● 제곱근의 곱셈과 나눗셈의 혼합 계산

확인문제

38 다음을 계산하시오.

(1) $\sqrt{3} \times \sqrt{15} \div \sqrt{5}$

(2) $\sqrt{27} \div \sqrt{6} \times \sqrt{2}$

(3) $3\sqrt{6} \div \sqrt{12} \times \sqrt{3}$

(4) $\sqrt{5} \div \sqrt{\dfrac{5}{3}} \times \dfrac{4}{\sqrt{6}}$

(5) $3\sqrt{2} \times \sqrt{\dfrac{5}{18}} \div \dfrac{\sqrt{5}}{4}$

(6) $\dfrac{8}{\sqrt{2}} \div \dfrac{\sqrt{3}}{4} \times \dfrac{1}{4\sqrt{2}}$

(7) $\sqrt{1.5} \times \dfrac{\sqrt{15}}{2} \div \dfrac{\sqrt{10}}{6}$

(8) $\dfrac{6}{\sqrt{12}} \times \sqrt{50} \div \sqrt{20}$

예제 23

$\dfrac{5\sqrt{6}}{\sqrt{12}} \div \dfrac{\sqrt{3}}{2\sqrt{5}} \times \dfrac{\sqrt{15}}{\sqrt{2}}$ 를 간단히 하시오.

풀이 전략

나눗셈을 역수의 곱셈으로 고친 후, 근호 밖의 수끼리, 근호 안의 수끼리 곱한다.

풀이

$$\dfrac{5\sqrt{6}}{\sqrt{12}} \div \dfrac{\sqrt{3}}{2\sqrt{5}} \times \dfrac{\sqrt{15}}{\sqrt{2}} = \dfrac{5\sqrt{6}}{\sqrt{12}} \times \dfrac{2\sqrt{5}}{\sqrt{3}} \times \dfrac{\sqrt{15}}{\sqrt{2}}$$

$$= 10\sqrt{\dfrac{6}{12} \times \dfrac{5}{3} \times \dfrac{15}{2}}$$

$$= 10\sqrt{\dfrac{25}{4}} = 10\sqrt{\left(\dfrac{5}{2}\right)^2}$$

$$= 10 \times \dfrac{5}{2} = 25$$

● 제곱근의 곱셈과 나눗셈의 혼합 계산

유형연습 23

양의 유리수 a, b에 대하여 다음 식의 값을 $2\sqrt{p}$라 할 때, 유리수 p의 값을 구하시오.

$$\dfrac{\sqrt{12a}}{\sqrt{8b}} \times \dfrac{\sqrt{11a}}{\sqrt{7b}} \div \dfrac{\sqrt{10a}}{\sqrt{6b}} \div \dfrac{\sqrt{9a}}{\sqrt{5b}}$$

개념 24

변의 길이가 무리수인 도형의 넓이, 부피를 구할 때에는

❶ 도형의 넓이 또는 부피를 구하는 공식을 이용하여 식을 세운다.

❷ 제곱근의 성질과 분모의 유리화를 이용한다.

예 오른쪽 삼각형과 직사각형의 넓이가 서로 같을 때, 직사각형의 가로의 길이 x의 값을 구해 보자.

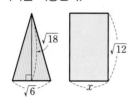

$(삼각형의 넓이) = \dfrac{1}{2} \times \sqrt{6} \times \sqrt{18}$

$= \dfrac{1}{2} \times \sqrt{6} \times 3\sqrt{2} = 3\sqrt{3}$

$(직사각형의 넓이) = x \times \sqrt{12} = x \times 2\sqrt{3} = 2\sqrt{3}x$

➡ $2\sqrt{3}x = 3\sqrt{3}$이므로

$x = \dfrac{3\sqrt{3}}{2\sqrt{3}} = \dfrac{3}{2}$

예제 24

오른쪽 그림과 같은 원기둥의 전개도에서 원기둥의 옆면을 이루는 직사각형의 가로의 길이가 $2\sqrt{15}\pi$ cm이고, 세로의 길이가 $6\sqrt{3}$ cm일 때, 원기둥의 부피를 구하시오.

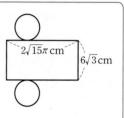

풀이 전략

원기둥의 밑넓이와 높이를 곱하여 부피를 구한다.

풀이

밑면의 반지름의 길이를 r cm라 하면

$2\pi r = 2\sqrt{15}\pi$, $r = \sqrt{15}$

$(밑넓이) = \pi \times (\sqrt{15})^2 = 15\pi (\text{cm}^2)$

따라서

$(부피) = (밑넓이) \times (높이)$

$= 15\pi \times 6\sqrt{3} = 90\sqrt{3}\pi (\text{cm}^3)$

● 제곱근의 곱셈과 나눗셈의 활용
– 도형(서술형)(1)

확인문제

39 다음은 밑면의 가로의 길이가 $\sqrt{8}$, 세로의 길이가 $2\sqrt{3}$인 직육면체의 부피가 120일 때, 높이 h의 값을 구하는 과정이다. ㈎, ㈏, ㈐에 알맞은 수를 써넣으시오.

밑면의 가로의 길이가 $\sqrt{8}$, 세로의 길이가 $2\sqrt{3}$, 높이가 h인 직육면체의 부피는 $\sqrt{8} \times \boxed{\text{㈎}} \times h$

즉, $\sqrt{8} \times \boxed{\text{㈎}} \times h = 120$이므로

$\boxed{\text{㈏}} \times h = 120$

따라서

$h = \dfrac{120}{\boxed{\text{㈏}}} = \dfrac{120}{\boxed{\text{㈏}}} \times \dfrac{\sqrt{6}}{\sqrt{6}} = \boxed{\text{㈐}}$

유형연습 24

오른쪽 그림은 높이가 $6\sqrt{2}$ cm인 원뿔의 전개도이다. 원뿔의 옆면을 이루는 부채꼴의 호의 길이가 $2\sqrt{6}\pi$ cm일 때, 이 원뿔의 부피를 구하시오.

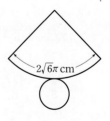

● 제곱근의 곱셈과 나눗셈의 활용
– 도형(서술형)(2)

유형 25 제곱근의 덧셈과 뺄셈

개념 25

제곱근의 덧셈과 뺄셈은 다항식의 덧셈과 뺄셈에서 동류항끼리 모아서 계산하듯이 분배법칙을 이용하여 근호 안의 수가 같은 것끼리 계산한다.

a, b, c는 정수, $c \geq 0$일 때

(1) $a\sqrt{c} + b\sqrt{c} = (a+b)\sqrt{c}$

　예 $3\sqrt{7} + 5\sqrt{7} = (3+5)\sqrt{7} = 8\sqrt{7}$

(2) $a\sqrt{c} - b\sqrt{c} = (a-b)\sqrt{c}$

　예 $3\sqrt{7} - 5\sqrt{7} = (3-5)\sqrt{7} = -2\sqrt{7}$

[주의] $\sqrt{2} + \sqrt{3} \neq \sqrt{2+3}$

●제곱근의 덧셈과 뺄셈

예제 25

$11\sqrt{3} - 3\sqrt{7} + 7\sqrt{3} + 5\sqrt{7} = a\sqrt{3} + b\sqrt{7}$을 만족하는 유리수 a, b에 대하여 $\dfrac{a}{b}$의 값을 구하시오.

풀이 전략

제곱근의 덧셈과 뺄셈은 근호 안의 수가 같은 것끼리 계산한다.

풀이

$11\sqrt{3} - 3\sqrt{7} + 7\sqrt{3} + 5\sqrt{7}$
$= (11+7)\sqrt{3} + (-3+5)\sqrt{7}$
$= 18\sqrt{3} + 2\sqrt{7}$

따라서 $a = 18$, $b = 2$이므로

$\dfrac{a}{b} = \dfrac{18}{2} = 9$

●제곱근의 덧셈과 뺄셈

확인문제

40 다음을 계산하시오.

(1) $4\sqrt{3} + 5\sqrt{3}$

(2) $4\sqrt{2} + \sqrt{2} - 3\sqrt{2}$

(3) $7\sqrt{5} - 4\sqrt{5} - 10\sqrt{5}$

(4) $\dfrac{3\sqrt{7}}{5} - \dfrac{4\sqrt{7}}{3} + \dfrac{\sqrt{7}}{15}$

(5) $3\sqrt{2} + 4\sqrt{6} - 5\sqrt{2} - 8\sqrt{6}$

(6) $9\sqrt{5} - 7\sqrt{3} - 4\sqrt{3} + 2\sqrt{5}$

(7) $\dfrac{7\sqrt{2}}{4} - \dfrac{\sqrt{3}}{6} - \dfrac{3\sqrt{2}}{2} - \dfrac{5\sqrt{3}}{6}$

유형연습 25

$A = \dfrac{\sqrt{7} + \sqrt{5}}{2}$, $B = \dfrac{\sqrt{7} - \sqrt{5}}{2}$일 때, $\dfrac{A+B}{A-B} = \dfrac{\sqrt{a}}{5}$이다.

유리수 a의 값을 구하시오.

유형 26 근호 안의 수가 다른 식의 덧셈과 뺄셈

개념 26

$\sqrt{a^2b}=a\sqrt{b}$임을 이용하여 근호 안의 수를 가장 작은 자연수로 만든 후, 근호 안의 수가 같은 것끼리 계산한다.

예 $\sqrt{8}+\sqrt{2}=2\sqrt{2}+\sqrt{2}=3\sqrt{2}$

$\sqrt{3}-\sqrt{12}=\sqrt{3}-2\sqrt{3}=-\sqrt{3}$

확인문제

41 다음 □ 안에 알맞은 수를 써넣으시오.

(1) $\sqrt{125}+3\sqrt{5}=\boxed{}\sqrt{5}+3\sqrt{5}$

$=\boxed{}\sqrt{5}$

(2) $\sqrt{24}-\sqrt{96}=\boxed{}\sqrt{6}-\boxed{}\sqrt{6}$

$=\boxed{}\sqrt{6}$

42 다음을 계산하시오.

(1) $\sqrt{50}+\sqrt{18}$

(2) $4\sqrt{20}-2\sqrt{5}+\sqrt{45}$

(3) $\sqrt{27}-\sqrt{75}+3\sqrt{12}$

(4) $\sqrt{48}+2\sqrt{12}-3\sqrt{18}+\sqrt{50}$

(5) $5\sqrt{12}-5\sqrt{3}+6\sqrt{6}-2\sqrt{24}$

예제 26

$\sqrt{63}-\sqrt{175}-\sqrt{x}=-4\sqrt{7}$일 때, 양수 x의 값을 구하시오.

풀이 전략

$\sqrt{a^2b}$ ($a>0$, $b>0$)의 꼴인 경우에는 $a\sqrt{b}$의 꼴로 고친 후 계산한다.

풀이

$\sqrt{63}=3\sqrt{7}$이고 $\sqrt{175}=5\sqrt{7}$이므로

$\sqrt{63}-\sqrt{175}-\sqrt{x}=-4\sqrt{7}$에서

$3\sqrt{7}-5\sqrt{7}-\sqrt{x}=-4\sqrt{7}$

$-2\sqrt{7}-\sqrt{x}=-4\sqrt{7}$

$-\sqrt{x}=-2\sqrt{7}$

$\sqrt{x}=2\sqrt{7}$

$\qquad=\sqrt{2^2\times7}=\sqrt{28}$

따라서 $x=28$

유형연습 26

$a=\sqrt{27}+\sqrt{32}$, $b=\sqrt{108}-\sqrt{72}$이고

$4a=3b+2c$일 때, 실수 c의 값을 구하시오.

● 제곱근의 덧셈과 뺄셈(서술형)

유형 27 무리수의 정수 부분과 소수 부분

개념 27

(1) (무리수)=(정수 부분)+(소수 부분)
  ➡ (소수 부분)=(무리수)−(정수 부분)
  이때 0<(소수 부분)<1
  예 3.141592⋯의 정수 부분과 소수 부분
    ➡ 3.141592⋯=3+0.141592⋯이므로
      정수 부분: 3
      소수 부분: 0.141592⋯

(2) **무리수 $\sqrt{x}$의 정수 부분과 소수 부분**
  $n<\sqrt{x}<n+1$ (n은 정수)일 때
  ① $\sqrt{x}$의 정수 부분 ➡ n
  ② $\sqrt{x}$의 소수 부분 ➡ $\sqrt{x}-n$

● 무리수의 정수 부분과 소수 부분(1)

예제 27

$2+\sqrt{3}$의 정수 부분을 a, 소수 부분을 b라 할 때, $b-a$의 값을 구하시오.

풀이 전략

$2+\sqrt{3}$의 값을 어림하여 정수 부분을 구한 후 $2+\sqrt{3}$에서 빼서 소수 부분을 구한다.

풀이

$1<\sqrt{3}<2$이므로 $3<2+\sqrt{3}<4$
따라서 $2+\sqrt{3}$의 정수 부분은 3이고
$$(\text{소수 부분})=(2+\sqrt{3})-(\text{정수 부분})$$
$$=2+\sqrt{3}-3$$
$$=\sqrt{3}-1$$
즉, $a=3$, $b=\sqrt{3}-1$이므로
$$b-a=(\sqrt{3}-1)-3$$
$$=\sqrt{3}-4$$

확인문제

43 다음 무리수의 정수 부분과 소수 부분을 구하시오.

(1) $\sqrt{2}$
  • 정수 부분: _____
  • 소수 부분: _____

(2) $\sqrt{5}$
  • 정수 부분: _____
  • 소수 부분: _____

(3) $\sqrt{3}+1$
  • 정수 부분: _____
  • 소수 부분: _____

유형연습 27

$\sqrt{5}$의 소수 부분을 a라 할 때, $\sqrt{180}$의 소수 부분을 a를 사용하여 나타내면?

① $6a-3$ ② $6a-2$ ③ $6a-1$
④ $6a$ ⑤ $6a+1$

유형 **28** 근호를 포함한 식의 혼합 계산

개념 **28**

근호를 포함한 식의 혼합 계산을 할 때에는

❶ 괄호가 있으면 분배법칙을 이용하여 괄호를 푼다.

$(a+b)c=ac+bc$

❷ $\sqrt{a^2b}=a\sqrt{b}$를 이용하여 근호 안의 수를 가장 작은 수로 만든다.

❸ 분모에 근호를 포함한 무리수가 있으면 분모를 유리화한다.

❹ 곱셈, 나눗셈을 먼저 계산한 후 덧셈, 뺄셈을 계산한다.

예 $\sqrt{3}(\sqrt{6}+\sqrt{2})+\dfrac{1}{\sqrt{2}}(12+\sqrt{48})$

$=\sqrt{18}+\sqrt{6}+\dfrac{12}{\sqrt{2}}+\sqrt{24}$ ← 괄호 풀기

$=3\sqrt{2}+\sqrt{6}+\dfrac{12}{\sqrt{2}}+2\sqrt{6}$ ← √ 안 간단히 하기

$=3\sqrt{2}+\sqrt{6}+6\sqrt{2}+2\sqrt{6}$ ← 분모의 유리화

$=9\sqrt{2}+3\sqrt{6}$ ← 근호 안 같은 것끼리 계산

확인문제

44 다음을 계산하시오.

(1) $\dfrac{2\sqrt{2}+6}{\sqrt{2}}-\sqrt{2}$

(2) $\dfrac{\sqrt{2}}{3}(\sqrt{3}+\sqrt{6})+\dfrac{1}{\sqrt{3}}(1-2\sqrt{2})$

(3) $\sqrt{5}\times\dfrac{10+\sqrt{10}}{\sqrt{2}}-(10\sqrt{5}-5\sqrt{2})\div\sqrt{2}$

예제 **28**

$A=\sqrt{12}+\sqrt{8},\ B=\sqrt{24}+\sqrt{72}$일 때,

$\sqrt{2}A-\dfrac{B}{\sqrt{3}}$의 값을 구하시오.

풀이 전략

$\sqrt{a^2b}\ (a>0,\ b>0)$의 꼴인 경우에는 $a\sqrt{b}$의 꼴로 고치고, 분모에 근호가 있으면 분모를 유리화하여 계산한다.

풀이

$A=\sqrt{12}+\sqrt{8}=2\sqrt{3}+2\sqrt{2}$이므로

$\sqrt{2}A=\sqrt{2}(2\sqrt{3}+2\sqrt{2})=2\sqrt{6}+4$

$B=\sqrt{24}+\sqrt{72}=2\sqrt{6}+6\sqrt{2}$이므로

$\dfrac{B}{\sqrt{3}}=\dfrac{2\sqrt{6}+6\sqrt{2}}{\sqrt{3}}$

$=\dfrac{2\sqrt{6}+6\sqrt{2}}{\sqrt{3}}\times\dfrac{\sqrt{3}}{\sqrt{3}}$

$=\dfrac{2\sqrt{18}+6\sqrt{6}}{3}$

$=2\sqrt{2}+2\sqrt{6}$

따라서

$\sqrt{2}A-\dfrac{B}{\sqrt{3}}=(2\sqrt{6}+4)-(2\sqrt{2}+2\sqrt{6})$

$=4-2\sqrt{2}$

유형연습 **28**

$A=\sqrt{3}(\sqrt{6}-2\sqrt{5})+\dfrac{3}{\sqrt{5}}(5+\sqrt{45})$,

$B=\sqrt{135}-\dfrac{15}{\sqrt{5}}+\sqrt{5}(\sqrt{5}-\sqrt{3})$일 때, $A+B=p+3\sqrt{q}$

이다. 두 유리수 p, q의 값을 각각 구하시오.

유형 **29** 도형 관련 계산에 근호를 포함한 식의 혼합 계산 활용

개념 **29**

변의 길이가 무리수인 도형의 둘레의 길이, 넓이, 부피를 구할 때에는

❶ 도형의 둘레의 길이, 넓이, 부피 구하는 공식을 이용하여 식을 세운다.

❷ 근호를 포함한 식의 혼합 계산 순서에 따라 계산한다.

예 오른쪽 그림과 같은 삼각형의 넓이를 구해 보자.

$$(넓이) = \frac{1}{2} \times (\sqrt{40} + \sqrt{10}) \times \sqrt{72}$$
$$= \frac{1}{2} \times (2\sqrt{10} + \sqrt{10}) \times 6\sqrt{2}$$
$$= \frac{1}{2} \times 3\sqrt{10} \times 6\sqrt{2}$$
$$= 9\sqrt{20}$$
$$= 18\sqrt{5}$$

확인문제

45 다음은 밑면의 가로의 길이가 $\sqrt{8}$, 세로의 길이가 $\sqrt{2}$ 인 직육면체의 겉넓이가 36일 때, 이 직육면체의 부피를 구하는 과정이다. ㈎~㈐에 알맞은 수를 써넣으시오.

이 직육면체의 높이를 h라 하자.

밑면의 가로의 길이가 $\sqrt{8}$, 세로의 길이가 $\sqrt{2}$, 높이가 h인 직육면체의 겉넓이는

$2 \times (\sqrt{8}h + \sqrt{2}h + \boxed{㈎})$

$= \boxed{㈏} \times h + \boxed{㈐}$

즉, $\boxed{㈏} \times h + \boxed{㈐} = 36$이므로

$h = \boxed{㈑}$

따라서 이 직육면체의 부피는

$\sqrt{8} \times \sqrt{2} \times h = \boxed{㈒}$

예제 **29**

다음 그림에서 A, B, C는 모두 정사각형이고, A와 B의 넓이가 각각 C의 넓이의 3배, 2배이다. A의 넓이가 $12 \, cm^2$일 때, 이 도형의 둘레의 길이를 구하시오.

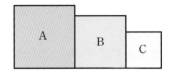

풀이 전략

넓이가 $a \, (a>0)$인 정사각형의 한 변의 길이는 $\sqrt{a}$임을 이용한다.

풀이

A의 넓이가 $12 \, cm^2$이므로 C의 넓이는 $4 \, cm^2$, B의 넓이는 $8 \, cm^2$이다.

세 정사각형 A, B, C의 한 변의 길이는 각각

$\sqrt{12} = 2\sqrt{3}(cm)$, $\sqrt{8} = 2\sqrt{2}(cm)$, $\sqrt{4} = 2(cm)$이다.

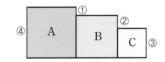

세 정사각형을 이어 붙여 만든 도형의 세로의 길이는

①+②+③=④=$2\sqrt{3}(cm)$

같은 방법으로 가로의 길이를 생각하면 도형의 둘레의 길이는

$2(2\sqrt{3} + 2\sqrt{2} + 2) + 2\sqrt{3} \times 2$

$= 4\sqrt{3} + 4\sqrt{2} + 4 + 4\sqrt{3}$

$= 8\sqrt{3} + 4\sqrt{2} + 4(cm)$

●제곱근의 연산의 활용

유형연습 **29**

윗변과 아랫변의 길이가 각각 $3\sqrt{3} - \sqrt{2}$, $\sqrt{3} + \sqrt{2}$이고 넓이가 $12\sqrt{6} - 6\sqrt{3}$인 사다리꼴의 높이를 h라 할 때, h의 값을 구하시오.

개념 30

a, b가 유리수이고 $\sqrt{m}$이 무리수일 때,
$a+b\sqrt{m}$이 유리수가 될 조건은 $b=0$이다.

예 $1+\sqrt{6}-2a\sqrt{6}$이 유리수가 되도록 하는 유리수 a의 값을 구해 보자.
$1+\sqrt{6}-2a\sqrt{6}=1+(1-2a)\sqrt{6}$이므로
$$a=\frac{1}{2}$$

확인문제

46 $\sqrt{27}+4\sqrt{3}-a\sqrt{3}$이 유리수가 되도록 하는 유리수 a의 값을 구하시오.

47 $3(2+a\sqrt{2})+2a-12\sqrt{2}$가 유리수가 되도록 하는 유리수 a의 값을 구하시오.

48 $\dfrac{3}{\sqrt{3}}a+b\sqrt{2}-2\sqrt{3}$이 유리수가 되도록 하는 유리수 a, b의 값을 각각 구하시오.

예제 30

$\dfrac{12}{\sqrt{72}}-2a=\dfrac{b}{2}\sqrt{2}+b-1$을 만족시키는 유리수 a, b의 값을 각각 구하시오.

풀이전략

$p\sqrt{2}$가 유리수가 되도록 하는 유리수 p는 $p=0$뿐임을 이용한다.

풀이

$\sqrt{72}=6\sqrt{2}$이므로 주어진 식을 정리하면
$$\frac{12}{6\sqrt{2}}-2a=\frac{b}{2}\sqrt{2}+b-1$$
$$\sqrt{2}-2a=\frac{b}{2}\sqrt{2}+b-1$$
$$\left(1-\frac{b}{2}\right)\sqrt{2}=2a+b-1 \quad\cdots\cdots\text{㉠}$$
㉠의 우변 $2a+b-1$이 유리수이므로

좌변 $\left(1-\dfrac{b}{2}\right)\sqrt{2}$도 유리수가 되어야 한다.

따라서 $1-\dfrac{b}{2}=0$이므로 $b=2$

$b=2$를 ㉠에 대입하면
$$a=-\frac{1}{2}$$

유형연습 30

두 수 x, y에 대하여 $x\odot y=\dfrac{x}{\sqrt{3}}-y$라 할 때,

$(2a\odot b)-a=b\odot 3$을 만족시키는 유리수 a, b의 값을 각각 구하시오.

2 다항식의 곱셈과 인수분해

유형 01 $(a+b)(c+d)$의 전개

개념 01

(1) $(a+b)(c+d)$의 전개

다항식과 다항식을 곱할 때에는 분배법칙을 이용하여 전개한 후 동류항끼리 모아서 간단히 정리한다.

$$(a+b)(c+d)=\underset{㉠}{ac}+\underset{㉡}{ad}+\underset{㉢}{bc}+\underset{㉣}{bd}$$

(2) **분배법칙을 이용한 설명**

$a+b=m$이라 하면

$$(a+b)(c+d)=m(c+d)=mc+md$$
$$=(a+b)c+(a+b)d$$
$$=ac+bc+ad+bd$$

(3) **넓이를 이용한 설명**

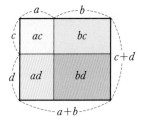

큰 직사각형의 넓이는 $(a+b)(c+d)$
네 사각형의 넓이의 합은 $ac+bc+ad+bd$

● 다항식과 다항식의 곱셈

확인문제

01 다음 식을 전개하시오.

(1) $(x+2)(2x-1)$

(2) $(a-2)(b+1)$

(3) $(3x+1)(x+2y-1)$

예제 01

$(x+3y)(Ax-4y)$를 전개한 식이 $2x^2+Bxy-12y^2$일 때, 상수 A, B에 대하여 $A+B$의 값을 구하시오.

풀이 전략

분배법칙을 이용하여 전개한 후 동류항이 있으면 동류항끼리 모아서 계산한다.

풀이

$(x+3y)(Ax-4y)$를 전개하면
$Ax^2-4xy+3Axy-12y^2$
$=Ax^2+(-4+3A)xy-12y^2$
이 식이 $2x^2+Bxy-12y^2$과 같으므로
$A=2$, $-4+3A=B$에서
$A=2$, $B=2$
따라서 $A+B=4$

유형연습 01

다음 그림과 같이 작은 직사각형 모양의 색종이를 연결하여 큰 직사각형 모양의 도형을 만들었다. 이 도형의 넓이가 $2x^2+4xy+Bx+Cy+27$일 때, 상수 A, B, C에 대하여 $A+B+C$의 값을 구하시오.

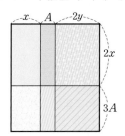

개념 02

(1) $(a+b)^2$, $(a-b)^2$의 전개

① $(a+b)^2 = a^2 + 2ab + b^2$

곱의 2배

② $(a-b)^2 = a^2 - 2ab + b^2$

곱의 2배

(2) **분배법칙을 이용한 설명**

$$(a+b)^2 = (a+b)(a+b)$$
$$= a^2 + ab + ba + b^2$$
$$= a^2 + 2ab + b^2$$

(3) **넓이를 이용한 설명**

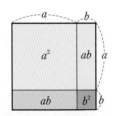

큰 정사각형의 넓이는 $(a+b)^2$

네 사각형의 넓이의 합은 $a^2 + 2ab + b^2$

● 곱셈 공식(1)-합과 차의 제곱

예제 02

$(x-3y+5)^2$의 전개식에서 x의 계수를 a, xy의 계수를 b, 상수항을 c라 할 때, $a+2b+c$의 값을 구하시오.

풀이 전략

특정한 항의 계수를 구할 때에는 필요한 항이 나오는 경우만 전개한다.

풀이

$(x-3y+5)^2 = (x-3y+5)(x-3y+5)$

x항이 나오는 경우는 x와 상수항이 곱해지는 경우뿐이므로

$5x + 5x = 10x$

즉, x의 계수는 10이므로 $a=10$

xy항이 나오는 경우는 x항과 y항이 곱해지는 경우뿐이므로

$-3xy - 3xy = -6xy$

즉, xy의 계수는 -6이므로 $b=-6$

상수항은 두 상수항이 곱해지는 경우뿐이므로

$5 \times 5 = 25$

즉, 상수항은 25이므로 $c=25$

따라서 $a+2b+c = 10 + 2 \times (-6) + 25 = 23$

● 곱셈 공식(1) 실전유형

확인문제

02 다음 식을 전개하시오.

(1) $(a+4)^2$

(2) $(3x-1)^2$

(3) $(2x+3y)^2$

(4) $\left(\dfrac{1}{2}a + \dfrac{1}{5}\right)^2$

(5) $\left(-x + \dfrac{1}{2}\right)^2$

유형연습 02

한 변의 길이가 각각 $4x - \dfrac{1}{2}y$, $3x+y$인 두 정사각형의 넓이의 합을 구하시오.

유형 **03** 곱셈 공식(1)을 이용한 수의 계산

개념 **03**

(1) 수의 제곱의 계산

다음의 곱셈 공식을 이용한다.

$(a+b)^2=a^2+2ab+b^2$

$(a-b)^2=a^2-2ab+b^2$

예 $102^2=(100+2)^2$

$\qquad =100^2+2\times100\times2+2^2$

$\qquad =10404$

(2) 제곱근을 포함한 수의 계산

제곱근을 문자로 생각하고 곱셈 공식을 이용한다.

예 $(\sqrt{2}+1)^2=(\sqrt{2})^2+2\times\sqrt{2}\times1+1^2$

$\qquad =2+2\sqrt{2}+1$

$\qquad =3+2\sqrt{2}$

확인문제

03 다음은 곱셈 공식을 이용하여 계산하는 과정이다. □ 안에 알맞은 양수를 써넣으시오.

(1) $104^2=(100+\boxed{})^2$

$\qquad =10000+800+\boxed{}$

$\qquad =\boxed{}$

(2) $98^2=(100-\boxed{})^2$

$\qquad =10000-\boxed{}+4$

$\qquad =\boxed{}$

(3) $(2+\sqrt{3})^2=2^2+2\times2\times\sqrt{3}+(\boxed{})^2$

$\qquad =\boxed{}$

예제 **03**

곱셈 공식을 이용하여 5.98^2을 계산하시오.

풀이 전략

수의 제곱은 $(a+b)^2=a^2+2ab+b^2$, $(a-b)^2=a^2-2ab+b^2$임을 이용한다.

풀이

$5.98^2=(6-0.02)^2$

$\qquad =6^2-2\times6\times0.02+0.02^2$

$\qquad =36-0.24+0.0004$

$\qquad =35.7604$

유형연습 **03**

두 수 A, B가 다음과 같을 때, $A+B$의 값을 구하시오.

$$A=(\sqrt{5}-3)^2,\ B=(1+2\sqrt{5})^2$$

개념04

(1) $(a+b)(a-b)$의 전개

$(a+b)(a-b)=a^2-b^2$

(2) 분배법칙을 이용한 설명

$(a+b)(a-b)=a^2-ab+ba-b^2$
$\qquad\qquad\qquad =a^2-b^2$

[참고] 합과 차의 곱으로만 생각하지 말고
(부호가 안 바뀐 것)^2-(바뀐 것)^{2}으로 생각한다.

부호가 안 바뀜
$(-x-y)(x-y)=y^2-x^2$
부호가 바뀜

● 곱셈 공식(2) - 합과 차의 곱

예제04

$(a-b)^2(a+b)^2(a^2+b^2)^2$을 전개하시오.

풀이 전략

연속한 합과 차 공식을 이용할 때에는 지수법칙을 이용하여 전개한다.

풀이

$(a-b)^2(a+b)^2(a^2+b^2)^2$
$=\{(a-b)(a+b)(a^2+b^2)\}^2$
$=\{(a^2-b^2)(a^2+b^2)\}^2$
$=(a^4-b^4)^2$
$=a^8-2a^4b^4+b^8$

● 곱셈 공식(2) 합과 차의 곱(서술형)(1)

확인문제

04 다음 식을 전개하시오.

(1) $(x-2)(x+2)$

(2) $(-5+a)(5+a)$

(3) $(-b+3a)(-3a-b)$

(4) $(y-x)(x+y)$

(5) $(4+7a)(4-7a)$

(6) $\left(-\dfrac{1}{3}+2x\right)\left(2x+\dfrac{1}{3}\right)$

유형연습 04

$x-y=5$일 때, 다음 등식이 항상 성립하도록 하는 자연수 a, b의 값을 각각 구하시오.

$$(x+y)^2(x^2+y^2)^2(x^4+y^4)^2=\frac{1}{a}(x^b-y^b)^2$$

2
다항식의 곱셈과 인수분해

유형 **05** 곱셈 공식(2)를 이용한 수의 계산

개념 05

(1) **두 수의 곱의 계산**

   $(a+b)(a-b)=a^2-b^2$을 이용하여 두 수의 곱을 계산한다.

   예 $7.1 \times 6.9 = (7+0.1)(7-0.1)$
   $= 7^2 - 0.1^2$
   $= 48.99$

(2) **연속한 합과 차의 곱의 계산**

   지수법칙 $(a^m)^n = a^{mn}$과 $(a+b)(a-b)=a^2-b^2$을 이용할 수 있는 적당한 수를 곱하고 나눈다.

확인문제

05 다음은 곱셈 공식을 이용하여 계산하는 과정이다. □ 안에 알맞은 양수를 써넣으시오.

(1) $58 \times 62 = (\boxed{}-2)(\boxed{}+2)$
$= \boxed{} - 4$
$= \boxed{}$

(2) $7.3 \times 6.7 = (\boxed{}+0.3)(\boxed{}-0.3)$
$= \boxed{} - 0.09$
$= \boxed{}$

(3) $(\sqrt{7}-\sqrt{3})(\sqrt{7}+\sqrt{3}) = (\boxed{})^2 - (\boxed{})^2$
$= \boxed{} - 3$
$= \boxed{}$

(4) $(2\sqrt{2}+\sqrt{5})(2\sqrt{2}-\sqrt{5}) = (\boxed{})^2 - (\boxed{})^2$
$= \boxed{} - 5$
$= \boxed{}$

예제 05

$(3+1)(3^2+1)(3^4+1) = a \times 3^b - \dfrac{1}{2}$일 때, 상수 a, b의 값을 각각 구하시오.

$$\left(\text{단, } \frac{1}{6} < a < 1 \text{이고 } b\text{는 자연수이다.}\right)$$

풀이 전략

2를 곱하고 나누어 $(a+b)(a-b)=a^2-b^2$을 이용한다.

풀이

$(3+1)(3^2+1)(3^4+1)$

$= \dfrac{3-1}{2} \times (3+1)(3^2+1)(3^4+1)$

$= \dfrac{1}{2}(3-1)(3+1)(3^2+1)(3^4+1)$

$= \dfrac{1}{2}(3^2-1)(3^2+1)(3^4+1)$

$= \dfrac{1}{2}(3^4-1)(3^4+1)$

$= \dfrac{1}{2}(3^8-1)$

$= \dfrac{1}{2} \times 3^8 - \dfrac{1}{2}$

따라서 $a = \dfrac{1}{2}$, $b = 8$

유형연습 05

$\dfrac{30007 \times 30013 + 9}{30010}$를 곱셈 공식을 이용하여 계산하시오.

◉ 곱셈 공식을 이용한 수의 계산(2)

개념 06

$\dfrac{1}{\sqrt{a}+\sqrt{b}}$, $\dfrac{1}{\sqrt{a}-\sqrt{b}}$ 의 꼴의 식은 곱셈 공식

$(a+b)(a-b)=a^2-b^2$을 이용하여 분모를 유리화한다.

a, b가 양의 유리수일 때

(1) $\dfrac{1}{\sqrt{a}+\sqrt{b}}=\dfrac{1}{\sqrt{a}+\sqrt{b}}\times\dfrac{\sqrt{a}-\sqrt{b}}{\sqrt{a}-\sqrt{b}}$

$\qquad\qquad=\dfrac{\sqrt{a}-\sqrt{b}}{a-b}$

(2) $\dfrac{1}{\sqrt{a}-\sqrt{b}}=\dfrac{1}{\sqrt{a}-\sqrt{b}}\times\dfrac{\sqrt{a}+\sqrt{b}}{\sqrt{a}+\sqrt{b}}$

$\qquad\qquad=\dfrac{\sqrt{a}+\sqrt{b}}{a-b}$

예 $\dfrac{1}{\sqrt{2}+1}=\dfrac{1}{\sqrt{2}+1}\times\dfrac{\sqrt{2}-1}{\sqrt{2}-1}$

$\qquad\quad=\dfrac{\sqrt{2}-1}{(\sqrt{2})^2-1}=\sqrt{2}-1$

● 곱셈 공식을 이용한 분모의 유리화

예제 06

$x=\dfrac{2}{\sqrt{10}-2\sqrt{2}}$이고 $y=\dfrac{2}{\sqrt{10}+2\sqrt{2}}$일 때, x^2-xy+y^2

의 값을 구하시오.

풀이 전략

곱셈 공식 $(a+b)(a-b)=a^2-b^2$을 이용하여 분모를 유리화한다.

풀이

$x-y=\dfrac{2}{\sqrt{10}-2\sqrt{2}}-\dfrac{2}{\sqrt{10}+2\sqrt{2}}$

$\qquad=\dfrac{2(\sqrt{10}+2\sqrt{2})-2(\sqrt{10}-2\sqrt{2})}{(\sqrt{10}-2\sqrt{2})(\sqrt{10}+2\sqrt{2})}$

$\qquad=\dfrac{4\sqrt{2}+4\sqrt{2}}{10-8}=\dfrac{8\sqrt{2}}{2}=4\sqrt{2}$

$xy=\dfrac{4}{2}=2$

따라서

$x^2-xy+y^2=(x^2-2xy+y^2)+xy$

$\qquad\qquad\quad=(x-y)^2+xy$

$\qquad\qquad\quad=(4\sqrt{2})^2+2=34$

● 곱셈 공식을 이용한 분모의 유리화(서술형)(2)

확인문제

06 다음 수의 분모를 유리화하시오.

(1) $\dfrac{1}{\sqrt{5}+2}$

(2) $\dfrac{2}{\sqrt{3}+2}$

(3) $\dfrac{1+\sqrt{2}}{1-\sqrt{2}}$

유형연습 06

다음 그림에서 정사각형 ABCD를 점 B를 중심으로 회전시킬 때, $\dfrac{b}{a}+\dfrac{a}{b}$의 값을 구하시오.

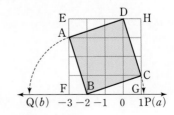

● 곱셈 공식을 이용한 분모의 유리화(서술형)(1)

2 다항식의 곱셈과 인수분해

유형 **07** 곱셈 공식(3) - $(x+a)(x+b)$

개념 **07**

(1) $(x+a)(x+b)$의 전개

$$(x+a)(x+b) = x^2 + (a+b)x + ab$$

합

곱

(2) 분배법칙을 이용한 설명

$$(x+a)(x+b) = x^2 + bx + ax + ab$$
$$= x^2 + (a+b)x + ab$$

(3) 넓이를 이용한 설명

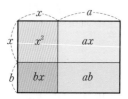

큰 직사각형의 넓이는 $(x+a)(x+b)$

네 사각형의 넓이의 합은

$$x^2 + ax + bx + ab = x^2 + (a+b)x + ab$$

● 곱셈 공식(3) - 일차식끼리의 곱셈

확인문제

07 다음 식을 전개하시오.

(1) $(x-2)(x-1)$

(2) $(x+1)(x-2)$

(3) $(x-3)(x-5)$

(4) $\left(a+\dfrac{1}{2}\right)\left(a-\dfrac{1}{3}\right)$

예제 **07**

$(x-a)(x-7) = x^2 + bx + 21$일 때, 상수 a, b에 대하여 ab의 값을 구하시오.

풀이 전략

$(x+a)(x+b) = x^2 + (a+b)x + ab$임을 이용한다.

풀이

$(x-a)(x-7) = x^2 + (-a-7)x + 7a$

이므로 $-a-7 = b$, $7a = 21$

$7a = 21$에서 $a = 3$

$b = -a - 7$

$\quad = -3 - 7 = -10$

따라서 $ab = 3 \times (-10) = -30$

유형연습 **07**

$\left(x+\dfrac{3}{2}\right)(x-4a)$를 전개한 식에서 상수항이 x의 계수의 2배일 때, 상수 a의 값을 구하시오.

개념 08

(1) $(ax+b)(cx+d)$의 전개

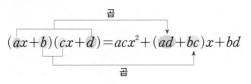

곱

$$(ax+b)(cx+d)=acx^2+(ad+bc)x+bd$$

곱

(2) **분배법칙을 이용한 설명**

$$(ax+b)(cx+d)=acx^2+adx+bcx+bd$$

(3) **넓이를 이용한 설명**

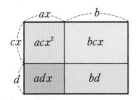

	ax	b
cx	acx^2	bcx
d	adx	bd

큰 직사각형의 넓이는 $(ax+b)(cx+d)$
네 사각형의 넓이의 합은
$$acx^2+adx+bcx+bd$$

예제 08

$(2x+a)(bx-4)=-2x^2+cx+12$일 때,
$a+b+c$의 값을 구하시오. (단, a, b, c는 상수)

풀이 전략

$(ax+b)(cx+d)=acx^2+(ad+bc)x+bd$임을 이용
한다.

풀이

$(2x+a)(bx-4)=2bx^2+(ab-8)x-4a$
이므로 $2b=-2$, $ab-8=c$, $-4a=12$에서
$a=-3$, $b=-1$, $c=-5$
따라서 $a+b+c=-3-1-5=-9$

● 곱셈 공식(3) 실전유형

확인문제

08 다음 식을 전개하시오.

(1) $(2x+1)(x+4)$

(2) $(3a-5)(2a+3)$

(3) $(2x-3)(3x-1)$

(4) $(-x+y)(4x-3y)$

(5) $\left(\dfrac{1}{2}a+3\right)\left(\dfrac{1}{3}a+6\right)$

유형연습 08

$3x-ay$에 $-2x+5y$를 곱해야 할 것을 잘못하여
$2x+5y$를 곱하여 전개했더니 xy의 계수가 7이 되었다.
바르게 계산한 답을 구하시오. (단, a는 상수)

유형 **09** 곱셈 공식과 도형의 넓이

개념 **09**

곱셈 공식을 이용하여 도형의 넓이를 구할 때에는
❶ 각 변의 길이를 문자를 사용하여 나타낸다.
❷ 도형의 넓이를 구하는 식을 세운 후 곱셈 공식을 이용하여 전개한다.

확인문제

09 오른쪽 그림과 같이 두 정사각형 ABCD, FGCH와 직사각형 EFHD가 있다. $\overline{AD}=3x+5$, $\overline{CH}=x+1$일 때, 직사각형 EFHD의 넓이를 구하시오.

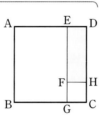

10 오른쪽 그림과 같이 세 모서리의 길이가 각각 $2x+3$, $2x-3$, $x+7$인 직육면체의 겉넓이를 구하시오.

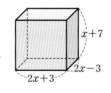

11 오른쪽 그림과 같이 한 변의 길이가 $4x+5$인 정사각형 모양의 액자가 있다. 액자 테두리의 두께가 $\frac{1}{2}x+1$로 일정할 때, 보이는 사진의 넓이를 구하시오.

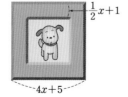

예제 **09**

그림과 같이 한 변의 길이가 a인 정사각형을 대각선을 따라 자른 후 직각을 낀 변의 길이가 b인 직각이등변삼각형 2개를 잘라냈을 때, 색칠한 부분의 넓이를 나타내는 식을 구하시오.

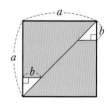

풀이 전략

색칠한 부분의 넓이를 먼저 구한 후, 어떤 곱셈 공식을 이용할지 생각해 본다.

풀이

색칠한 부분의 넓이는 $a^2-2\times\frac{1}{2}\times b^2=a^2-b^2$

오른쪽 그림과 같이 빗금 친 사다리꼴을 대각선을 따라 위로 이동시키면 가로의 길이가 $a+b$, 세로의 길이가 $a-b$인 직사각형이 된다. 따라서 색칠한 부분의 넓이는 $(a+b)(a-b)$이므로 색칠한 부분의 넓이를 나타내는 식은 $(a+b)(a-b)=a^2-b^2$

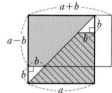

● **곱셈 공식과 도형**

유형연습 **09**

다음 그림과 같이 가로의 길이가 $7a$ m, 세로의 길이가 $5a$ m인 직사각형 모양의 꽃밭에 폭이 1 m로 일정한 산책로를 만들었을 때, 산책로를 제외한 꽃밭의 넓이를 구하시오.

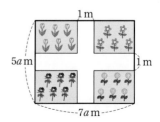

개념 10

(1) $a^2+b^2=(a+b)^2-2ab$
    $a^2+b^2=(a-b)^2+2ab$

(2) $(a+b)^2=(a-b)^2+4ab$
    $(a-b)^2=(a+b)^2-4ab$

(3) $x^2+\dfrac{1}{x^2}=\left(x+\dfrac{1}{x}\right)^2-2$

    $x^2+\dfrac{1}{x^2}=\left(x-\dfrac{1}{x}\right)^2+2$

    $\left(x+\dfrac{1}{x}\right)^2=\left(x-\dfrac{1}{x}\right)^2+4$

    $\left(x-\dfrac{1}{x}\right)^2=\left(x+\dfrac{1}{x}\right)^2-4$

(4) $x^2+ax+1=0\,(a\neq0)$일 때, $x\neq0$이므로 양변
    을 나누면
    $x+a+\dfrac{1}{x}=0,\ x+\dfrac{1}{x}=-a$

● 곱셈 공식의 변형(1)

예제 10

양수 $x,\ y$에 대하여 $x-y=4$, $x^2+y^2=20$일 때, $\dfrac{1}{x}+\dfrac{1}{y}$의 값을 구하시오.

풀이 전략

곱셈 공식의 변형을 이용하여 xy, $x+y$의 값을 구한다.

풀이

$(x-y)^2=x^2-2xy+y^2$에 $x-y=4$, $x^2+y^2=20$을 대입
하면
$4^2=20-2xy$
$2xy=4,\ xy=2$
$(x+y)^2=(x-y)^2+4xy=4^2+4\times2=24$이고
$x+y>0$이므로
$x+y=\sqrt{24}=2\sqrt{6}$

따라서
$\dfrac{1}{x}+\dfrac{1}{y}=\dfrac{x+y}{xy}$

$\qquad\quad=\dfrac{2\sqrt{6}}{2}=\sqrt{6}$

확인문제

12 $x+y=3$, $xy=-2$일 때, x^2+y^2의 값을 구하시오.

13 $x+y=2\sqrt{2}$, $xy=1$일 때, $(x-y)^2$의 값을 구하시오.

14 $x-\dfrac{1}{x}=4$일 때, $x+\dfrac{1}{x}$의 값을 구하시오.
(단, $x>0$)

유형연습 10

$a^2-5a+2=0$일 때, $a^2+\dfrac{4}{a^2}$의 값을 구하시오.

● 곱셈 공식을 이용한 식의 값 구하기(1) (서술형)

2 다항식의 곱셈과 인수분해

유형 11 곱셈 공식을 이용한 식의 값 구하기

개념 11

(1) 두 수가 주어진 경우

❶ 두 수 x, y가 $x=\sqrt{a}+\sqrt{b}$, $y=\sqrt{a}-\sqrt{b}$의 꼴이면 $x+y$, xy의 값을 구한다.

❷ 곱셈 공식의 변형을 이용하여 식의 값을 구한다.

(2) 식을 먼저 간단히 하는 경우

❶ 곱셈 공식을 이용하여 주어진 식을 간단히 한다.

❷ ❶의 식에 주어진 수를 대입하여 식의 값을 구한다.

예 $x=2\sqrt{3}+1$, $y=\sqrt{2}$일 때, $(x+y)^2-(x-y)^2$의 값

$\Rightarrow (x+y)^2-(x-y)^2=4xy$
$\qquad\qquad\qquad\qquad =4\times(2\sqrt{3}+1)\times\sqrt{2}$
$\qquad\qquad\qquad\qquad =8\sqrt{6}+4\sqrt{2}$

(3) $x=a+\sqrt{b}$의 꼴인 경우

❶ $x=a+\sqrt{b}$를 $x-a=\sqrt{b}$로 변형한다.

❷ ❶의 식에서 양변을 제곱하면 $(x-a)^2=b$

❸ ❷의 식을 정리하여 식의 값을 구한다.

예 $x=1+\sqrt{2}$ $\Rightarrow$ $x-1=\sqrt{2}$
$\qquad\qquad\quad \Rightarrow (x-1)^2=2$
$\qquad\qquad\quad \Rightarrow x^2-2x=1$

예제 11

$(x-5)(y+5)=12$, $xy=2$일 때, x^2+xy+y^2의 값을 구하시오.

풀이 전략

식을 전개하여 $x-y$의 값을 먼저 구한 후, 곱셈 공식의 변형을 이용하여 식의 값을 구한다.

풀이

$(x-5)(y+5)=12$에서
$xy+5(x-y)-25=12$
이때 $xy=2$이므로
$5(x-y)=35$
$x-y=7$
따라서
$x^2+xy+y^2=(x-y)^2+3xy$
$\qquad\qquad\quad =7^2+3\times2$
$\qquad\qquad\quad =49+6=55$

● 곱셈 공식을 이용한 식의 값 구하기(1)

확인문제

15 $x=\sqrt{5}$일 때, $(x+2)(x-2)$의 값을 구하시오.

16 $x=2+\sqrt{5}$, $y=\sqrt{2}+\sqrt{5}$일 때, $(x-y)(x+y)$의 값을 구하시오.

17 $x=\sqrt{5}-3$일 때, x^2+6x-1의 값을 구하시오.

유형연습 11

$x=\dfrac{2-\sqrt{2}}{2+\sqrt{2}}$일 때, $x^2-6x+15$의 값을 구하시오.

개념 **12**

공통부분이 있는 식은 다음과 같은 순서로 전개한다.
❶ 공통부분을 한 문자로 치환한다.
❷ 곱셈 공식을 이용하여 식을 전개한다.
❸ ❷의 식에 원래의 식을 대입하여 정리한다.

예 $(x+y-2)(x+y-5)$
$\quad = (A-2)(A-5)$ ← $x+y=A$로 치환
$\quad = A^2-7A+10$ ← 전개
$\quad = (x+y)^2-7(x+y)+10$ ← A에 $x+y$를 대입
$\quad = x^2+2xy+y^2-7x-7y+10$ ← 전개하여 정리

확인문제

18 다음은 공통부분을 한 문자로 치환하여 전개하는 과정이다. □ 안에 알맞은 양수를 써넣으시오.

(1) $(a+b-3)^2 = (A-3)^2$
$\qquad = A^2-\square A+\square$ ← $a+b=A$로 치환
$\qquad = (a+b)^2-\square(a+b)+\square$
$\qquad = a^2+2ab+b^2-\square a-\square b+\square$

(2) $(x-y+2)(x-y-2)$
$\quad = (A+\square)(A-2)$ ← $x-y=A$로 치환
$\quad = A^2-\square$
$\quad = (x-y)^2-\square$
$\quad = x^2-\square xy+y^2-\square$

(3) $(x-2y+1)(x-2y+3)$
$\quad = (A+1)(A+\square)$ ← $x-2y=A$로 치환
$\quad = A^2+\square A+\square$
$\quad = (x-2y)^2+\square(x-2y)+\square$
$\quad = x^2-4xy+4y^2+\square x-\square y+\square$

예제 **12**

$(2x-3y-1)(2x-3y+1)$의 전개식에서 상수항을 포함한 모든 항의 계수의 합을 구하시오.

풀이 전략

공통부분을 한 문자로 치환하고, 곱셈 공식을 이용하여 식을 전개한다.

풀이

$2x-3y=A$로 치환하면
$(2x-3y-1)(2x-3y+1)$
$= (A-1)(A+1) = A^2-1$
$= (2x-3y)^2-1$
$= 4x^2-12xy+9y^2-1$
따라서 모든 항의 계수의 합은
$4-12+9-1=0$

다른 풀이

상수항을 포함한 모든 항의 계수의 합은 $x=1$, $y=1$을 대입했을 때의 식의 값과 같다.
따라서 $(2x-3y-1)(2x-3y+1)$에 $x=1$, $y=1$을 대입하면
$(2-3-1)(2-3+1)=0$

●**공통부분이 있는 식의 전개**

유형연습 **12**

$(-x+2y-3)(-x-2y+3)$의 전개식에서 상수항을 포함한 모든 항의 계수의 합을 구하시오.

유형 **13** ( )( )( )( ) 꼴의 전개

개념 **13**

네 개의 일차식의 곱은 다음과 같은 순서로 전개한다.
❶ 일차식의 상수항의 합이 같아지도록 일차식을 두 개씩 짝 지어 전개한다.
❷ 공통부분을 치환하여 식을 전개한다.

예 $(x-1)(x+1)(x-4)(x-2)$ ──→ 상수항의 합이 같도록 짝 짓기
$=\{(x-1)(x-2)\}\{(x+1)(x-4)\}$
$=(x^2-3x+2)(x^2-3x-4)$ ──→ A로 치환
$=(A+2)(A-4)$
$=A^2-2A-8$
$=(x^2-3x)^2-2(x^2-3x)-8$
$=x^4-6x^3+7x^2+6x-8$

확인문제

19 다음은 $(x+1)(x+3)(x+2)(x+4)$를 전개하는 과정이다. ㈎~㈘에 알맞은 양수를 써넣으시오.

$(x+1)(x+3)(x+2)(x+4)$
$=\{(x+1)(x+4)\}\{(x+3)(x+\boxed{㈎})\}$
$=(x^2+5x+4)(x^2+\boxed{㈏}x+\boxed{㈐})$
$x^2+5x=A$로 치환하면
$(A+4)(A+\boxed{㈐})$
$=A^2+\boxed{㈑}A+\boxed{㈒}$
$=(x^2+5x)^2+\boxed{㈑}(x^2+5x)+\boxed{㈒}$
$=x^4+\boxed{㈓}x^3+\boxed{㈔}x^2+\boxed{㈕}x+\boxed{㈖}$

예제 **13**

$(x+3)(x-3)(x+4)(x-2)$의 전개식에서 x^3의 계수와 x^2의 계수의 합을 구하시오.

풀이 전략

일차식의 상수항의 합이 같아지도록 일차식을 두 개씩 짝 지어 전개한다.

풀이

$(x+3)(x-3)(x+4)(x-2)$
$=\{(x+3)(x-2)\}\{(x-3)(x+4)\}$
$=(x^2+x-6)(x^2+x-12)$
$x^2+x=A$로 치환하면
$(A-6)(A-12)$
$=A^2-18A+72$
$=(x^2+x)^2-18(x^2+x)+72$
$=x^4+2x^3+x^2-18x^2-18x+72$
$=x^4+2x^3-17x^2-18x+72$
따라서 x^3의 계수와 x^2의 계수의 합은
$2+(-17)=-15$

● ( )( )( )( ) 꼴의 전개

유형연습 **13**

$x^2-4x-3=0$일 때,
$(x+2)(x-3)(x-1)(x-6)$의 값을 구하시오.

개념 **14**

다항식의 각 항에 공통으로 들어 있는 인수가 있을 때에는 분배법칙을 이용하여 공통으로 들어 있는 인수를 묶어 내어 인수분해한다.

➡ $ma+mb=m(a+b)$

⑩ $2xy+6x^2=2x\times y+2x\times 3x$
$\qquad\qquad =2x(y+3x)$

이때 2와 6의 공약수인 2도 묶어서 나타낼 수 있도록 한다.

[참고] • 다항식의 각 항에 공통으로 들어 있는 인수를 공통인수라 한다.
  • 인수분해할 때에는 공통인수가 남지 않도록 모두 묶어 낸다.
   ⑩ $2a^2+4ab=a(2a+4b)$ (✕)
    $2a^2+4ab=2a(a+2b)$ (◯)

◉ 공통인수를 이용한 인수분해

예제 **14**

$x(x+2)-3x$는 x의 계수가 1인 두 일차식의 곱으로 인수분해된다. 이때 두 일차식의 합을 구하시오.

풀이 전략

공통인수를 찾아 공통인수로 묶어 낸다.

풀이

$x(x+2)-3x=x(x+2-3)$
$\qquad\qquad\quad =x(x-1)$

따라서 x의 계수가 1인 두 일차식은 x와 $x-1$이므로 두 일차식의 합은
$x+(x-1)=2x-1$

◉ 공통인수를 이용한 인수분해

확인문제

20 다음 식을 인수분해하시오.
  (1) a^2b+ab^2

  (2) $3xy+6ax-3x$

  (3) $2x^2y-4x^3y^2$

  (4) $a^3-a^2b+a^2c$

  (5) $-5x^2y^2+10xy^3$

유형연습 **14**

$a(a-3)(a+2)-5(a^2+2a)$는 a의 계수가 1인 세 일차식의 곱으로 인수분해된다. 이때 세 일차식의 합을 구하시오.

2
다항식의 곱셈과 인수분해

유형 **15** 인수분해 공식(1) – 완전제곱식을 이용한 인수분해

개념 **15**

(1) $a^2 \pm 2ab + b^2$의 **인수분해**

  ① $a^2 + 2ab + b^2 = (a+b)^2$ ⎤ 완전제곱식
  ② $a^2 - 2ab + b^2 = (a-b)^2$ ⎦

[참고] $(x+2)^2$, $3(a-1)^2$과 같이 다항식의 제곱으로 된 식 또는 이 식에 상수를 곱한 식을 완전제곱식 이라 한다.

(2) x^2의 **계수가 1인 이차식일 때, 완전제곱식을 이용한 인수분해**

x^2의 계수가 1인 이차식 중 x의 계수의 절반의 제곱이 상수항과 같다면 완전제곱식으로 인수분해된다.

예 • $x^2 + 2x + 1$에서
  x의 계수의 절반은 $+1$, 그 제곱은 $+1$이고
  $x^2 + 2x + 1 = (x+1)^2$

  • $x^2 + 4x + 4$에서
  x의 계수의 절반은 $+2$, 그 제곱은 $+4$이고
  $x^2 + 4x + 4 = (x+2)^2$

[참고] 이차항의 계수와 상수항이 서로 뒤집힌 경우도 같은 방법으로 인수분해한다.
  예 $4x^2 + 4x + 1$에서
   x의 계수의 절반은 $+2$, 그 제곱은 $+4$이고
   $4x^2 + 4x + 1 = (2x+1)^2$

● 인수분해 공식(1) – 완전제곱식

예제 **15**

$b < a < 0$일 때,
$$\sqrt{a^2 + 2ab + b^2} + \sqrt{a^2 - 2ab + b^2}$$
을 간단히 하시오.

풀이 전략

$a^2 + 2ab + b^2 = (a+b)^2$, $a^2 - 2ab + b^2 = (a-b)^2$임을 이용한다.

풀이

$\sqrt{a^2 + 2ab + b^2} + \sqrt{a^2 - 2ab + b^2}$
$= \sqrt{(a+b)^2} + \sqrt{(a-b)^2}$
$= |a+b| + |a-b|$
이때 $a+b < 0$, $a-b > 0$이므로
(주어진 식) $= -(a+b) + (a-b)$
     $= -a-b+a-b$
     $= -2b$

● 인수분해 공식(1) 완전제곱식(서술형)(1)

유형연습 **15**

$a < 0 < b$일 때,
$$\sqrt{2a^2 - 4a + 2} - \sqrt{2a^2 - 4ab + 2b^2}$$
을 간단히 하시오.

확인문제

21 다음 식을 인수분해하시오.

  (1) $x^2 + 12x + 36$ (2) $a^2 - \dfrac{2}{3}a + \dfrac{1}{9}$

  (3) $25a^2 - 20a + 4$ (4) $16x^2 + 24xy + 9y^2$

● 인수분해 공식(1) 완전제곱식(서술형)(2)

개념 **16**

두 제곱된 항의 합이 있을 때, 제곱을 떼어낸 식을 곱한 것의 두 배를 더하면 완전제곱식이 된다.

예 • $4x^2+\square+9$가 완전제곱식이 되기 위해서는
$4x^2=(2x)^2$, $9=3^2$이므로 $\square$는 $2x$와 3의 곱의 두 배인 $12x$가 되어야 한다.
➡ $4x^2+12x+9=(2x+3)^2$

[참고] $\square$는 $-12x$가 되어도 완전제곱식이 된다.
➡ $4x^2-12x+9=(2x-3)^2$

• $16x^2+\square+25$가 완전제곱식이 되기 위해서는
$16x^2=(4x)^2$, $25=5^2$이므로 $\square$는 $4x$와 5의 곱의 두 배인 $40x$가 되어야 한다.
➡ $16x^2+40x+25=(4x+5)^2$

[참고] $\square$는 $-40x$가 되어도 완전제곱식이 된다.
➡ $16x^2-40x+25=(4x-5)^2$

● 인수분해 공식(1) - 완전제곱식

확인문제

22 다음 식이 완전제곱식이 되도록 □ 안에 알맞은 수를 모두 써넣으시오.

(1) $x^2+\square\,x+25$

(2) $a^2+\square\,a+36$

(3) $x^2+\square\,xy+\dfrac{1}{4}y^2$

예제 **16**

$4x^2+(2a-6)xy+16y^2$이 완전제곱식이 되도록 하는 상수 a의 값을 모두 구하시오.

풀이 전략

두 제곱된 항 a^2, b^2이 있을 때, 완전제곱식이 되려면 $(a+b)^2$, $(a-b)^2$으로 인수분해되어야 한다.

풀이

$4x^2+(2a-6)xy+16y^2$이 완전제곱식이 되려면
$4x^2+(2a-6)xy+16y^2=(2x\pm4y)^2$
이어야 하므로
$2a-6=\pm16$
$2a=22$ 또는 $2a=-10$
따라서 $a=11$ 또는 $a=-5$

유형연습 16

$x^2+(2-3A)xy+4A^2y^2$이 완전제곱식이 되도록 하는 음수 A의 값을 구하시오.

유형 **17** 완전제곱식이 되도록 만들기(2)

개념 **17**

$x^2+ax+b\,(b>0)$가 완전제곱식이 되기 위한 b의 조건

$$\Rightarrow b=\left(\frac{a}{2}\right)^2$$

[주의] 위의 조건을 이용하려면 x^2의 계수는 반드시 1이어야 한다.

    📌 $9x^2+12x+b$가 완전제곱식이 되도록 하는 b의 값

$$\Rightarrow b=\left(\frac{12}{2}\right)^2=36\,(\times)$$

$9x^2+12x+b=(3x)^2+2\times 3x\times 2+b$이므로
$$b=2^2=4\,(\bigcirc)$$

확인문제

23 다음 식이 완전제곱식이 되도록 □ 안에 알맞은 수를 써넣으시오.

(1) $x^2-6x+\boxed{}$

(2) $x^2+8xy+\boxed{}y^2$

(3) $a^2-14ab+\boxed{}b^2$

(4) $x^2-x+\boxed{}$

(5) $x^2+\frac{2}{5}xy+\boxed{}y^2$

(6) $4x^2+12x+\boxed{}$

예제 **17**

$25x^2-20xy+ay^2$이 완전제곱식이 될 때, 상수 a의 값을 구하시오.

풀이 전략

$a^2-2ab+b^2=(a-b)^2$임을 이용한다.

풀이

$25x^2=(5x)^2$, $ay^2=(\sqrt{a}y)^2$이므로
$-20xy=-2\times 5\sqrt{a}xy$
$-20=-10\sqrt{a}$이므로
$2=\sqrt{a}$, $a=4$

다른 풀이

$-20xy$를 $-2ab$와 같은 모양으로 만들어 보자.
$25x^2=(5x)^2$이고 $-20xy=-2\times 5x\times\boxed{}$라 하면
$\boxed{}=2y$이므로
$ay^2=(2y)^2=4y^2$
따라서 $a=4$

  ● 인수분해 공식⑴ 완전제곱식-실전유형

유형연습 **17**

$(x+7)(x-3)+k$가 완전제곱식이 되도록 하는 상수 k의 값을 구하시오.

● 완전제곱식이 될 조건 구하기

개념 **18**

두 제곱식의 차는 제곱을 떼어낸 식의 합과 차로 인수분해된다.

$$a^2 - b^2 = (a+b)(a-b)$$

예 $4x^2 - 25y^2 = (2x)^2 - (5y)^2$
$\qquad\qquad = (2x+5y)(2x-5y)$

[참고] 항이 두 개이고 $-$부호가 들어 있으면 각각이 제곱이 되는지 확인해 본다.

● 인수분해 공식(2) – 합·차의 곱을 이용한 인수분해(1)

확인문제

24 다음 □ 안에 알맞은 것을 써넣으시오.

(1) $x^2 - 64 = (x + \boxed{})(x - \boxed{})$

(2) $25x^2 - 81y^2 = (5x + \boxed{})(\boxed{} - 9y)$

25 다음 식을 인수분해하시오.

(1) $x^2 - 4$

(2) $9a^2 - b^2$

(3) $49x^2 - 16y^2$

(4) $\dfrac{1}{4}x^2 - \dfrac{9}{25}y^2$

(5) $2a^2 - 72b^2$

예제 **18**

$6x^2 - 54y^2 = 540$이고, $x + 3y = 15$일 때, $x - 3y$의 값을 구하시오.

풀이 전략

공통인수가 있으면 공통인수로 먼저 묶어 내고 $a^2 - b^2 = (a+b)(a-b)$임을 이용한다.

풀이

$6x^2 - 54y^2 = 6(x^2 - 9y^2)$
$\qquad\qquad = 6\{(x)^2 - (3y)^2\}$
$\qquad\qquad = 6(x+3y)(x-3y) = 540$

이때 $x + 3y = 15$이므로

$90(x-3y) = 540$

따라서 $x - 3y = 6$

● 인수분해 공식(2) – 합·차의 곱을 이용한 인수분해(1)

유형연습 **18**

인수분해 공식을 이용하여 다음을 계산하시오.

$$\left(1 - \frac{1}{2^2}\right) \times \left(1 - \frac{1}{3^2}\right) \times \left(1 - \frac{1}{4^2}\right) \times \cdots \times \left(1 - \frac{1}{20^2}\right)$$

유형 19 인수분해 공식(3) – x^2의 계수가 1인 이차식의 인수분해

개념 19

$x^2+(a+b)x+ab$의 꼴의 인수분해

x에 대한 이차식의 계수가 1이고 항이 3개인데 완전제곱식이 아니라면 합이 x의 계수, 곱이 상수항이 되는 두 수를 찾아 인수분해한다.

(1) $x^2+(a+b)x+ab=(x+a)(x+b)$

(2) $x^2-(a+b)x+ab=(x-a)(x-b)$

예 x^2+5x+4에서 곱이 4인 두 수 중 합이 5인 두 수는 1, 4이므로

$x^2+5x+4=(x+1)(x+4)$

● 인수분해 공식(3)

확인문제

26 다음 조건을 만족시키는 두 정수를 구하시오.

(1) 곱이 6이고 합이 5인 두 정수

(2) 곱이 12이고 합이 -8인 두 정수

(3) 곱이 -15이고 합이 2인 두 정수

27 다음 식을 인수분해하시오.

(1) x^2+3x+2　　　(2) x^2-6x+8

(3) $x^2+5x-24$　　　(4) $x^2-7x+12$

예제 19

$x^2+4x+3=A(x+3)$, $x^2-x-12=B(x+3)$일 때, 일차식 A, B에 대하여 $A+B$의 값을 구하시오.

풀이 전략

$x^2+(a+b)x+ab=(x+a)(x+b)$임을 이용한다.

풀이

x^2+4x+3에서 곱이 3, 합이 4인 두 수는 1, 3이므로

$x^2+4x+3=(x+1)(x+3)$

즉, $A=x+1$

x^2-x-12에서 곱이 -12, 합이 -1인 두 수는 -4, 3이므로

$x^2-x-12=(x-4)(x+3)$

즉, $B=x-4$

따라서 $A+B=(x+1)+(x-4)=2x-3$

[참고] $x^2-x-12=(x+\square)(x+3)$에서 $\square\times3=-12$임을 이용하면 $\square=-4$임을 쉽게 알 수 있다.

● 인수분해 공식(3) 실전유형

유형연습 19

x의 계수가 1인 두 일차식의 곱이 $(x-2)(x+6)-9$일 때, 두 일차식의 합을 구하시오.

개념 20

$acx^2+(ad+bc)x+bd$**의 꼴의 인수분해**
$$acx^2+(ad+bc)x+bd=(ax+b)(cx+d)$$

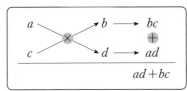

예 $2x^2+7x+3=(x+3)(2x+1)$

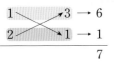

● 인수분해 공식(4)

확인문제

28 다음은 $3x^2+11x-4$를 인수분해하는 과정이다.
□ 안에 알맞은 수를 써넣으시오.

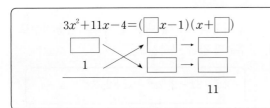

29 다음 식을 인수분해하시오.

(1) $3x^2+5x-2$ (2) $5x^2+18x-8$

(3) $6x^2-13x+6$ (4) $8x^2-14x-15$

예제 20

$6x^2+7x+2$를 인수분해하면 x의 계수와 상수항이 자연수인 두 일차식의 곱으로 인수분해된다. 이 두 일차식의 합을 구하시오.

풀이 전략

$acx^2+(ad+bc)x+bd=(ax+b)(cx+d)$임을 이용한다.

풀이

$6x^2+7x+2$를 인수분해하면

$6x^2+7x+2=(2x+1)(3x+2)$
따라서 두 일차식의 합은
$(2x+1)+(3x+2)=5x+3$

● 인수분해 공식(4) 실전유형

유형연습 20

$(2x+3y)(3x+5y)-12y^2=(ax+by)(cx+dy)$일 때, 자연수 a, b, c, d에 대하여 $a+b+c+d$의 값을 구하시오.

유형 **21** 두 다항식의 공통인수 구하기

개념 21

(1) **두 다항식의 공통인수 구하기**
① 각 다항식을 인수분해한다.
② 두 다항식에서 공통으로 갖는 인수를 구한다.

(2) **인수가 주어진 이차식**
$px+q$가 이차식 ax^2+bx+c의 인수이면
$$ax^2+bx+c=(px+q)(\square x+\triangle)$$
로 인수분해할 수 있다.

확인문제

30 다음 두 다항식이 일차식을 공통인수로 가질 때, 일차항의 계수가 1인 공통인수를 구하시오.

(1) a^2-2a, $3a-6$

(2) x^2-x-12, x^2+6x+9

(3) x^4-16, $2x^2+x-6$

31 $x+1$이 이차식 x^2+ax+2의 인수일 때, 상수 a의 값을 구하시오.

32 $x+4$가 이차식 $2x^2+ax-4$의 인수일 때, 상수 a의 값을 구하시오.

예제 21

두 이차식 x^2+6x+a와 $3x^2-bx-8$의 공통인수가 $x+2$일 때, 상수 a, b에 대하여 $a+b$의 값을 구하시오.

풀이 전략

공통인수가 $x+2$임을 이용하여 두 이차식을 인수분해한다.

풀이

$x^2+6x+a=(x+2)(\boxed{})$에서
x^2의 계수가 1이고 x의 계수가 6이므로
$\boxed{}$ 안에 들어갈 일차식을 구하면 $x+4$
$a=8$
$3x^2-bx-8=(x+2)(\boxed{})$에서
x^2의 계수가 3이고 상수항이 -8이므로
$\boxed{}$ 안에 들어갈 일차식을 구하면 $3x-4$
$b=-2$
따라서 $a+b=8+(-2)=6$

●공통인수 구하기

유형연습 21

다음 세 다항식이 x에 대한 일차식을 공통인수로 가질 때, 상수 a의 값을 구하시오.

$$2x^2-3x-2,\ 2x^2-5x+2,\ 3x^2+ax-4$$

유형 22 계수 또는 상수항을 잘못 보고 푼 경우

개념 22

잘못 본 항을 제외한 나머지 항은 제대로 본 것이므로

(1) ax^2+bx+c에서 x^2의 계수를 잘못 보았다면

➡ $\boxed{}x^2+\underset{\text{제대로 본 수}}{\underline{bx+c}}$

(2) ax^2+bx+c에서 x의 계수를 잘못 보았다면

➡ $\underset{\text{제대로 본 수}}{\underline{ax^2}}+\boxed{}x+c$

(3) ax^2+bx+c에서 상수항을 잘못 보았다면

➡ $\underset{\text{제대로 본 수}}{\underline{ax^2+bx}}+\boxed{}$

확인문제

33 민지와 지영이가 어떤 이차식을 인수분해하는데, 민지는 x의 계수를 잘못 보아 $(x-2)(x+9)$로 인수분해하였고, 지영이는 상수항을 잘못 보아 $(x+1)(x+2)$로 인수분해하였다. 다음은 처음에 주어진 이차식을 구하는 과정이다. ㈎~㈏에 알맞은 수를 써넣으시오.

민지가 인수분해한 이차식을 전개하면

$(x-2)(x+9)=x^2+\boxed{㈎}x+\boxed{㈏}$

민지는 x의 계수만 잘못 보았으므로 처음 주어진 이차식의 x^2의 계수는 1, 상수항은 $\boxed{㈐}$이다.

지영이가 인수분해한 이차식을 전개하면

$(x+1)(x+2)=x^2+\boxed{㈑}x+\boxed{㈒}$

지영이는 상수항만 잘못 보았으므로 처음 주어진 이차식의 x의 계수는 $\boxed{㈓}$이다.

따라서 처음 주어진 이차식은

$x^2+\boxed{㈔}x+\boxed{㈕}$이다.

예제 22

현지와 진우가 어떤 이차식을 인수분해하는데, 현지는 x^2의 계수를 잘못 보아 $(3x+2)(x+6)$으로 인수분해하였고, 진우는 x의 계수를 잘못 보아 $(x+4)(8x+3)$으로 인수분해하였다. 처음에 주어진 이차식을 바르게 인수분해하시오.

풀이 전략

이차식을 전개하여 잘못 본 항을 제외한 나머지 항은 올바르게 되어 있음을 이용한다.

풀이

현지가 인수분해한 이차식을 전개하면

$(3x+2)(x+6)=3x^2+20x+12$

현지는 x^2의 계수만 잘못 보았으므로 처음 주어진 이차식의 x의 계수는 20, 상수항은 12이다.

진우가 인수분해한 이차식을 전개하면

$(x+4)(8x+3)=8x^2+35x+12$

진우는 x의 계수만 잘못 보았으므로 처음 주어진 이차식의 x^2의 계수는 8, 상수항은 12이다.

따라서 처음 주어진 이차식을 인수분해하면

$8x^2+20x+12=4(2x^2+5x+3)$
$=4(x+1)(2x+3)$

🔴 계수 또는 상수항을 잘못 보고 푼 경우

유형연습 22

어떤 이차식을 인수분해하는데 재석이는 x의 계수를 잘못 보고 $(x+10)(x-1)$로 인수분해하였고, 호동이는 상수항을 잘못 보고 $(x-1)(x-2)$로 인수분해하였다. 처음의 이차식을 바르게 인수분해하시오.

🔴 계수 또는 상수항을 잘못 보고 푼 경우(서술형)

2

다항식의 곱셈과 인수분해

유형 **23** 인수분해 공식과 도형에의 활용

개념 **23**

(1) **도형의 넓이, 부피와 관련된 공식**

① (직사각형의 넓이)
= (가로의 길이) × (세로의 길이)

② (삼각형의 넓이) = $\frac{1}{2}$ × (밑변의 길이) × (높이)

② (사다리꼴의 넓이)
= $\frac{1}{2}$ × {(윗변의 길이) + (아랫변의 길이)} × (높이)

③ (원의 넓이) = π × (반지름의 길이)^2

④ (직육면체의 부피)
= (밑면의 가로의 길이)
× (밑면의 세로의 길이) × (높이)

⑤ (기둥의 부피) = (밑면의 넓이) × (높이)

(2) **인수분해 공식과 도형에의 활용**

❶ 도형의 넓이, 부피와 관련된 공식들을 이용하여 식을 세운다.

❷ 인수분해를 하여 구하고자 하는 값을 식으로 나타낸다.

예제 **23**

다음 그림과 같이 윗변의 길이가 $2a-2$, 아랫변의 길이가 $2a+8$인 사다리꼴의 넓이가 $6a^2+5a-6$일 때, 이 사다리꼴의 높이 h를 구하시오.

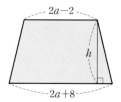

풀이 전략

사다리꼴의 넓이를 구하는 공식을 이용하여 식을 세우고 인수분해한다.

풀이

사다리꼴의 넓이를 구하여 식을 세우면

$\frac{1}{2}$ × {$(2a+8)+(2a-2)$} × $h = 6a^2+5a-6$

$(2a+3)h = 6a^2+5a-6$

우변의 $6a^2+5a-6$을 인수분해하면

$(2a+3)h = (2a+3)(3a-2)$

따라서 $h = 3a-2$

● 인수분해 공식과 도형에서 활용

확인문제

34 넓이가 $(9x^2-49)$ cm^{2}인 직사각형의 가로의 길이가 $(3x+7)$ cm일 때, 세로의 길이를 구하시오.

35 부피가 $(2x^3-x^2-6x)$ cm^{3}인 직육면체의 밑면의 가로, 세로의 길이가 각각 x cm, $(x-2)$ cm일 때, 이 직육면체의 높이를 구하시오.

36 부피가 $(10x^2-29x+12)$ cm^{3}인 기둥의 높이가 $(2x-1)$ cm일 때, 이 기둥의 밑면의 넓이를 구하시오.

유형연습 **23**

그림과 같이 지름의 길이가 $2a+2b$인 원에 지름의 길이가 각각 $2a$와 $2b$인 반원을 그렸을 때, 색칠한 부분의 넓이를 구하시오.

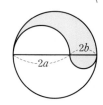

● 인수분해의 활용 - 도형

개념 24

주어진 식에 공통부분이 있으면 한 문자로 치환하여 인수분해한 후, 원래의 식을 대입하여 정리한다.

예 $(a-1)^2+3(a-1)+2$의 인수분해

➡ $a-1=A$로 치환하면
$$A^2+3A+2=(A+1)(A+2)=a(a+1)$$

확인문제

37 다음은 공통부분을 한 문자로 치환하여 인수분해하는 과정이다. □ 안에 알맞은 양수를 써넣으시오.

(1) $(x+1)^2-10(x+1)+25$
$$=A^2-10A+25 \leftarrow x+1=A\text{로 치환}$$
$$=(A-\boxed{})^2$$
$$=(x+1-\boxed{})^2=(x-\boxed{})^2$$

(2) $(x-3)^2+2(x-3)-8$
$$=A^2+2A-8 \leftarrow x-3=A\text{로 치환}$$
$$=(A+4)(A-\boxed{})$$
$$=\{(x-3)+4\}\{(x-3)-\boxed{}\}$$
$$=(x+1)(x-\boxed{})$$

(3) $(a+b)(a+b-2)+1$
$$=A(A-2)+1 \leftarrow a+b=A\text{로 치환}$$
$$=A^2-\boxed{}A+\boxed{}=(A-\boxed{})^2$$
$$=(a+b-\boxed{})^2$$

(4) $9(x-1)^2-(x+2)^2$
$$=9A^2-B^2 \leftarrow x-1=A,\ x+2=B\text{로 치환}$$
$$=(\boxed{}A)^2-B^2=(\boxed{}A+B)(\boxed{}A-B)$$
$$=\{\boxed{}(x-1)+(x+2)\}\{\boxed{}(x-1)-(x+2)\}$$
$$=(\boxed{}x-\boxed{})(\boxed{}x-\boxed{})$$

예제 24

$(x+3y)(x+3y-2)+x+3y-6$을 인수분해하면 x의 계수가 1인 두 일차식의 곱으로 인수분해될 때, 이 두 일차식의 합을 구하시오.

풀이 전략

공통부분을 한 문자로 치환하여 인수분해한다.

풀이

$x+3y=A$로 치환하면
$$(x+3y)(x+3y-2)+x+3y-6$$
$$=A(A-2)+A-6$$
$$=A^2-A-6$$
$$=(A+2)(A-3)$$
$$=(x+3y+2)(x+3y-3)$$
따라서 두 일차식의 합은
$$(x+3y+2)+(x+3y-3)=2x+6y-1$$

● 공통부분이 있는 인수분해

유형연습 24

$(x-1)^2+6(x+2)(x-1)+5(x+2)^2$을 인수분해하시오.

● 공통부분이 있는 인수분해(서술형)(2)

유형 25 항이 4개인 다항식의 인수분해

개념 25

(1) 제곱항이 없는 경우

두 항씩 묶고 공통부분을 찾아 인수분해한다.

> - $xy-x+y-1=x(y-1)+(y-1)$
> $$=(y-1)(x+1)$$
> - $ab-5a-b+5=a(b-5)-(b-5)$
> $$=(b-5)(a-1)$$

(2) 제곱항이 3개 있는 경우

완전제곱식이 되는 3개의 항을 찾아 인수분해한 후 $a^2-b^2=(a+b)(a-b)$로 인수분해한다.

> - $4x^2+12x+9-y^2$
> $$=(4x^2+12x+9)-y^2$$
> $$=(2x+3)^2-y^2$$
> $$=(2x+3+y)(2x+3-y)$$
> - $x^2-y^2+8y-16$
> $$=x^2-(y^2-8y+16)$$
> $$=x^2-(y-4)^2$$
> $$=(x+y-4)(x-y+4)$$

● 항이 4개인 다항식의 인수분해

예제 25

a^3-a^2-a+1을 인수분해하시오.

풀이 전략

두 항씩 공통인수로 묶어 내어 인수분해한다.

풀이

$$a^3-a^2-a+1=a^2(a-1)-(a-1)$$
$$=(a-1)(a^2-1^2)$$
$$=(a-1)(a+1)(a-1)$$
$$=(a-1)^2(a+1)$$

● 공통인수로 묶어서 인수분해하기(서술형)

유형연습 25

$9x^2-16+6xy+y^2$을 인수분해하였더니 $(ax+by+4)(ax+y+c)$가 되었을 때, 세 상수 a, b, c의 합 $a+b+c$의 값을 구하시오.

확인문제

38 다음 식을 인수분해하시오.

(1) $x^2(y+3)-4y-12$

(2) $x^3-5x^2-9x+45$

(3) $x^2-9+2xy+y^2$

개념 26

주어진 식의 항이 5개 이상이고 문자가 2개 이상일 때에는

❶ 차수가 가장 낮은 문자에 대하여 내림차순으로 정리한다. 만약 차수가 모두 같다면 임의의 한 문자에 대해 내림차순으로 정리한다.

❷ 공통인수를 묶어내거나 인수분해 공식을 이용하여 인수분해한다.

[참고] 내림차순은 다항식을 어떤 문자에 대하여 차수가 높은 항부터 낮은 항의 순서로 정리하여 나열하는 것이다.

● 항이 5개 이상인 다항식의 인수분해

예제 26

다항식 $x^2-y^2+6x+2y+8$을 인수분해하면 $(x-y+a)(bx+cy+d)$일 때, $a+b+c+d$의 값을 구하시오. (단, a, b, c, d는 상수)

풀이 전략

식을 한 문자에 대한 내림차순으로 정리하여 인수분해한다.

풀이

x에 대하여 내림차순으로 정리하면
$x^2-y^2+6x+2y+8$
$=x^2+6x-y^2+2y+8$
$=x^2+6x-(y^2-2y-8)$
$=x^2+6x-(y+2)(y-4)$
$=\{x+(y+2)\}\{x-(y-4)\}$
$=(x+y+2)(x-y+4)$
따라서 $a=4$, $b=c=1$, $d=2$이므로
$a+b+c+d=4+1+1+2=8$

● 항이 5개 이상인 다항식의 인수분해

확인문제

39 다음은 $x^2+xy-3x-y+2$를 인수분해하는 과정이다. ㈎, ㈏, ㈐에 알맞은 것을 써넣으시오.

차수가 가장 낮은 문자는 y이므로 주어진 식을 y에 대하여 내림차순으로 정리하면
$x^2+xy-3x-y+2$
$=(x-\boxed{\text{㈎}})y+x^2-3x+2$
이때 x^2-3x+2를 인수분해하면
$x^2-3x+2=(x-\boxed{\text{㈎}})(x-\boxed{\text{㈏}})$
이므로 공통인수 $x-\boxed{\text{㈎}}$로 묶으면 주어진 식은 다음과 같이 인수분해된다.
$(x-\boxed{\text{㈎}})(x+\boxed{\text{㈐}})$

유형연습 26

다음 식을 인수분해하시오.

$$abc-ab+bc-ca+a-b-c+1$$

유형 **27** 인수분해 공식을 이용한 수의 계산

개념 **27**

수를 계산할 때 인수분해 공식을 이용하면 쉽게 계산할 수 있다.

(1) $ma+mb=m(a+b)$

　예 $13.4 \times 59 + 13.4 \times 41 = 13.4(59+41)$
　　　　　　　　　　　　　$=13.4 \times 100 = 1340$

(2) $a^2-b^2=(a+b)(a-b)$

　예 $55^2-45^2=(55+45)(55-45)$
　　　　　　　$=100 \times 10 = 1000$

(3) $a^2+2ab+b^2=(a+b)^2$

　예 $98^2+2 \times 98 \times 2 + 2^2 = (98+2)^2$
　　　　　　　　　　　　$=100^2 = 10000$

● 인수분해 공식을 이용한 수의 계산

예제 **27**

인수분해 공식을 이용하여 다음을 계산하시오.

$$(198^2-4)+(206^2-2 \times 1236 + 36)$$

풀이 전략

인수분해 공식을 이용할 수 있도록 수의 모양을 바꾸어 계산한다.

풀이

$198^2-4=198^2-2^2=(198+2)(198-2)$
　　　　　$=200 \times 196 = 39200$
$206^2-2 \times 1236 + 36 = 206^2 - 2 \times 206 \times 6 + 6^2$
　　　　　　　　　　$=(206-6)^2$
　　　　　　　　　　$=200^2 = 40000$
따라서 주어진 식을 계산한 값은
$39200+40000=79200$

● 인수분해 공식을 이용한 수의 계산

확인문제

40 인수분해 공식을 이용하여 다음을 계산하시오.

(1) $19 \times 85 + 19 \times 15$

(2) $98^2+4 \times 98 + 4$

(3) $0.2^2+2 \times 0.2 \times 0.8 + 0.8^2$

(4) $5.5^2-4.5^2$

(5) $(\sqrt{2}+2)^2-(\sqrt{2}-2)^2$

유형연습 **27**

인수분해 공식을 이용하여 다음을 계산하시오.

$$1+7^2+13^2+19^2-(4^2+10^2+16^2+22^2)$$

개념 28

주어진 식이 인수분해가 되는 경우 인수분해하여 값을 대입하면 식의 값을 간단히 구할 수 있다.

❶ 주어진 식을 인수분해한다.

❷ 문자의 값을 두 수의 합, 차, 곱 등으로 변형하여 인수분해한 식에 대입한다.

ⓔ $x=1+\sqrt{3}$, $y=1-\sqrt{3}$일 때, $x^2-2xy+y^2$의 값을 구해 보자.

$x-y=2\sqrt{3}$이므로

$$x^2-2xy+y^2=(x-y)^2$$
$$=(2\sqrt{3})^2$$
$$=12$$

예제 28

$4\sqrt{2}$의 소수 부분을 a라고 할 때, $a^2+10a+25$의 값을 구하시오. (단, $0 \le a < 1$)

[풀이 전략]

주어진 식을 먼저 인수분해한 후 수를 대입한다.

[풀이]

$4\sqrt{2}=\sqrt{32}$이고 $5<\sqrt{32}<6$이므로

$\sqrt{32}=5.\cdots$

따라서 $4\sqrt{2}$의 소수 부분 $a=4\sqrt{2}-5$이므로

$$a^2+10a+25=(a+5)^2$$
$$=(4\sqrt{2}-5+5)^2$$
$$=(4\sqrt{2})^2$$
$$=32$$

◉ 인수분해 공식을 이용한 식의 값 구하기

2

다항식의 곱셈과 인수분해

확인문제

41 인수분해 공식을 이용하여 다음 식의 값을 구하시오.

(1) $x=4.5$일 때, $4x^2+4x+1$

(2) $x=3-\sqrt{5}$일 때, x^2-6x+9

(3) $x=\sqrt{5}+3$, $y=\sqrt{5}-3$일 때, $x^2+2xy+y^2$

(4) $a=9.3$, $b=5.7$일 때, $a^2+2ab+b^2$

(5) $a=13.5$, $b=6.5$일 때, a^2-b^2

유형연습 28

$x=\dfrac{1}{3+2\sqrt{2}}$일 때, x^2-6x+8의 값을 구하시오.

◉ 인수분해 공식을 이용한 식의 값 구하기(서술형)

3 이차방정식

개념 **01**

방정식의 우변에 있는 모든 항을 좌변으로 이항하여 정리한 식이

$$(x에 \ 대한 \ 이차식)=0$$

의 꼴로 나타나는 방정식을 x에 대한 이차방정식이라 한다.

➡ $ax^2+bx+c=0$ (단, a, b, c는 상수, $a \neq 0$)

예 ・$x^2-3x+2=0$, $-x^2+1=0$, $3x^2=0$

     ➡ 이차방정식이다.

・$2x-3=0$, $\dfrac{1}{x}+1=0$, $x^3+2x+1=0$

     ➡ 이차방정식이 아니다.

[주의] 이차항을 포함한 방정식이 이차방정식이 아닐 수도 있다. 예를 들어, 등식 $x^2+2x+1=x^2$을 정리하면 $2x+1=0$이므로 이차방정식이 아니다.

● 이차방정식의 뜻

예제 **01**

방정식 $(ax+4)(4x-3)=2x^2+3x(x-1)$이 x에 관한 이차방정식이 되기 위한 상수 a의 조건을 구하시오.

풀이 전략

모든 항을 좌변으로 이항하여 정리한 후
$(x에 \ 대한 \ 이차식)=0$의 꼴이 되도록 한다.

풀이

x에 관한 이차방정식이 되려면 x^2의 계수가 0이 아니어야 하므로 양변의 x^2항만 비교해 보면

$4ax^2+\cdots=2x^2+3x^2+\cdots$

$4ax^2-5x^2+\cdots=0$

$(4a-5)x^2+\cdots=0$

x^2의 계수는 $4a-5$이므로 상수 a의 조건은

$4a-5 \neq 0$, 즉 $a \neq \dfrac{5}{4}$

● 이차방정식의 뜻

확인문제

01 다음 중 이차방정식인 것에는 ○표, 이차방정식이 아닌 것에는 ×표를 하시오.

(1) $-x^2=3x-1$ (   )

(2) x^2-2x+1 (   )

(3) $x(2x+1)=x^2-5$ (   )

(4) $x^2+x^3=2x-3+x^3$ (   )

(5) $x(3x+1)=3(x-1)^2$ (   )

(6) $(x+1)(x-1)=-x^2+1$ (   )

유형연습 01

다음 중 등식 $(a-1)x^2+ax=x(2ax-3)$이 x에 대한 이차방정식이 되도록 하는 상수 a의 값이 아닌 것은?

① -2 ② -1 ③ 0

④ 1 ⑤ 2

개념 **02**

(1) **이차방정식의 해(근)**: 이차방정식이 참이 되게 하는 x의 값

> $x=p$가 이차방정식 $ax^2+bx+c=0$의 해이다.
> ➡ $x=p$를 대입하면 $ax^2+bx+c=0$이 성립한다.
> ➡ $ap^2+bp+c=0$

예 $x^2-3x+2=0$에 $x=1$을 대입하면 $1^2-3\times1+2=0$이므로 참이다.
따라서 $x=1$은 이차방정식 $x^2-3x+2=0$의 해이다.

(2) **이차방정식을 푼다**: 이차방정식의 해를 모두 구하는 것

● 이차방정식의 해의 의미

예제 **02**

x의 값이 -2, -1, 0, 1, 2일 때, 이차방정식 $2x^2+x-3=0$의 해를 구하시오.

풀이 전략
주어진 x의 값을 이차방정식에 대입하여 등식이 성립하는지 확인한다.

풀이
$2x^2+x-3=0$에
$x=-2$를 대입하면 $8-2-3=0$ (거짓)
$x=-1$을 대입하면 $2-1-3=0$ (거짓)
$x=0$을 대입하면 $-3=0$ (거짓)
$x=1$을 대입하면 $2+1-3=0$ (참)
$x=2$를 대입하면 $8+2-3=0$ (거짓)
따라서 이차방정식 $2x^2+x-3=0$의 해는 $x=1$이다.

● 이차방정식의 해의 의미

3
이차방정식

확인문제

02 다음 [ ] 안의 수가 주어진 이차방정식의 해인 것에는 ○표, 해가 <u>아닌</u> 것에는 ×표를 하시오.

(1) $(x-2)(x+2)=0$ [2]   (   )

(2) $x^2+x+1=0$ $[-1]$ (   )

(3) $x^2-4x+3=0$ [3]   (   )

(4) $x^2-2x-3=0$ [1]   (   )

(5) $2x^2+5x+2=0$ $[-2]$ (   )

(6) $(x+3)^2=4$ $[-5]$ (   )

유형연습 02

x의 값이 -4부터 4까지의 정수일 때, 이차방정식 $x^2+2x-8=0$의 해를 모두 구하시오.

유형 **03** 한 근이 주어졌을 때, 미지수의 값 구하기

개념 **03**

이차방정식의 한 근이 주어지면 주어진 근을 이차방정식에 대입하여 미지수의 값을 구한다.

예 이차방정식 $x^2+3x+a=0$의 한 근이 $x=1$일 때, 상수 a의 값을 구해 보자.

$x^2+3x+a=0$에 $x=1$을 대입하면

$1^2+3\times 1+a=0$

따라서 $a=-4$

● 한 근이 주어졌을 때 미지수 값 구하기

확인문제

03 다음을 만족시키는 상수 a의 값을 구하시오.

(1) 이차방정식 $x^2+ax+3=0$의 한 근이 $x=-1$이다.

(2) 이차방정식 $x^2+10x+a=0$의 한 근이 $x=-2$이다.

(3) 이차방정식 $x^2+6=-ax$의 한 근이 $x=3$이다.

(4) 이차방정식 $(ax-1)(5x-3)=4$의 한 근이 $x=1$이다.

(5) 이차방정식 $ax^2+2x+3a=0$의 한 근이 $x=2$이다.

(6) 이차방정식 $2x^2+3ax+2a-1=0$의 한 근이 $x=-1$이다.

예제 **03**

$x=3$이 이차방정식 $3x^2+ax-6=0$의 근이면서 $x^2+x-b=0$의 근일 때, 상수 a, b에 대하여 $a+b$의 값을 구하시오.

풀이 전략

이차방정식에 주어진 근을 대입하여 a, b의 값을 구한다.

풀이

$3x^2+ax-6=0$에 $x=3$을 대입하면

$27+3a-6=0$

$3a=-21$, $a=-7$

$x^2+x-b=0$에 $x=3$을 대입하면

$9+3-b=0$, $b=12$

따라서 $a+b=-7+12=5$

● 한 근이 주어졌을 때 미지수 값 구하기

유형연습 **03**

x에 대한 이차방정식 $ax^2+bx+24=0$의 해가 $x=-3$ 또는 $x=4$일 때, ab의 값을 구하시오.

(단, a, b는 상수)

개념 04

이차방정식의 한 근이 문자로 주어지면 문자를 주어진 식에 대입하여 식을 변형한다.

이차방정식 $ax^2+bx+c=0$의 한 근이 $x=p$이면

(1) $ap^2+bp+c=0$

(2) $ap^2+bp=-c$

특히, $a=1$인 경우 (1)의 양변을 $p\,(p\neq0)$로 나누면

$p+\dfrac{c}{p}=-b$

예 이차방정식 $x^2+8x-2=0$의 한 근이 $x=m$일 때, m^2+8m+5의 값을 구해 보자.

$x^2+8x-2=0$에 $x=m$을 대입하면

$m^2+8m-2=0$이므로 $m^2+8m=2$

따라서 $m^2+8m+5=7$

예제 04

이차방정식 $2x^2-6x-3=0$의 한 근을 a라 할 때, $(2a^2-6a+7)(2a^2-6a-2)$의 값을 구하시오.

[풀이 전략]

이차방정식에 주어진 한 근을 대입하여 a에 대한 식의 값을 구한다.

[풀이]

$2x^2-6x-3=0$에 $x=a$를 대입하면

$2a^2-6a-3=0$

즉, $2a^2-6a=3$

따라서

$(2a^2-6a+7)(2a^2-6a-2)=(3+7)(3-2)$
$\qquad\qquad\qquad\qquad\qquad =10$

● 한 근이 문자로 주어졌을 때 식의 값 구하기

확인문제

04 이차방정식 $x^2-9x+9=0$의 한 근을 $x=a$라 할 때, 다음 중 옳은 것에는 ○표, 옳지 <u>않은</u> 것에는 ×표를 하시오.

(1) $a^2-9a+9=0$ (   )

(2) $a^2-9a=9$ (   )

(3) $2a^2-18a+25=7$ (   )

(4) $a+\dfrac{9}{a}=9$ (   )

(5) $\dfrac{a}{3}+\dfrac{3}{a}=3$ (   )

유형연습 04

이차방정식 $x^2-3x+1=0$의 한 근을 a라 할 때, $a^2+2a+\dfrac{1}{a^2}+\dfrac{2}{a}$의 값을 구하시오.

● 한 근이 문자로 주어졌을 때 식의 값 구하기(서술형)(2)

---

3 이차방정식

유형 **05** 인수분해를 이용한 이차방정식의 풀이

개념 **05**

(1) $AB=0$의 **성질:** 두 수 또는 두 식 A, B에 대하여
 $AB=0$이면 $A=0$ 또는 $B=0$

(2) $(ax-b)(cx-d)=0$ (단, $a\neq0$, $c\neq0$)
 ➡ $ax-b=0$ 또는 $cx-d=0$
 ➡ $x=\dfrac{b}{a}$ 또는 $x=\dfrac{d}{c}$

(3) **인수분해를 이용한 이차방정식의 풀이**
 ❶ 좌변을 인수분해하여 $AB=0$의 꼴로 변형한다.
 ❷ $AB=0$이면 $A=0$ 또는 $B=0$임을 이용한다.
 ❸ 이차방정식의 해를 구한다.

● 인수분해를 이용한 이차방정식의 풀이(1)

확인문제

05 다음 이차방정식을 푸시오.

(1) $x(x-4)=0$

(2) $\dfrac{1}{3}(x+2)(x-5)=0$

(3) $(x+1)(3x-2)=0$

06 다음은 이차방정식 $x^2+4x-12=0$의 해를 구하는 과정이다. ☐ 안에 알맞은 것을 써넣으시오.

> $x^2+4x-12=0$의 좌변을 인수분해하면
> (☐)$(x-2)=0$이므로
> ☐$=0$ 또는 $x-2=0$
> 따라서 $x=$☐ 또는 $x=2$

예제 **05**

두 이차방정식 $(2x+3)(3x+1)=0$과
$\left(x-\dfrac{3}{2}\right)\left(x+\dfrac{1}{3}\right)=0$을 동시에 만족하는 해를 구하시오.

풀이 전략

$AB=0$이면 $A=0$ 또는 $B=0$임을 이용하여 해를 구한다.

풀이

이차방정식 $(2x+3)(3x+1)=0$의 해를 구하면
$2x+3=0$ 또는 $3x+1=0$
$x=-\dfrac{3}{2}$ 또는 $x=-\dfrac{1}{3}$
이차방정식 $\left(x-\dfrac{3}{2}\right)\left(x+\dfrac{1}{3}\right)=0$의 해를 구하면
$x-\dfrac{3}{2}=0$ 또는 $x+\dfrac{1}{3}=0$
$x=\dfrac{3}{2}$ 또는 $x=-\dfrac{1}{3}$
따라서 주어진 두 이차방정식을 동시에 만족하는 해는
$x=-\dfrac{1}{3}$이다.

● 인수분해를 이용한 이차방정식의 풀이(1)

유형연습 **05**

이차방정식 $x^2-5x+6=0$의 해가 $x=a$ 또는 $x=b$일 때, $ax^2-7x+b=0$의 해를 구하시오. (단, $a<b$)

● 인수분해를 이용한 이차방정식의 풀이(2)

개념 **06**

(1) **이차방정식의 중근**: 이차방정식의 두 근이 중복되어 서로 같을 때, 이 근을 중근이라 한다.

예 $(x-1)(x-1)=0$에서
$x-1=0$ 또는 $x-1=0$이므로
$x=1$(중근)

(2) 이차방정식의 좌변을 인수분해하였을 때
$$(\text{완전제곱식})=0$$
의 꼴이 되면 중근을 갖는다.

[참고] 중근을 갖는 이차방정식은 $a(x-m)^2=0$ $(a\neq0)$의 꼴이고 이때 중근은 $x=m$이다.

● 이차방정식의 중근

예제 **06**

이차방정식 $x^2+ax+b=0$이 중근 $x=-3$을 가질 때, $a-b$의 값을 구하시오. (단, a, b는 상수)

풀이 전략

이차방정식이 중근 $x=a$를 가지면 $(x-a)(x-a)=0$의 꼴로 정리할 수 있다.

풀이

이차방정식 $x^2+ax+b=0$이 중근 $x=-3$을 가지므로 $x^2+ax+b=0$의 좌변을 인수분해하면 $(x+3)(x+3)=0$임을 알 수 있다.
$(x+3)(x+3)=0$의 좌변을 전개하면
$x^2+6x+9=0$
따라서 $a=6$, $b=9$이므로
$a-b=-3$

● 이차방정식의 중근

3 이차방정식

확인문제

07 다음 이차방정식을 푸시오.

(1) $(x-1)^2=0$

(2) $\dfrac{1}{2}(x+2)^2=0$

08 다음은 이차방정식의 중근을 구하는 과정이다. □ 안에 알맞은 것을 써넣으시오.

(1) $x^2+4x+4=0 \Rightarrow (\boxed{})^2=0$
$\Rightarrow x=\boxed{}$ (중근)

(2) $6x-9=x^2 \Rightarrow (\boxed{})^2=0$
$\Rightarrow x=\boxed{}$ (중근)

(3) $2x^2-2x=-\dfrac{1}{2} \Rightarrow 2\left(\boxed{}\right)^2=0$
$\Rightarrow x=\boxed{}$ (중근)

유형연습 **06**

두 이차방정식
$$x^2-8x+a=0,\ x^2+(a-4)x+b=0$$
이 모두 중근을 가질 때, $b-a$의 값을 구하시오.
(단, a, b는 상수)

유형 07 이차방정식이 중근을 가질 조건(1)

개념 07

(1) **이차방정식 $x^2+ax+b=0$이 중근을 가질 조건**

➡ $x^2+ax+b=0$이 (완전제곱식)$=0$의 꼴로 인수분해된다.

➡ $b=\left(\dfrac{a}{2}\right)^2$

(2) **이차방정식 $ax^2+bx+c=0\ (a\neq0)$이 중근을 가질 조건**

➡ $x^2+\dfrac{b}{a}x+\dfrac{c}{a}=0$

➡ $\dfrac{c}{a}=\left(\dfrac{b}{2a}\right)^2$

[주의] x^2의 계수가 1이 아닌 경우에는 x^2의 계수로 양변을 나누어 (1)의 조건을 이용한다.

확인문제

09 다음 이차방정식이 중근을 가질 때, 양수 a의 값을 구하시오.

(1) $x^2-6x+a=0$ (2) $x^2+ax+49=0$

10 다음 이차방정식이 중근을 가질 때, 양수 a의 값을 구하는 과정이다. □ 안에 알맞은 수를 써넣으시오.

(1) $-x^2+3x-a=0 \Rightarrow x^2-\boxed{}x+a=0$

  $\Rightarrow a=\left(\dfrac{\boxed{}}{2}\right)^2=\boxed{}$

(2) $2x^2-ax+8=0 \Rightarrow x^2-\dfrac{a}{2}x+\boxed{}=0$

  $\Rightarrow \boxed{}=\left(\dfrac{-a}{\boxed{}}\right)^2 \Rightarrow a=\boxed{}$

예제 07

이차방정식 $x^2-12x+5a+1=0$이 $x=b$를 중근으로 가질 때, 상수 a, b에 대하여 $a+b$의 값을 구하시오.

풀이 전략

이차방정식이 중근을 가지면 (완전제곱식)$=0$의 꼴이다.

풀이

이차방정식 $x^2-12x+5a+1=0$이 중근을 가지므로

$5a+1=\left(\dfrac{-12}{2}\right)^2$

$5a+1=36$, $a=7$

따라서 이차방정식 $x^2-12x+36=0$, 즉 $(x-6)^2=0$의 해는 $x=6$(중근)이므로

$b=6$

그러므로 $a+b=7+6=13$

◦ 이차방정식이 중근을 가질 조건

유형연습 07

이차방정식 $x^2-4x+k+1=0$이 중근을 가질 때, 이차방정식 $6x^2+(2k+1)x-3=0$을 푸시오.

(단, k는 상수)

◦ 이차방정식이 중근을 가질 조건(서술형)(2)

개념 08

미지수 a를 포함한 이차방정식의 한 근이 $x=p$일 때

❶ 주어진 방정식에 $x=p$를 대입하여 a의 값을 구한다.

❷ 주어진 방정식에 a의 값을 대입하고 방정식을 푼다.

❸ 구한 두 근 중 $x=p$가 아닌 나머지 한 근을 구한다.

확인문제

11 이차방정식 $x^2-ax+3=0$의 한 근이 $x=-1$일 때, 다음 물음에 답하시오.

(1) a의 값을 구하시오.

(2) 나머지 한 근을 구하시오.

(3) 이차방정식 $x^2+x+3a=0$의 두 근을 구하시오.

12 이차방정식 $2x^2-13x+a=0$의 한 근이 $x=4$일 때, 다음 물음에 답하시오.

(1) a의 값을 구하시오.

(2) 나머지 한 근을 구하시오.

예제 08

이차방정식 $x^2-2ax+a+5=0$의 한 근이 $x=2$일 때, 다른 한 근을 구하시오. (단, a는 상수)

풀이 전략

이차방정식에 주어진 한 근을 대입하여 a의 값을 구하고, 이를 다시 식에 대입하여 이차방정식을 푼다.

풀이

$x^2-2ax+a+5=0$에 $x=2$를 대입하면

$4-4a+a+5=0$

$-3a=-9,\ a=3$

$x^2-2ax+a+5=0$에 $a=3$을 대입하면

$x^2-6x+8=0$

$(x-2)(x-4)=0$

$x=2$ 또는 $x=4$

따라서 다른 한 근은 $x=4$이다.

● 한 근이 주어졌을 때 나머지 한 근 구하기

유형연습 08

이차방정식 $x^2+ax-6=0$의 해가 $x=-2$ 또는 $x=b$일 때, 이차방정식 $bx^2+ax-4=0$의 두 근을 구하시오. (단, a는 상수)

3 이차방정식

유형 **09** 두 이차방정식의 공통인 근

개념 **09**

두 이차방정식이 공통인 근 $x=p$를 갖는다.

➡ 두 이차방정식에 각각 $x=p$를 대입하면 등식이 성립한다.

➡ 두 이차방정식은 각각 $x-p$를 인수로 갖는다.

예 두 이차방정식 $\underset{x=1\ \text{또는}\ x=3}{\underline{(x-1)(x-3)=0}}$,

$\underset{x=3\ \text{또는}\ x=4}{\underline{(x-3)(x-4)=0}}$의 공통인 근은 $x=3$이다.

확인문제

13 다음 두 이차방정식의 공통인 근을 구하시오.

(1) $(x+2)(x-2)=0$, $(x-2)(x+5)=0$

(2) $x^2+3x+2=0$, $x^2-2x-3=0$

(3) $2x^2-x-1=0$, $4x^2+12x+5=0$

14 다음 두 이차방정식이 공통인 근 $x=-1$을 가질 때, 상수 a, b의 값을 각각 구하시오.

(1) $(x-1)(x-a)=0$, $(x+b)(x+3)=0$

(2) $x^2+ax=0$, $(x-2a)(2x+b)=0$

예제 **09**

$x=2$가 두 이차방정식 $-2x^2+(3a+2)x-a^2-1=0$ 과 $bx^2-5x+5+(b+1)(b-3)=0$의 공통인 해일 때, 상수 a, b에 대하여 ab의 최댓값을 구하시오.

풀이 전략

공통인 해를 두 이차방정식에 각각 대입한다.

풀이

주어진 두 이차방정식은 각각 $x=2$를 해로 가지므로
$-2x^2+(3a+2)x-a^2-1=0$에 $x=2$를 대입하면
$-8+2(3a+2)-a^2-1=0$
$a^2-6a+5=0$
$(a-1)(a-5)=0$, $a=1$ 또는 $a=5$
$bx^2-5x+5+(b+1)(b-3)=0$에 $x=2$를 대입하면
$4b-10+5+b^2-2b-3=0$
$b^2+2b-8=0$
$(b+4)(b-2)=0$, $b=-4$ 또는 $b=2$
따라서 ab의 최댓값은 $a=5$, $b=2$일 때 $ab=10$이다.

●공통인 근

유형연습 **09**

두 이차방정식 $3x^2+4x-4=0$, $6x^2+11x-10=0$의 공통인 근이 이차방정식 $3x^2+ax-10=0$의 한 근일 때, 상수 a의 값을 구하시오.

유형 ⑩ 제곱근의 성질을 이용한 이차방정식의 풀이

개념 10

(1) 이차방정식 $x^2=k$ $(k≥0)$의 해

➡ $x=±\sqrt{k}$

예 $x^2=5$에서 $x=±\sqrt{5}$

(2) 이차방정식 $(x-p)^2=q$ $(q≥0)$의 해

➡ $x=p±\sqrt{q}$

예 $(x-3)^2=2$에서

$x-3=±\sqrt{2}$, $x=3±\sqrt{2}$

[참고] $x=p±\sqrt{q}$는 $x=p+\sqrt{q}$와 $x=p-\sqrt{q}$를 한꺼번에 표현한 것이다.

● 제곱근의 성질을 이용한 이차방정식의 풀이

예제 10

이차방정식 $5(x+3)^2=30$의 해가 $x=a±\sqrt{b}$일 때, $a-b$의 값을 구하시오. (단, a, b는 유리수)

풀이 전략

$(x-p)^2=q(q≥0)$의 해는 $x=p±\sqrt{q}$임을 이용한다.

풀이

$5(x+3)^2=30$에서

$(x+3)^2=6$

$x+3=±\sqrt{6}$

$x=-3±\sqrt{6}$

따라서 $a=-3$, $b=6$이므로

$a-b=-3-6=-9$

● 제곱근의 성질을 이용한 이차방정식의 풀이

확인문제

15 다음 이차방정식을 제곱근을 이용하여 푸시오.

(1) $x^2=3$

(2) $4x^2-9=0$

(3) $(x+2)^2-3=0$

(4) $(2x-4)^2-8=0$

16 다음 중 옳은 것에는 ○표, 옳지 않은 것에는 ×표를 하시오.

(1) x에 대한 이차방정식 $(x+p)^2=q$가 해를 가질 조건은 $q≥0$이다. (   )

(2) $q>0$이면 x에 대한 이차방정식 $(x+p)^2=q$는 서로 다른 두 근을 갖는다. (   )

유형연습 10

이차방정식 $3(x-1)^2=48$의 두 근 중 큰 근이 이차방정식 $(a+1)x^2-3ax-2a+7=0$의 한 근일 때, 상수 a의 값을 구하시오.

● 제곱근의 성질을 이용한 이차방정식의 풀이 – 실전유형

3 이차방정식

유형 11 완전제곱식을 이용한 이차방정식의 풀이

개념 11

이차방정식 $ax^2+bx+c=0$에서

❶ 양변을 a로 나누어 x^2의 계수를 1로 만든다.

❷ 상수항을 우변으로 이항한다.

❸ 양변에 $\left(\dfrac{b}{2a}\right)^2$을 더한다.

❹ 좌변을 완전제곱식으로 고친다.

❺ 제곱근을 이용하여 해를 구한다.

예 $4x^2-8x-4=0$
$x^2-2x-1=0$ ❶
$x^2-2x=1$ ❷
$x^2-2x+1=1+1$ ❸
$(x-1)^2=2$ ❹
$x-1=\pm\sqrt{2}$ ❺
$x=1\pm\sqrt{2}$

예제 11

이차방정식 $x^2+6x-3=0$을 (완전제곱식)＝(상수) 꼴로 변형하고, 이를 이용하여 이차방정식의 해를 구하시오.

풀이 전략

상수항을 우변으로 이항한 후 양변에 $\left(\dfrac{x의\ 계수}{2}\right)^2$을 더하여 정리한다.

풀이

$x^2+6x-3=0$에서 상수항을 우변으로 이항하면
$x^2+6x=3$
양변에 9를 더하면
$x^2+6x+9=3+9$
좌변을 완전제곱식으로 고치면
$(x+3)^2=12$
$x+3=\pm\sqrt{12}$
$x=-3\pm2\sqrt{3}$

● 완전제곱식을 이용한 이차방정식의 풀이(서술형)

확인문제

17 다음은 완전제곱식을 이용하여 이차방정식의 해를 구하는 과정이다. □ 안에 알맞은 수를 써넣으시오.

(1) $2x^2+12x+8=0$ ➡ $x^2+6x+4=0$
➡ $x^2+6x=-4$
➡ $x^2+6x+\square=-4+\square$
➡ $(x+\square)^2=\square$
➡ $x=\square\pm\sqrt{\square}$

(2) $5x^2-20x-10=0$ ➡ $x^2-\square x-\square=0$
➡ $x^2-\square x=\square$
➡ $x^2-\square x+\square=\square$
➡ $(x-\square)^2=\square$
➡ $x=\square\pm\sqrt{\square}$

유형연습 11

이차방정식 $3x^2+6x-1=0$을 $(x+a)^2=b$의 꼴로 나타낼 때, $a+3b$의 값을 구하시오. (단, a, b는 상수)

● 완전제곱식의 성질을 이용한 이차방정식의 풀이 – 실전유형

개념 12

(1) **이차방정식** $ax^2+bx+c=0$의 해

➡ $x=\dfrac{-b\pm\sqrt{b^2-4ac}}{2a}$ (단, $b^2-4ac\geq0$)

(2) **이차방정식** $ax^2+2b'x+c=0$의 해 ←── x의 계수가 짝수

➡ $x=\dfrac{-b'\pm\sqrt{b'^2-ac}}{a}$ (단, $b'^2-ac\geq0$)

(3) **근의 공식을 유도하는 과정**

$ax^2+bx+c=0\ (a\neq0)$

➡ $x^2+\dfrac{b}{a}x=-\dfrac{c}{a}$

➡ $x^2+\dfrac{b}{a}x+\left(\dfrac{b}{2a}\right)^2=-\dfrac{c}{a}+\left(\dfrac{b}{2a}\right)^2$

➡ $\left(x+\dfrac{b}{2a}\right)^2=\dfrac{b^2-4ac}{4a^2}$

➡ $x=-\dfrac{b}{2a}\pm\sqrt{\dfrac{b^2-4ac}{4a^2}}=\dfrac{-b\pm\sqrt{b^2-4ac}}{2a}$

● 근의 공식의 유도 과정

예제 12

이차방정식 $Ax^2-7x-3=0$의 해가 $x=\dfrac{7\pm\sqrt{5B}}{6}$일 때, $B-A$의 값을 구하시오. (단, A, B는 정수)

풀이 전략

이차방정식 $ax^2+bx+c=0$의 해는

$x=\dfrac{-b\pm\sqrt{b^2-4ac}}{2a}$임을 이용한다. (단, $b^2-4ac\geq0$)

풀이

근의 공식에 의하여 이차방정식 $Ax^2-7x-3=0$의 해는

$x=\dfrac{-(-7)\pm\sqrt{(-7)^2-4\times A\times(-3)}}{2A}$

$=\dfrac{7\pm\sqrt{49+12A}}{2A}$

이므로 $2A=6$, $49+12A=5B$

따라서 $A=3$, $B=17$이므로

$B-A=17-3=14$

● 근의 공식을 이용한 이차방정식의 풀이
– 미지수 값 구하기

확인문제

18 다음은 근의 공식을 이용하여 이차방정식 $x^2+5x+3=0$의 해를 구하는 과정이다. ☐ 안에 알맞은 수를 써넣으시오.

근의 공식에 $a=\boxed{}$, $b=\boxed{}$, $c=\boxed{}$을 대입하면

$x=\dfrac{\boxed{}\pm\sqrt{5^2-4\times1\times\boxed{}}}{2\times1}=\dfrac{\boxed{}\pm\sqrt{\boxed{}}}{2}$

19 다음 이차방정식을 근의 공식을 이용하여 푸시오.

(1) $x^2+7x+4=0$ (2) $x^2+4x-3=0$

(3) $2x^2-5x=1$

유형연습 12

이차방정식 $2x^2+3x-2=0$의 두 근을 α, β $(\alpha>\beta)$라 할 때, 이차방정식 $x^2+2(\alpha+1)x+\beta+1=0$의 해를 구하시오.

● 두 근을 이용한 이차방정식의 활용(서술형)

개념 **13**

(1) **이차방정식의 계수에 분수가 있는 경우**

양변에 분모의 최소공배수를 곱하여 계수를 정수로 바꾼다.

예 $\frac{1}{2}x^2 + \frac{1}{6}x - \frac{1}{12} = 0$

$\xrightarrow{\text{양변에 12를 곱하면}} 6x^2 + 2x - 1 = 0$

(2) **이차방정식의 계수에 소수가 있는 경우**

양변에 10, 100, 1000, …을 곱하여 계수를 정수로 바꾼다.

예 $0.3x^2 - 0.2x + 0.5 = 0$

$\xrightarrow{\text{양변에 10을 곱하면}} 3x^2 - 2x + 5 = 0$

확인문제

20 다음은 이차방정식 $0.4x^2 - 2x + 2.1 = 0$의 해를 구하는 과정이다. □ 안에 알맞은 수를 써넣으시오.

$0.4x^2 - 2x + 2.1 = 0$의 양변에 $\boxed{}$을 곱하면

$4x^2 - \boxed{}x + \boxed{} = 0$

좌변을 인수분해하면

$(2x - \boxed{})(\boxed{}x - 3) = 0$

따라서 $x = \boxed{}$ 또는 $x = \boxed{}$

21 다음 이차방정식을 푸시오.

(1) $0.1x^2 + x + 2.5 = 0$

(2) $0.1x^2 + 0.2x - 1.5 = 0$

(3) $\frac{1}{2}x^2 - \frac{1}{3}x - 1 = 0$

예제 **13**

$0.3x(x-2) - 0.1x + 1 = 0.1x^2 + 0.9$의 해가

$x = \dfrac{7 \pm \sqrt{23 - 6k}}{4}$일 때, 유리수 k의 값을 구하시오.

풀이 전략

계수가 분수 또는 소수이면 양변에 적당한 수를 곱하여 모든 계수를 정수로 바꾼다.

풀이

$0.3x(x-2) - 0.1x + 1 = 0.1x^2 + 0.9$의 양변에 10을 곱하여 계수를 정수로 바꾸면

$3x(x-2) - x + 10 = x^2 + 9$

$3x^2 - 6x - x + 10 - x^2 - 9 = 0$

$2x^2 - 7x + 1 = 0$

근의 공식에 의하여

$x = \dfrac{-(-7) \pm \sqrt{(-7)^2 - 4 \times 2 \times 1}}{2 \times 2} = \dfrac{7 \pm \sqrt{41}}{4}$

따라서 $23 - 6k = 41$이므로

$k = -3$

[주의] 양변에 10을 곱할 때, 이미 정수인 1에도 10을 곱해줘야 한다.

● 계수가 분수 또는 소수인 이차방정식의 풀이

유형연습 **13**

이차방정식 $\frac{3}{5}x^2 + 1 = 1.8x$의 해가 $x = \dfrac{a \pm \sqrt{b}}{6}$일 때, 다음 물음에 답하시오. (단, a, b는 유리수)

(1) 이차방정식의 해를 구하시오.

(2) $b - a$의 값을 구하시오.

개념 14

공통부분이 있는 이차방정식은 다음과 같은 순서로 푼다.

➊ 공통부분을 문자 A로 치환한다.

➋ 인수분해 또는 근의 공식을 이용하여 A의 값을 구한다.

➌ ➊의 식에 A의 값을 대입하여 해를 구한다.

예 $(x+1)^2+3(x+1)-4=0$에서 ⎤ $x+1=A$로 치환
$A^2+3A-4=0$ ⎤ 인수분해
$(A+4)(A-1)=0$ ⎤ A의 값 구하기
$A=-4$ 또는 $A=1$ ⎤ A에 $x+1$을 대입
즉, $x+1=-4$ 또는 $x+1=1$ ⎤ 해 구하기
따라서 $x=-5$ 또는 $x=0$

[주의] 이차방정식 $(x+1)^2+3(x+1)-4=0$의 해를 $x=-4$ 또는 $x=1$로 답하지 않도록 주의한다. 반드시 치환한 문자에 원래의 식을 대입하여 해를 구한다.

확인문제

22 다음 이차방정식을 푸시오.

(1) $(x-3)^2-4(x-3)+4=0$

(2) $3(x+1)^2-5(x+1)-2=0$

(3) $(x-2)^2-7(x-2)-8=0$

(4) $(x-1)^2+3x-3=0$

(5) $(x+2)^2-10=3x+6$

예제 14

이차방정식 $\dfrac{6(3-x)^2}{5}-(3-x)=\dfrac{3-x}{10}-\dfrac{1}{5}$의 두 근의 합을 구하시오.

풀이 전략

공통부분을 한 문자로 치환하여 이차방정식을 정리한다.

풀이

$3-x=A$로 치환하면 주어진 이차방정식은

$$\frac{6A^2}{5}-A=\frac{A}{10}-\frac{1}{5}$$

양변에 10을 곱하면
$12A^2-10A=A-2,\ 12A^2-11A+2=0$
$(3A-2)(4A-1)=0$
$A=\dfrac{2}{3}$ 또는 $A=\dfrac{1}{4}$

이때 $x=3-A$이므로

$x=\dfrac{7}{3}$ 또는 $x=\dfrac{11}{4}$

따라서 두 근의 합은

$$\frac{7}{3}+\frac{11}{4}=\frac{61}{12}$$

● 치환을 이용한 이차방정식의 풀이

유형연습 14

이차방정식 $(x+a)(x+a+2)+3+k=0$이 중근 $x=a$를 가질 때, 상수 a, k에 대하여 ak의 값을 구하시오.

3
이차방정식

3 이차방정식

유형 15 이차방정식이 중근을 가질 조건(2)

개념 15

x에 대한 이차방정식 $ax^2+bx+c=0$ $(a\neq0)$의 해는

$$x=\frac{-b\pm\sqrt{b^2-4ac}}{2a}\ (단,\ b^2-4ac\geq0)$$

이므로 이차방정식이 중근을 가지려면

$$\frac{-b+\sqrt{b^2-4ac}}{2a}=\frac{-b-\sqrt{b^2-4ac}}{2a}$$

이어야 한다. 즉, $b^2-4ac=0$이다.

따라서 이차방정식 $ax^2+bx+c=0$ $(a\neq0)$이 중근을 가지려면 $b^2-4ac=0$을 만족시켜야 한다.

● 중근을 가질 조건(2)

예제 15

이차방정식 $2x^2+4x-1+m=0$이 중근을 가질 때, 상수 m의 값을 구하시오.

풀이 전략

이차방정식 $ax^2+bx+c=0$이 중근을 가지려면 $b^2-4ac=0$을 만족시켜야 함을 이용한다.

풀이

이차방정식 $2x^2+4x-1+m=0$이 중근을 가지므로

$4^2-4\times2\times(-1+m)=0$

$16-8(-1+m)=0$

$-8(-1+m)=-16$

$-1+m=2$

따라서 $m=3$

● 중근을 가질 조건(2)

확인문제

23 다음 이차방정식이 $b^2-4ac=0$을 만족시키면 ○표, 만족시키지 않으면 ×표를 하시오. (단, a는 x^2의 계수, b는 x의 계수, c는 상수이다.)

(1) $2x^2-4x-2=0$ (   )

(2) $4x^2+12x+9=0$ (   )

(3) $\frac{1}{2}x^2+3x+\frac{9}{2}=0$ (   )

24 다음 이차방정식이 중근을 갖도록 하는 상수 k의 값을 구하시오.

(1) $2x^2-3x+k=0$ (2) $kx^2+kx+10=0$

유형연습 15

이차방정식 $2x^2+kx-k+\frac{5}{2}=0$이 양수인 중근을 갖도록 하는 상수 k의 값을 구하시오.

개념 **16**

이차방정식 $ax^2+bx+c=0\,(a\neq0)$의 근의 개수는 근의 공식 $x=\dfrac{-b\pm\sqrt{b^2-4ac}}{2a}$에서 b^2-4ac의 부호에 따라 결정된다.

(1) $b^2-4ac>0$ ➡ 서로 다른 두 근을 갖는다.

(2) $b^2-4ac=0$ ➡ 한 근(중근)을 갖는다.

(3) $b^2-4ac<0$ ➡ 실수인 근이 없다.

[참고] 이차방정식 $ax^2+bx+c=0\,(a\neq0)$에서 근을 가질 조건은 $b^2-4ac\geq0$이다.

확인문제

25 다음은 이차방정식 $ax^2+bx+c=0$의 근의 개수를 구하는 과정이다. □ 안에 알맞은 것을 써넣으시오.

(1) $x^2-3x-4=0$ ➡ $a=\Box$, $b=\Box$, $c=\Box$

➡ (b^2-4ac의 값)$=\Box$

➡ (근의 개수)$=\Box$

(2) $2x^2-5x+6=0$ ➡ $a=\Box$, $b=\Box$, $c=\Box$

➡ (b^2-4ac의 값)$=\Box$

➡ (근의 개수)$=\Box$

26 이차방정식 $x^2-6x+k=0$의 근이 다음과 같을 때, 상수 k의 값 또는 범위를 구하시오.

(1) 서로 다른 두 근

(2) 중근

(3) 실수인 근이 없다.

예제 **16**

x에 대한 이차방정식 $ax^2-2x-1=0$이 서로 다른 두 근을 갖도록 하는 a의 값의 범위를 구하시오.

풀이 전략

이차방정식 $ax^2+bx+c=0$에서 b^2-4ac의 부호를 이용하여 근의 개수를 구한다.

풀이

방정식 $ax^2-2x-1=0$이 서로 다른 두 근을 가지려면 $(-2)^2-4\times a\times(-1)>0,\,4a>-4$

$a>-1$

또한, $ax^2-2x-1=0$이 이차방정식이므로

$a\neq0$

따라서 a의 값의 범위는

$-1<a<0$ 또는 $a>0$

◦ 근의 개수에 따른 미지수의 값의 범위

유형연습 **16**

두 이차방정식
$$x^2-6x+k+8=0,$$
$$(k^2-4)x^2+2(k+1)x+1=0$$
이 각각 서로 다른 두 근을 가질 때, 상수 k의 값의 범위를 구하시오.

유형 **17** 이차방정식 구하기

개념 **17**

(1) **서로 다른 두 근을 갖는 이차방정식 구하기**

두 근이 α, β이고 x^2의 계수가 a인 이차방정식

➡ $a(x-\alpha)(x-\beta)=0$

(2) **중근을 갖는 이차방정식 구하기**

중근이 α이고 x^2의 계수가 a인 이차방정식

➡ $a(x-\alpha)^2=0$

확인문제

27 다음은 x^2의 계수와 근이 주어질 때, 이차방정식을 구하는 과정이다. □ 안에 알맞은 수를 써넣으시오.

(1) 근: -4와 6, x^2의 계수: 2

➡ $AB=0$의 꼴: $\square(x+\square)(x-6)=0$

➡ $ax^2+bx+c=0$의 꼴: $\square x^2-\square x-\square=0$

(2) 근: $\dfrac{1}{2}$(중근), x^2의 계수: -4

➡ $AB=0$의 꼴: $\square\left(x-\dfrac{1}{2}\right)^2=0$

➡ $ax^2+bx+c=0$의 꼴: $\square x^2+\square x-\square=0$

28 다음 수를 근으로 하고 x^2의 계수가 1인 x에 대한 이차방정식을 $x^2+ax+b=0$의 꼴로 나타내시오.

(단, a, b는 상수)

(1) 3, 5

(2) -1, 2

(3) 7 (중근)

예제 **17**

이차방정식 $x^2+(3b+4)x+c=0$의 두 근이 -3과 5일 때, bc의 값을 구하시오. (단, b, c는 상수)

[풀이 전략]

두 근이 α, β이고 x^2의 계수가 a인 이차방정식은 $a(x-\alpha)(x-\beta)=0$임을 이용한다.

[풀이]

두 근이 -3과 5이고 x^2의 계수가 1인 이차방정식은

$(x+3)(x-5)=0$

$x^2-2x-15=0$

이므로 $3b+4=-2$, $c=-15$

따라서 $b=-2$, $c=-15$이므로

$bc=30$

◉ **이차방정식 구하기(1) – 서로 다른 두 근을 가질 때**

유형연습 **17**

x^2의 계수가 2이고 $x=-3$을 중근으로 갖는 이차방정식이 $2x^2+(a+b)x+a-b=0$일 때, 상수 a, b의 값을 구하시오.

◉ **이차방정식 구하기(2) – 중근을 가질 때**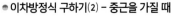

개념 **18**

x^2의 계수가 1인 이차방정식에서

(1) **두 근의 차가 k일 때**
→ 두 근을 α, $\alpha+k$로 놓으면
$(x-\alpha)\{x-(\alpha+k)\}=0$

(2) **한 근이 다른 근의 k배일 때**
→ 두 근을 α, $k\alpha$로 놓으면
$(x-\alpha)(x-k\alpha)=0$

(3) **두 근의 비가 $p:q$일 때**
→ 두 근을 $p\alpha$, $q\alpha$로 놓으면
$(x-p\alpha)(x-q\alpha)=0$

예제 **18**

이차방정식 $x^2-x+k=0$에서 두 근의 차가 5일 때, 상수 k의 값을 구하시오.

풀이 전략

두 근의 차가 5이므로 두 근을 α, $\alpha+5$로 놓는다.

풀이

두 근을 α, $\alpha+5$로 놓고 이차방정식을 세우면
$(x-\alpha)\{x-(\alpha+5)\}=0$
위 식의 좌변을 전개하면
$x^2-(2\alpha+5)x+\alpha(\alpha+5)=0$
$2\alpha+5=1$이므로
$\alpha=-2$
따라서 $k=\alpha(\alpha+5)=-6$

확인문제

29 다음은 이차방정식 $x^2-6x+k=0$의 한 근이 다른 한 근의 2배일 때, 상수 k의 값을 구하는 과정이다. ㈎~㈐에 알맞은 것을 써넣으시오.

이차방정식 $x^2-6x+k=0$의 두 근을 α, 2α로 놓으면
$(x-\alpha)(x-\boxed{\text{㈎}})=0$
위 식의 좌변을 전개하면
$x^2-\boxed{\text{㈏}}x+\boxed{\text{㈐}}=0$
$\boxed{\text{㈏}}=6$이므로 $\alpha=\boxed{\text{㈑}}$
따라서 $k=\boxed{\text{㈐}}=\boxed{\text{㈒}}$

유형연습 **18**

이차방정식 $x^2-2(k+2)x+6k=0$의 두 근의 비가 1:3일 때, 상수 k의 값을 구하시오.

유형 **19** 잘못 보고 푼 이차방정식의 올바른 해 구하기

개념 **19**

이차방정식 $ax^2+bx+c=0$에서

(1) x의 계수를 잘못 본 경우
➡ 상수항은 맞게 보았으므로
$ax^2+\square x+c=0$

(2) 상수항을 잘못 본 경우
➡ x의 계수는 맞게 보았으므로
$ax^2+bx+\square=0$

확인문제

30 이차방정식 $x^2+ax+b=0$을 푸는데 민지는 x의 계수를 잘못 보고 풀어 해가 $x=2$ 또는 $x=3$이 나왔고, 유리는 상수항을 잘못 보고 풀어 해가 $x=3$ 또는 $x=4$가 나왔다. 다음 물음에 답하시오.

(1) 민지는 이차방정식을 어떻게 보았는지 $x^2+ax+b=0$의 꼴로 나타내시오.

(2) (1)의 식을 이용하여 원래 이차방정식의 상수항을 구하시오.

(3) 유리는 이차방정식을 어떻게 보았는지 $x^2+ax+b=0$의 꼴로 나타내시오.

(4) (3)의 식을 이용하여 원래 이차방정식의 x의 계수를 구하시오.

예제 **19**

x^2의 계수가 1인 어떤 이차방정식을 연수는 x의 계수를 잘못 보고 풀어 해가 $x=2$ 또는 $x=-3$이었고, 수정이는 상수항을 잘못 보고 풀어 해가 $x=-2$ 또는 $x=-3$이었다. 이 이차방정식의 바른 해를 구하시오.

풀이 전략
잘못 본 항을 제외한 다른 항은 맞게 보았음을 이용하여 올바른 이차방정식을 구한다.

풀이
연수가 푼 이차방정식은
$(x-2)(x+3)=0$, 즉 $x^2+x-6=0$
연수는 x의 계수를 잘못 보았으므로 상수항은 -6이다.
수정이가 푼 이차방정식은
$(x+2)(x+3)=0$, 즉 $x^2+5x+6=0$
수정이는 상수항을 잘못 보았으므로 x의 계수는 5이다.
따라서 올바른 식은
$x^2+5x-6=0$, 즉 $(x-1)(x+6)=0$
이므로 $x=1$ 또는 $x=-6$

● 올바른 이차방정식의 해 구하기

유형연습 **19**

x^2의 계수가 1인 이차방정식을 푸는데 지영이는 x의 계수를 잘못 보고 풀어 $x=-2$ 또는 $x=4$의 해를 얻었고, 동규는 상수항을 잘못 보고 풀어 $x=-1$ (중근)의 해를 얻었다. 처음 이차방정식의 해를 구하시오.

개념 20

a, b, c가 유리수일 때, 이차방정식 $ax^2+bx+c=0$
의 한 근이 $p+q\sqrt{m}$이면 다른 한 근은 $p-q\sqrt{m}$이다.
(단, p, q는 유리수, $\sqrt{m}$은 무리수)

[주의] a, b, c가 유리수일 때에만 성립한다.

● 계수가 유리수인 이차방정식의 근

확인문제

31 이차방정식의 한 근이 다음과 같을 때, 다른 한 근을
구하시오.
(단, 이차방정식의 계수는 모두 유리수이다.)

(1) $2+\sqrt{3}$

(2) $5-\sqrt{7}$

(3) $1+2\sqrt{2}$

(4) $-4-3\sqrt{5}$

예제 20

이차방정식 $x^2-10x+k=0$의 한 근이 $5-3\sqrt{2}$일 때,
유리수 k의 값을 구하시오.

풀이 전략

계수가 유리수인 이차방정식의 한 근이 $p+q\sqrt{m}$이면 다른 한
근은 $p-q\sqrt{m}$임을 이용한다. (단, p, q는 유리수, $\sqrt{m}$은 무리수)

풀이

한 근이 $5-3\sqrt{2}$이므로 다른 한 근은 $5+3\sqrt{2}$이다.
두 근이 $5-3\sqrt{2}$, $5+3\sqrt{2}$이고 x^2의 계수가 1인 이차방정식은
$\{x-(5-3\sqrt{2})\}\{x-(5+3\sqrt{2})\}=0$
$x^2-10x+7=0$
따라서 $k=7$

유형연습 20

이차방정식 $-2x^2+ax+b=0$의 한 근이 $4-2\sqrt{3}$일 때,
$a+b$의 값을 구하시오. (단, a, b는 유리수)

32 다음 중 옳은 것에는 ○표, 옳지 <u>않은</u> 것에는 ×표를
하시오.

(1) 계수가 유리수인 이차방정식의 한 근이
$-1+\sqrt{5}$이면 다른 한 근은 $1-\sqrt{5}$이다.
(   )

(2) $\sqrt{2}$를 중근으로 갖는 이차방정식은 존재하지 않는
다.
(   )

3
이차방정식

유형 **21** 이차방정식의 활용 − 수

개념 **21**

(1) **이차방정식의 활용 − 수**

❶ 구하려는 수를 x로 놓는다.

❷ 문제의 뜻에 따라 이차방정식을 세운다.

❸ 이차방정식을 풀어 x의 값을 구한다.

(2) **연속하는 수**

① 연속하는 두 자연수 ➡ x, $x+1$

② 연속하는 두 짝수(홀수) ➡ x, $x+2$

③ 연속하는 세 자연수 ➡ $x-1$, x, $x+1$

④ 연속하는 세 짝수(홀수) ➡ $x-2$, x, $x+2$

● 이차방정식의 활용(1) − 수

확인문제

33 어떤 자연수 x에 2를 더한 다음 제곱한 수는 x의 9배보다 18만큼 크다고 할 때, 물음에 답하시오.

(1) 다음은 어떤 자연수 x에 대한 이차방정식을 $x^2+ax+b=0$의 꼴로 나타내는 과정이다. □ 안에 알맞은 수를 써넣으시오. (단, a, b는 상수)

> 어떤 자연수 x에 2를 더한 다음 제곱한 수는
> $(x+\boxed{})^2$
> 어떤 자연수 x의 9배보다 18만큼 큰 수는
> $\boxed{}x+\boxed{}$이므로
> $(x+\boxed{})^2=\boxed{}x+\boxed{}$
> 이 이차방정식을 $x^2+ax+b=0$의 꼴로 정리하면
> $x^2-\boxed{}x-\boxed{}=0$

(2) (1)에서 나타낸 이차방정식의 두 근을 구하시오.

(3) 구한 두 근 중 문제의 뜻에 맞는 답을 구하시오.

예제 **21**

연속하는 두 자연수가 있다. 각각의 제곱의 합이 113일 때, 두 자연수의 합을 구하시오.

풀이 전략

연속하는 두 자연수 중 작은 수를 x라 하면 나머지 수는 $x+1$이다.

풀이

연속하는 두 자연수를 x, $x+1$이라 하면
$x^2+(x+1)^2=113$, $2x^2+2x-112=0$
$x^2+x-56=0$
$(x+8)(x-7)=0$
$x=-8$ 또는 $x=7$
x는 자연수이므로 $x=7$
따라서 두 자연수는 7, 8이므로 그 합은 15이다.

[주의] 구한 두 해 중 문제의 뜻에 맞는 x의 값을 생각하자.

● 이차방정식의 활용(1) − 수

유형연습 **21**

자연수에서 연속하는 세 짝수가 있다. 가장 작은 수의 제곱이 나머지 두 수의 합의 2배일 때, 이 세 짝수의 합을 구하시오.

개념22

(1) x초 후의 물체의 높이가 (ax^2+bx+c)m로 주어졌을 때, 높이가 h m일 때의 시간을 구하려면 이차방정식

$$ax^2+bx+c=h$$

의 해를 구한다. 이때 $x \geq 0$임에 유의한다.

(2) 쏘아 올린 물체가 어떤 높이에 있을 경우 올라갈 때와 내려올 때를 생각한다.

(3) 쏘아 올린 물체가 지면에 떨어질 때의 높이는 0 m이다.

확인문제

34 지면에서 초속 20 m로 똑바로 위로 던진 물체의 x초 후의 높이가 $(20x-5x^2)$m일 때, 다음 물음에 답하시오.

(1) 다음은 물체가 몇 초 후에 지면에 떨어지는지 구하는 과정이다. □ 안에 알맞은 수를 써넣으시오.

> 물체가 x초 후에 지면으로 떨어진다고 하자.
> 물체의 x초 후의 높이는 $(20x-5x^2)$m이고
> 물체가 지면에 떨어졌을 때의 높이는
> □m이므로
> $20x-5x^2=0$
> $5x(\boxed{}-x)=0$
> $x=0$ 또는 $x=\boxed{}$
> 이때 $x>0$이므로 $x=\boxed{}$
> 따라서 물체는 □초 후에 지면으로 떨어진다.

(2) 물체가 몇 초 후에 20 m에 도달하는지 구하시오.

예제22

지면에서 20 m의 높이에 있는 건물의 옥상에서 똑바로 위로 쏘아 올린 물로켓의 x초 후의 높이는 $(-5x^2+30x+20)$m이다. 물로켓이 지면으로부터 45 m 이상인 지점을 지나는 것은 몇 초 동안인지 구하시오.

풀이 전략

물로켓이 출발하고서 몇 초 후에 지면으로부터 45 m인 지점에 도달하는지 구한다.

풀이

물로켓이 출발하고서 지면으로부터 45 m인 지점에 도달하는 시간을 x초 후라 하자.
$-5x^2+30x+20=45$에서
$5x^2-30x+25=0$, $x^2-6x+5=0$
$(x-1)(x-5)=0$
$x=1$ 또는 $x=5$
즉, 물로켓은 출발하고 1초 후에 올라가면서 높이가 45 m이고, 5초 후에는 내려가면서 높이가 45 m이므로 물로켓이 45 m 이상인 지점을 지나는 것은 4초 동안이다.

● 이차방정식의 활용(2) – 쏘아 올린 물체

유형연습 22

지면으로부터 240 m 높이에서 초속 40 m로 위로 던져 올린 물체의 t초 후의 높이를 h m라 하면
$h=-5t^2+40t+240$인 관계가 성립한다고 한다. 이 물체가 지면에 떨어지는 것은 던져 올린 지 몇 초 후인지 구하시오.

● 이차방정식의 활용(2) – 쏘아 올린 물체(서술형)

유형 23 이차방정식의 활용 – 도형(1)

개념 23

(1) **이차방정식의 활용 – 삼각형과 사각형**
 ❶ 구하려는 변의 길이를 x로 놓는다.
 ❷ 문제의 뜻에 따라 이차방정식을 세운다.
 ❸ 이차방정식을 풀어 조건에 맞는 해를 구한다.

(2) (직사각형의 넓이)＝(가로의 길이)×(세로의 길이)
이고 다각형의 변의 길이는 항상 양수임을 이용
하여 x의 값을 구한다.

확인문제

35 둘레의 길이가 52 cm이고 넓이가 165 cm²인 직사
각형이 있다. 이 직사각형의 가로의 길이가 세로의
길이보다 더 길 때, 다음 물음에 답하시오.

(1) 다음은 직사각형의 가로의 길이를 x cm라 할 때,
x에 대한 이차방정식 $x^2+ax+b=0$의 꼴로 나
타내는 과정이다. □ 안에 알맞은 수를 써넣으시오.

> 직사각형의 가로의 길이는 x cm이고
> 직사각형의 둘레의 길이는 52 cm이므로
> 세로의 길이는 ($\boxed{}-x$) cm이다.
> 직사각형의 넓이가 165 cm²이므로
> $x×(\boxed{}-x)=165$
> 이 이차방정식을 $x^2+ax+b=0$의 꼴로 정리하면
> $x^2-\boxed{}\,x+\boxed{}=0$

(2) (1)에서 나타낸 이차방정식의 두 근을 구하시오.

(3) 직사각형의 가로의 길이를 구하시오.

예제 23

다음 그림과 같이 가로, 세로의 길이가 각각 30 cm,
17 cm인 직사각형에서 가로의 길이는 매초 1 cm씩 줄
어들고, 세로의 길이는 매초 2 cm씩 늘어날 때, 몇 초
후에 처음 직사각형과 넓이가 같아지는지 구하시오.

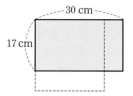

풀이 전략

x초 후에 가로의 길이는 x cm만큼 줄어들고, 세로의 길이는
$2x$ cm만큼 늘어난다.

풀이

처음 직사각형과 넓이가 같아지는 시간을 x초 후라 하자.
새로운 직사각형의 가로의 길이는 $(30-x)$ cm, 세로의 길
이는 $(17+2x)$ cm이고, 새로운 직사각형의 넓이와 처음 직
사각형의 넓이가 같아야 하므로

$(30-x)(17+2x)=30×17$, $x^2-\dfrac{43}{2}x=0$

$x\left(x-\dfrac{43}{2}\right)=0$, $x=0$ 또는 $x=\dfrac{43}{2}$

따라서 처음 직사각형과 같아질 때는 $\dfrac{43}{2}$초 후이다.

◉ 이차방정식의 활용⑶ – 도형

유형연습 23

오른쪽 그림과 같이
∠A＝90°인 직각이등변삼
각형 ABC에서 $\overline{DE}/\!/\overline{BC}$,
$\overline{DF}/\!/\overline{AC}$이고, 평행사변형
DFCE의 넓이가 24 cm²일 때, $\overline{DF}$의 길이를 구하시오.
(단, $\overline{AD}>\overline{DB}$)

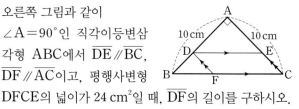

◉ 이차방정식의 활용⑶ – 도형(서술형)⑵

개념 24

(1) 원의 반지름의 길이가 r일 때
   ➡ (원의 넓이)$=\pi r^2$

(2) **도로에 의해 나누어진 땅의 넓이의 합을 구하는 문제**
   도로를 이동하여 나누어진 땅을 하나의 직사각형으로 만들어 구한다.
   ➡ 다음 직사각형에서 색칠한 부분의 넓이는 모두 같다.

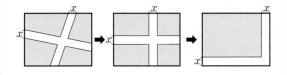

확인문제

36 오른쪽 그림과 같이 크기가 다른 세 개의 반원으로 이루어진 도형이 있다. 가장 큰 반원의 지름의 길이가 20 cm이고 색 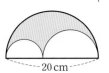 칠한 부분의 넓이가 24π cm²일 때, 다음 물음에 답하시오.

(1) 가장 작은 반원의 반지름의 길이를 x cm라 할 때, 다른 반원의 반지름의 길이를 x에 대한 식으로 나타내시오.

(2) 가장 큰 반원의 넓이를 구하시오.

(3) x에 대한 이차방정식을 $x^2+ax+b=0$의 꼴로 나타내시오.

(4) (3)에서 나타낸 이차방정식의 두 근을 구하시오.

(5) 가장 작은 반원의 반지름의 길이를 구하시오.

예제 24

그림과 같이 어떤 원에서 반지름의 길이를 6 cm만큼 늘인 원의 넓이는 처음 원의 넓이의 2배가 되었다. 처음 원의 반지름의 길이를 구하시오.

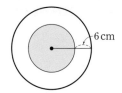

풀이 전략

$2\times$(처음 원의 넓이)$=$(늘인 원의 넓이)임을 이용하여 이차방정식을 세운다.

풀이

처음 원의 반지름의 길이를 x cm라 하면
$2\times$(처음 원의 넓이)$=$(늘인 원의 넓이)이므로
$2\pi x^2=\pi(x+6)^2$, $x^2-12x-36=0$
근의 공식에 의하여 $x=6\pm\sqrt{72}=6\pm6\sqrt{2}$
$x>0$이므로 $x=6+6\sqrt{2}$
따라서 처음 원의 반지름의 길이는 $(6+6\sqrt{2})$ cm이다.

● 이차방정식의 활용(7) - 도형 - 원

유형연습 24

그림과 같이 가로, 세로의 길이가 각각 18 m, 14 m인 직사각형 모양의 잔디밭에 폭이 일정한 길을 내었더니 잔디밭의 넓이가 192 m²이었다. 길의 폭을 구하시오.

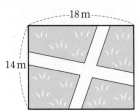

● 이차방정식의 활용(8) - 도형 - 도로

4 이차함수

개념 **01**

함수 $y=f(x)$에서
$$y=ax^2+bx+c \ (a, \ b, \ c는 \ 상수, \ a\neq 0)$$
와 같이 y가 x에 대한 이차식으로 나타내어질 때,
이 함수를 x에 대한 이차함수라 한다.

예 ・$y=-x^2, \ y=\dfrac{1}{2}x^2, \ y=3x^2-5x+1$

　➡ 이차함수이다.

・$y=2x-3, \ y=x^3+1, \ y=\dfrac{3}{x^2}+7$

　➡ 이차함수가 아니다.

[참고] 특별한 말이 없으면 x의 값의 범위는 수 전체이다.

　🔵 이차함수의 뜻과 함숫값

확인문제

01 다음 중 이차함수인 것에는 ○표, 이차함수가 <u>아닌</u>
　 것에는 ×표를 하시오.

　(1) $y=5x-4$　　　　　　　(　)

　(2) $y=\dfrac{x^2}{4}-1$　　　　　　(　)

　(3) $y=6-10x^2$　　　　　　(　)

　(4) $y=1+\dfrac{5}{x^2}$　　　　　　(　)

　(5) $y=2(x+1)(x-2)+3$　(　)

　(6) $y=(x-1)^2-x^2$　　　 (　)

　(7) $y=(x+1)^2-3(x+1)$　(　)

예제 **01**

함수 $y=5x^2+2x-kx(x+1)$에 대하여 다음 물음에
답하시오.

(1) 주어진 함수를 $y=ax^2+bx+c$의 꼴로 나타내시오.

(2) 이차함수가 되기 위한 상수 k의 조건을 구하시오.

풀이 전략

우변을 동류항끼리 계산하여 간단히 정리한다.

풀이

(1) 주어진 함수를 $y=ax^2+bx+c$의 꼴로 나타내어 보면
$$y=5x^2+2x-kx(x+1)$$
$$=5x^2+2x-kx^2-kx$$
$$=(5-k)x^2+(2-k)x$$

(2) 이차함수가 되기 위해서는 이차항의 계수가 0이 되면 안
　되므로
$$5-k\neq 0$$
따라서 $k\neq 5$

　🔵 이차함수의 뜻과 함숫값 (서술형)(1)

함수 $y=(x+3)^2-ax^2+1$이 이차함수가 되기 위한 상
수 a의 조건을 구하시오.

　🔵 이차함수의 뜻과 함숫값 (서술형)(2)

개념 **02**

이차함수를 판별할 때 주의해야 할 오개념

(1) $y=(x$에 대한 식$)$에서 우변을 동류항끼리 정리하지 않고 판별하는 경우

➡ $y=f(x)$에 이차인 항이 포함되어 있어도 $f(x)$를 동류항끼리 정리한 식이 x에 대한 이차식이 되어야만 y는 x에 대한 이차함수이다.

(2) x, y 이외의 문자를 변수로 사용한 식을 함수로 인지하지 못하는 경우

➡ a, b 등 다른 문자를 변수로 사용하더라도 한 문자가 다른 문자에 대한 이차식으로 표현되면 이차함수가 됨에 주의한다.

확인문제

02 가로의 길이가 $(x-2)$ cm, 세로의 길이가 $3x$ cm인 직사각형의 넓이가 y cm²일 때, y를 x에 대한 식으로 나타내시오.

03 다음 중 옳은 것에는 ○표, 옳지 <u>않은</u> 것에는 ×표를 하시오.

(1) 지름의 길이가 x cm인 원의 넓이가 y cm²일 때, y는 x에 대한 이차식으로 나타내어진다.

( )

(2) 시속 y km로 5시간 동안 달린 거리가 x km일 때, y는 x에 대한 이차식으로 나타내어진다.

( )

예제 **02**

윗변의 길이가 $(3x-2)$ cm, 아랫변의 길이가 4 cm이고, 높이가 $2x$ cm인 사다리꼴의 넓이가 y cm²이다. y를 x에 대한 식으로 나타내고, 이차함수인지 판별하시오.

풀이 전략

사다리꼴의 넓이를 구하는 공식을 이용하여 식을 세운다.

풀이

(사다리꼴의 넓이)

$$=\frac{1}{2}\times\{(윗변의\ 길이)+(아랫변의\ 길이)\}\times(높이)$$

이므로

$$y=\frac{1}{2}\times(3x-2+4)\times 2x$$
$$=\frac{1}{2}\times(3x+2)\times 2x$$
$$=x(3x+2)$$
$$=3x^2+2x$$

로 나타내어지며, 이때 y는 x에 대한 이차식이므로 이차함수이다.

유형연습 **02**

꼭짓점의 개수가 x인 다각형의 대각선의 개수가 y이다. y를 x에 대한 식으로 나타내고, 이차함수인지 판별하시오.

4
이차함수

유형 **03** 이차함수의 함숫값

개념 **03**

(1) **함숫값** $f(a)$: $f(x)$에 x 대신 a를 대입한 값
(2) 이차함수 $f(x)=ax^2+bx+c$에서 $x=k$일 때의 함숫값은
$$f(k)=ak^2+bk+c$$

● 이차함수의 뜻과 함숫값

확인문제

04 이차함수 $f(x)=x^2-4x+2$에 대하여 다음 함숫값을 구하시오.

(1) $f(0)$ (2) $f(2)$

(3) $f(-1)$ (4) $f\left(\dfrac{1}{2}\right)$

05 이차함수 $f(x)=-x^2+3x-5$에서 $f(2)-3f(0)$의 값을 구하시오.

06 이차함수 $f(x)=2x^2+ax-3$에서 $f(-2)=-1$일 때, 상수 a의 값을 구하시오.

● 이차함수의 뜻과 함숫값

예제 **03**

이차함수 $f(x)=-2x^2-ax+7$에 대하여 다음 물음에 답하시오. (단, a는 상수)

(1) $f(3)=-2$일 때, a의 값을 구하시오.
(2) $f(-2)=b$일 때, b의 값을 구하시오.
(3) ab의 값을 구하시오.

풀이 전략

이차함수 $f(x)=-2x^2-ax+7$에서 x 대신 수를 대입하여 함숫값을 구한다.

풀이

(1) $f(3)=-2\times3^2-a\times3+7=-2$에서
$-11-3a=-2$, $-3a=9$
따라서 $a=-3$
(2) $f(x)=-2x^2+3x+7$에서 x 대신 -2를 대입하면
$$f(-2)=-2\times(-2)^2-6+7$$
$$=-8-6+7=-7$$
따라서 $b=-7$
(3) $ab=(-3)\times(-7)=21$

● 이차함수의 뜻과 함숫값(서술형)(3)

유형연습 **03**

이차함수 $f(x)=ax^2+2x-4$에서 $f(5)=-19$, $f(1)=b$일 때, 상수 a, b에 대하여 $a+b$의 값을 구하시오.

개념 04

(1) **이차함수 $y=x^2$의 그래프**

① 원점을 지나고, 아래로 볼록한 곡선이다.

② y축에 대하여 대칭이다.

③ $x<0$일 때, x의 값이 증가하면 y의 값은 감소한다.
$x>0$일 때, x의 값이 증가하면 y의 값도 증가한다.

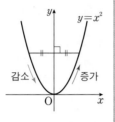

④ 원점을 제외한 모든 부분이 x축보다 위쪽에 있다.

(2) **이차함수 $y=-x^2$의 그래프**

이차함수 $y=x^2$의 그래프와 x축에 대하여 서로 대칭이며, 그래프의 성질은 다음과 같다.

① 원점을 지나고, 위로 볼록한 곡선이다.

② y축에 대하여 대칭이다.

③ $x<0$일 때, x의 값이 증가하면 y의 값도 증가한다.
$x>0$일 때, x의 값이 증가하면 y의 값은 감소한다.

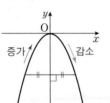

④ 원점을 제외한 모든 부분이 x축보다 아래쪽에 있다.

● 이차함수 $y=x^2$, $y=-x^2$의 그래프 - 개념

예제 04

이차함수 $y=x^2$에 대하여 다음 표를 완성하고, 이차함수 $y=x^2$의 그래프를 그리시오.

x	...	-3	-2	-1	0	1	2	3	...
y	...	9							...

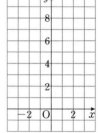

풀이 전략

이차함수 $y=x^2$의 그래프가 지나는 점을 좌표평면에 그린 후 곡선으로 이어준다.

풀이

$y=x^2$에서 x에 -3, -2, $\cdots$, 3을 차례로 대입하여 표를 완성하면 다음과 같다.

x	...	-3	-2	-1	0	1	2	3	...
y	...	9	4	1	0	1	4	9	...

좌표평면에 위의 표에서 구한 순서쌍 (x, y)를 나타낸 후 x의 값의 범위를 실수 전체로 확장하면 이차함수 $y=x^2$의 그래프는 오른쪽과 같이 원점을 지나는 매끄러운 곡선이 된다.

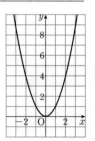

● 이차함수 $y=x^2$, $y=-x^2$의 그래프 - 개념

확인문제

07 다음 중 옳은 것에는 ○표, 옳지 <u>않은</u> 것에는 ×표를 하시오.

(1) 이차함수 $y=x^2$의 그래프는 아래로 볼록한 곡선이다. ( )

(2) 이차함수 $y=-x^2$의 그래프는 x의 값이 증가할 때 y의 값도 증가한다. ( )

유형연습 04

이차함수 $y=-x^2$에 대하여 다음 표를 완성하고, 이차함수 $y=-x^2$의 그래프를 그리시오.

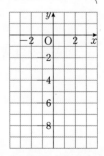

x	...	-3	-2	-1	0	1	2	3	...
y	...	-9							...

4
이
차
함
수

유형 05 포물선, 축, 꼭짓점의 뜻

개념 05

(1) **포물선:** 이차함수 $y=x^2$, $y=-x^2$의 그래프와 같은 모양의 곡선

(2) **축:** 포물선은 선대칭도형이며, 그 대칭축을 포물선의 축이라 한다.

(3) **꼭짓점:** 포물선과 축의 교점을 포물선의 꼭짓점이라 한다.

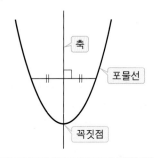

예제 05

이차함수 $y=x^2$의 그래프의 축의 방정식과 꼭짓점의 좌표를 각각 구하시오.

풀이 전략

포물선의 축은 선대칭도형인 포물선의 대칭축이고, 포물선의 꼭짓점은 포물선과 축의 교점이다.

풀이

이차함수 $y=x^2$의 그래프는 y축을 축으로 하며 y축의 방정식은 $x=0$이다.

이차함수 $y=x^2$의 그래프의 꼭짓점은 이차함수 $y=x^2$의 그래프와 이 포물선의 축인 y축, 즉 $x=0$과의 교점이므로 꼭짓점의 좌표는 원점의 좌표인 $(0, 0)$이다.

[**참고**] 이차함수 $y=ax^2$의 그래프의 축의 방정식은 항상 $x=0(y$축$)$이고, 꼭짓점의 좌표는 항상 $(0, 0)$이다.

확인문제

08 다음 □ 안에 알맞은 말을 써넣으시오.

(1) 이차함수 $y=x^2$, $y=-x^2$의 그래프와 같은 모양의 곡선을 □□□이라 한다.

(2) 포물선은 □대칭도형이며, 그 대칭축을 포물선의 □이라 한다.

(3) 포물선의 꼭짓점은 포물선과 □의 교점이다.

유형연습 05

이차함수 $y=-x^2$의 그래프의 축의 방정식과 꼭짓점의 좌표를 각각 구하시오.

이차함수 $y=ax^2(a>0)$의 그래프

x	$\cdots$	-2	-1	0	1	2	$\cdots$
$y=x^2$	$\cdots$	4	1	0	1	4	$\cdots$
$y=ax^2$ $(a>0)$	$\cdots$	$4a$	a	0	a	$4a$	$\cdots$

x의 각 값에 대하여 이차함수 $y=ax^2\ (a>0)$의 함
숫값은 이차함수 $y=x^2$의 함숫값의 a배이다.
따라서 이차함수 $y=2x^2$의 그래프는 이차함수
$y=x^2$의 그래프 위의 각 점에 대하여 y좌표를 2배
로 하는 점을 잡아서 그릴 수 있다.

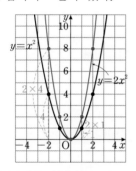

이차함수 $y=x^2$의 그래
프를 이용하여 이차함수
$y=3x^2$의 그래프를 그리
시오.

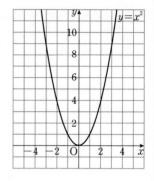

풀이 전략

x의 각 값에 대하여 이차함수 $y=3x^2$의 함숫값은 이차함수
$y=x^2$의 함숫값의 3배이다.

풀이

이차함수 $y=3x^2$의 그래프는
이차함수 $y=x^2$의 그래프 위
의 각 점의 y좌표를 3배로 하
는 점을 연결하여 오른쪽과 같
이 그릴 수 있다.

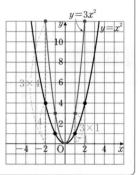

확인문제

09 다음 중 옳은 것에는 ○표, 옳지 않은 것에는 ×표를
하시오.
(1) x의 각 값에 대하여 이차함수 $y=ax^2$의 함숫값은
이차함수 $y=x^2$의 함숫값의 a배이다. (　　　)
(2) 이차함수 $y=2x^2$의 그래프는 점 $(-1,\ -2)$를
지난다. (　　　)

10 이차함수 $f(x)=3x^2$에 대하여 $f(-2)$의 값을 구하
시오.

유형연습 06

이차함수 $y=x^2$의 그래프를
이용하여 이차함수 $y=\dfrac{1}{3}x^2$
의 그래프를 그리시오.

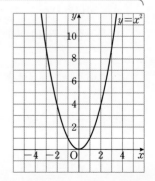

유형 **07** 이차함수 $y=ax^2\ (a>0)$의 그래프의 성질

개념 **07**

이차함수 $y=ax^2(a>0)$의 그래프의 성질

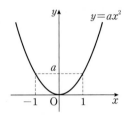

(1) 원점 O$(0, 0)$을 꼭짓점으로 하는 포물선이다.
(2) y축을 축으로 한다. (축의 방정식: $x=0$)
(3) 아래로 볼록하다.

● **이차함수 $y=ax^2$의 그래프의 성질**

확인문제

11 이차함수 $y=2x^2$의 그래프의 꼭짓점의 좌표를 구하시오.

12 이차함수 $y=\dfrac{1}{3}x^2$의 그래프의 축의 방정식을 구하시오.

13 이차함수 $y=5x^2$의 그래프에 대하여 □ 안에 알맞은 것을 써넣으시오.
(1) 꼭짓점의 좌표는 $(0, \boxed{})$이다.

(2) 그래프는 $\boxed{}$로 볼록하다.

(3) 점 $(-2, \boxed{})$을 지난다.

(4) 제$\boxed{}$사분면과 제$\boxed{}$사분면을 지난다.

예제 **07**

다음 중 이차함수 $y=3x^2$의 그래프에 대한 설명으로 옳은 것은?
① 꼭짓점의 좌표는 $(1, 3)$이다.
② 축의 방정식은 $x=3$이다.
③ $y=-3x^2$의 그래프와 x축에 대하여 대칭이다.
④ 점 $(-1, -3)$을 지난다.
⑤ x축에 대하여 대칭이다.

풀이 전략

이차함수 $y=ax^2(a>0)$의 그래프는 원점을 꼭짓점으로 하고 y축을 축으로 하는 아래로 볼록한 포물선이다.

풀이

① 꼭짓점의 좌표는 $(0, 0)$이다.
② 축의 방정식은 $x=0$이다.
④ $x=-1$일 때 $y=3\times(-1)^2=3$이므로 점 $(-1, 3)$을 지난다.
⑤ y축에 대하여 대칭이다.
따라서 옳은 것은 ③이다.

● **이차함수 $y=ax^2$의 그래프의 성질**

유형연습 **07**

다음 중 이차함수 $y=\dfrac{1}{2}x^2$의 그래프에 대한 설명으로 옳은 것은?
① 점 $(2, 1)$을 지난다.
② x축에 대하여 대칭이다.
③ 위로 볼록한 포물선이다.
④ 축의 방정식은 $x=\dfrac{1}{2}$이다.
⑤ 제3사분면과 제4사분면을 지나지 않는다.

개념 **08**

이차함수 $y=-ax^2\,(a>0)$의 그래프

x	$\cdots$	-2	-1	0	1	2	$\cdots$
$y=ax^2$ $(a>0)$	$\cdots$	$4a$	a	0	a	$4a$	$\cdots$
$y=-ax^2$ $(a>0)$	$\cdots$	$-4a$	$-a$	0	$-a$	$-4a$	$\cdots$

x의 각 값에 대하여 이차함수 $y=-ax^2\,(a>0)$의 함숫값은 이차함수 $y=ax^2\,(a>0)$의 함숫값과 절댓값은 같고 부호는 반대이다.

따라서 이차함수 $y=-ax^2\,(a>0)$의 그래프는 이차함수 $y=ax^2\,(a>0)$의 그래프 위의 각 점에 대하여 x축에 대하여 대칭인 점을 잡아서 그릴 수 있다.

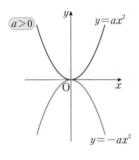

예제 **08**

이차함수 $y=2x^2$의 그래프를 이용하여 이차함수 $y=-2x^2$의 그래프를 그리시오.

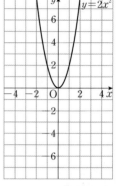

풀이 전략

이차함수 $y=-2x^2$의 그래프는 이차함수 $y=2x^2$의 그래프와 x축에 대하여 서로 대칭이다.

풀이

이차함수 $y=-2x^2$의 그래프는 이차함수 $y=2x^2$의 그래프와 x축에 대하여 서로 대칭이므로 이차함수 $y=2x^2$의 그래프 위의 각 점과 x축에 대하여 대칭인 점을 연결하여 오른쪽과 같이 그릴 수 있다.

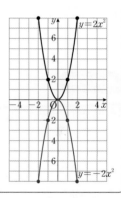

확인문제

14 다음 중 옳은 것에는 ○표, 옳지 <u>않은</u> 것에는 ×표를 하시오.

(1) 이차함수 $y=-ax^2$의 그래프는 이차함수 $y=ax^2$의 그래프와 y축에 대하여 대칭이다. (　　)

(2) 이차함수 $y=-3x^2$의 그래프는 점 $(-1,\,-3)$을 지난다. (　　)

15 이차함수 $f(x)=-\dfrac{1}{2}x^2$에 대하여 $f(-2)$의 값을 구하시오.

유형연습 08

이차함수 $y=\dfrac{1}{2}x^2$의 그래프를 이용하여 이차함수 $y=-\dfrac{1}{2}x^2$의 그래프를 그리시오.

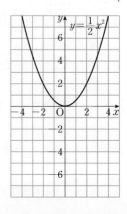

유형 **09** 이차함수 $y=-ax^2\ (a>0)$의 그래프의 성질

개념 **09**

이차함수 $y=-ax^2(a>0)$의 그래프의 성질

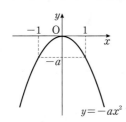

$y=-ax^2$

(1) 원점 $\mathrm{O}(0,\ 0)$을 꼭짓점으로 하는 포물선이다.
(2) y축을 축으로 한다. (축의 방정식: $x=0$)
(3) 위로 볼록하다.

● 이차함수 $y=ax^2$의 그래프의 성질

확인문제

16 이차함수 $y=-3x^2$의 그래프의 꼭짓점의 좌표를 구하시오.

17 이차함수 $y=-\dfrac{1}{2}x^2$의 그래프의 축의 방정식을 구하시오.

18 이차함수 $y=-4x^2$에 대하여 □ 안에 알맞은 것을 써넣으시오.
(1) 꼭짓점의 좌표는 $(0,\ \boxed{})$이다.

(2) 그래프는 □로 볼록하다.

(3) 점 $(-3,\ \boxed{})$을 지난다.

(4) 제□사분면과 제□사분면을 지난다.

예제 **09**

다음 중 이차함수 $y=-2x^2$의 그래프에 대한 설명으로 옳은 것은?
① x축에 대하여 대칭이다.
② 축의 방정식은 $x=-2$이다.
③ 꼭짓점의 좌표는 $(1,\ -2)$이다.
④ 제3사분면과 제4사분면을 지난다.
⑤ $y=2x^2$의 그래프와 y축에 대하여 서로 대칭이다.

풀이 전략

이차함수 $y=ax^2(a<0)$의 그래프는 원점을 꼭짓점으로 하고 y축을 축으로 하는 위로 볼록한 포물선이다.

풀이

① y축에 대하여 대칭이다.
② 축의 방정식은 $x=0$이다.
③ 꼭짓점의 좌표는 $(0,\ 0)$이다.
④ 원점을 꼭짓점으로 하고 위로 볼록한 포물선이므로 제3사분면과 제4사분면을 지난다.
⑤ $y=2x^2$의 그래프와 x축에 대하여 서로 대칭이다.
따라서 옳은 것은 ④이다.

유형연습 **09**

이차함수 $y=\dfrac{3}{4}x^2$의 그래프와 x축에 대하여 서로 대칭인 그래프가 점 $(a,\ -12)$를 지날 때, 음수 a의 값을 구하시오.

개념 10

이차함수 $y=ax^2$의 그래프는 a의 값에 따라 다음 그림과 같이 그릴 수 있다.

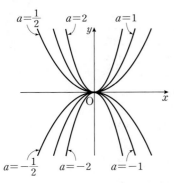

이차함수 $y=ax^2$의 그래프는 a의 절댓값이 클수록 폭이 좁아진다.

● 이차함수 $y=ax^2$의 그래프의 폭

예제 10

이차함수 $y=ax^2$의 그래프가 $y=-\dfrac{1}{3}x^2$의 그래프보다 폭이 좁고, $y=3x^2$의 그래프보다 폭이 넓을 때, 양수 a의 값의 범위를 구하시오.

풀이 전략

이차함수 $y=ax^2$의 그래프는 a의 절댓값이 클수록 폭이 좁아진다.

풀이

$y=ax^2$의 그래프는 $y=-\dfrac{1}{3}x^2$의 그래프보다 폭이 좁으므로 $|a|>\left|-\dfrac{1}{3}\right|$이고, $y=3x^2$의 그래프보다 폭이 넓으므로 $|a|<|3|$이다.

따라서 $\dfrac{1}{3}<|a|<3$이고 a는 양수이므로 a의 값의 범위는 $\dfrac{1}{3}<a<3$이다.

● 이차함수 $y=ax^2$의 폭 (서술형)

4
이
차
함
수

확인문제

19 다음 이차함수 중 그 그래프의 폭이 가장 좁은 것은?

① $y=5x^2$ ② $y=-4x^2$ ③ $y=3x^2$

④ $y=\dfrac{1}{5}x^2$ ⑤ $y=-\dfrac{1}{3}x^2$

20 다음 이차함수의 그래프 중 아래로 볼록하면서 폭이 가장 넓은 것은?

① $y=-3x^2$ ② $y=-2x^2$ ③ $y=x^2$

④ $y=\dfrac{3}{2}x^2$ ⑤ $y=2x^2$

● 이차함수 $y=ax^2$의 그래프의 폭

유형연습 10

다음 그림과 같이 두 이차함수 $y=ax^2$, $y=\dfrac{1}{2}x^2$의 그래프와 직선 $y=8$의 교점을 각각 A, B, C, D라 하고 y축과 직선 $y=8$의 교점을 P라 하자.

$\overline{AB}=\overline{BP}=\overline{PC}=\overline{CD}$일 때, 상수 a의 값을 구하시오.

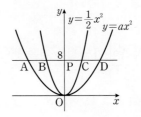

● 이차함수 $y=ax^2$의 그래프의 성질 (서술형)

개념 **11**

조건에 맞는 이차함수 $y=ax^2$의 식 찾기

(1) 아래로 볼록한 포물선이면 $a>0$, 위로 볼록한 포물선이면 $a<0$이다.

(2) a의 절댓값이 클수록 그래프의 폭이 좁다.

(3) 이차함수의 그래프 위의 점이 주어지면 그 점의 좌표를 이차함수 $y=ax^2$의 식에 대입한다.

확인문제

21 다음 **보기**의 이차함수에 대하여 물음에 답하시오.

┌ | 보기 | ─────────────────────────┐

ㄱ. $y=-2x^2$ ㄴ. $y=\dfrac{5}{2}x^2$

ㄷ. $y=x^2$ ㄹ. $y=-\dfrac{3}{2}x^2$

ㅁ. $y=2x^2$ ㅂ. $y=-\dfrac{1}{5}x^2$

└──────────────────────────────────┘

(1) 그래프가 아래로 볼록한 것을 모두 찾으시오.

(2) 그래프가 위로 볼록한 것을 모두 찾으시오.

(3) 그래프의 폭이 가장 좁은 것을 찾으시오.

(4) 그래프의 폭이 가장 넓은 것을 찾으시오.

(5) 그래프가 x축에 대하여 서로 대칭인 것끼리 짝지으시오.

예제 **11**

오른쪽 그림에서 다음 이차함수의 그래프로 알맞은 것을 찾으시오.

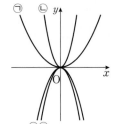

(1) $y=-x^2$

(2) $y=\dfrac{1}{3}x^2$

(3) $y=2x^2$

(4) $y=-\dfrac{3}{2}x^2$

풀이 전략

이차함수 $y=ax^2$에서 a의 부호와 절댓값의 크기를 통해 그래프를 판별할 수 있다.

풀이

이차함수 $y=ax^2$의 그래프는 $a>0$이면 아래로 볼록, $a<0$이면 위로 볼록하므로 (2), (3)의 그래프는 ㉠, ㉡ 중에 가능하고 (1), (4)의 그래프는 ㉢, ㉣ 중에 가능하다.

a의 절댓값이 클수록 그래프의 폭이 좁아지므로

(1) ㉢   (2) ㉠   (3) ㉡   (4) ㉣

유형연습 **11**

이차함수 $y=ax^2$의 그래프는 점 $(-3,\ b)$를 지나고 이차함수 $y=2x^2$의 그래프와 x축에 대하여 서로 대칭이다. 이때 a, b의 값을 각각 구하시오. (단, a는 상수)

개념 **12**

이차함수 $y=x^2+1$의 그래프

x	$\cdots$	-2	-1	0	1	2	$\cdots$
$y=x^2$	$\cdots$	4	1	0	1	4	$\cdots$
$y=x^2+1$	$\cdots$	5	2	1	2	5	$\cdots$

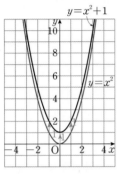

이차함수 $y=ax^2+q$의 그래프는 이차함수 $y=ax^2$의 그래프를 y축의 방향으로 q만큼 평행이동한 것과 같다.

● **이차함수 $y=ax^2+q$의 그래프 - 개념**

예제 **12**

이차함수 $y=2x^2$의 그래프를 이용하여 이차함수 $y=2x^2-3$의 그래프를 그리시오.

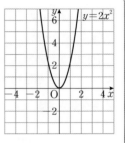

풀이 전략

이차함수 $y=ax^2+q$의 그래프는 이차함수 $y=ax^2$의 그래프를 y축의 방향으로 q만큼 평행이동한 것과 같다.

풀이

이차함수 $y=2x^2-3$의 그래프는 이차함수 $y=2x^2$의 그래프를 y축의 방향으로 -3만큼 평행이동한 것이므로 오른쪽 그림과 같다.

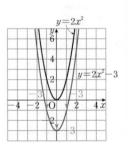

확인문제

22 이차함수 $y=3x^2$의 그래프를 y축의 방향으로 2만큼 평행이동한 그래프를 나타내는 이차함수의 식을 구하시오.

23 이차함수 $y=\dfrac{3}{2}x^2$의 그래프를 y축의 방향으로 -1만큼 평행이동한 그래프를 나타내는 이차함수의 식을 구하시오.

24 이차함수 $y=-2x^2-4$의 그래프는 이차함수 $y=-2x^2$의 그래프를 y축의 방향으로 얼마만큼 평행이동한 것인지 구하시오.

유형연습 **12**

이차함수 $y=-\dfrac{1}{3}x^2$의 그래프를 이용하여 이차함수 $y=-\dfrac{1}{3}x^2+2$의 그래프를 그리시오.

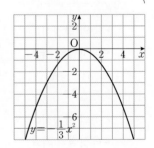

유형 13 이차함수 $y=ax^2+q$의 그래프의 축과 꼭짓점

개념 13

이차함수 $y=ax^2+q$의 그래프에서

(1) **축:** y축 (축의 방정식: $x=0$)

  [참고] 이차함수 $y=ax^2$의 그래프를 y축의 방향으로 q만큼 평행이동해도 축은 변하지 않는다.

(2) **꼭짓점의 좌표:** $(0,\ q)$

● 이차함수 $y=ax^2+q$의 그래프 - 개념

확인문제

25 다음 이차함수의 그래프의 축의 방정식과 꼭짓점의 좌표를 각각 구하시오.

(1) $y=-x^2+3$

  • 축의 방정식: _____

  • 꼭짓점의 좌표: _____

(2) $y=5x^2-2$

  • 축의 방정식: _____

  • 꼭짓점의 좌표: _____

(3) $y=-\dfrac{2}{3}x^2+4$

  • 축의 방정식: _____

  • 꼭짓점의 좌표: _____

(4) $y=-2x^2-\dfrac{7}{2}$

  • 축의 방정식: _____

  • 꼭짓점의 좌표: _____

(5) $y=\dfrac{4}{5}x^2+\dfrac{3}{4}$

  • 축의 방정식: _____

  • 꼭짓점의 좌표: _____

예제 13

이차함수 $y=\dfrac{1}{2}x^2$의 그래프를 이용하여 이차함수 $y=\dfrac{1}{2}x^2-3$의 그래프를 그리고, 축의 방정식과 꼭짓점의 좌표를 각각 구하시오.

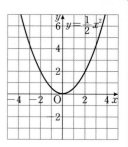

풀이 전략

이차함수 $y=ax^2+q$의 그래프의 축의 방정식은 $x=0$(y축)이고 꼭짓점의 좌표는 $(0,\ q)$이다.

풀이

이차함수 $y=\dfrac{1}{2}x^2-3$의 그래프는 이차함수 $y=\dfrac{1}{2}x^2$의 그래프를 y축의 방향으로 -3만큼 평행이동한 것이므로 오른쪽 그림과 같다.

또, y축을 축으로 하므로 축의 방정식은 $x=0$이고 꼭짓점의 좌표는 $(0,\ -3)$이다.

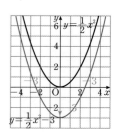

유형연습 13

이차함수 $y=ax^2$의 그래프를 y축의 방향으로 -1만큼 평행이동한 그래프가 점 $(2,\ 3)$을 지나고 꼭짓점의 좌표는 $(b,\ c)$일 때, $a+b+c$의 값을 구하시오.

(단, a는 상수)

개념 14

(1) 이차함수 $y=ax^2+q$의 그래프는 이차함수 $y=ax^2$의 그래프를 y축의 방향으로 q만큼 평행이동한 그래프와 일치한다.

(2) 이차함수 $y=ax^2+q$의 그래프가 점 $(s,\ t)$를 지나면
➡ $y=ax^2+q$에 $x=s$, $y=t$를 대입하면
$t=as^2+q$가 성립한다.

(3) 두 이차함수의 그래프가 일치하면
➡ 두 이차함수의 식이 같다.

확인문제

26 이차함수 $y=7x^2$의 그래프를 y축의 방향으로 -5만큼 평행이동하면 점 $(-1,\ k)$를 지난다고 할 때, k의 값을 구하시오.

27 이차함수 $y=ax^2$의 그래프를 y축의 방향으로 3만큼 평행이동하면 점 $(2,\ -5)$를 지난다고 할 때, 상수 a의 값을 구하시오.

예제 14

이차함수 $y=-3x^2$의 그래프를 y축의 방향으로 q만큼 평행이동한 그래프가 두 점 $(2,\ -10)$, $(5,\ m)$을 지날 때, $m+q$의 값을 구하시오. (단, m, q는 상수)

풀이 전략

이차함수 $y=-3x^2+q$에 두 점의 좌표를 각각 대입한다.

풀이

이차함수 $y=-3x^2$의 그래프를 y축의 방향으로 q만큼 평행이동한 그래프의 식은
$y=-3x^2+q$
$y=-3x^2+q$에 $x=2$, $y=-10$을 대입하면
$-10=-3\times 2^2+q$
$-10=-12+q$
$q=2$
$y=-3x^2+2$에 $x=5$, $y=m$을 대입하면
$m=-3\times 5^2+2=-73$
따라서 $m+q=-73+2=-71$

● **이차함수** $y=ax^2+q$의 그래프

유형연습 14

이차함수 $y=ax^2+q$의 그래프는 점 $(2,\ -6)$을 지나고, 이 그래프를 y축의 방향으로 -2만큼 평행이동하였더니 이차함수 $y=ax^2+4$의 그래프와 일치하였다. 이때 상수 a, q에 대하여 $2a+q$의 값을 구하시오.

● **이차함수** $y=ax^2+q$의 그래프 (서술형)

4 이차함수

유형 15 이차함수 $y=a(x-p)^2$의 그래프

개념 15

이차함수 $y=a(x-p)^2$의 그래프는 이차함수 $y=ax^2$의 그래프를 x축의 방향으로 p만큼 평행이동한 것과 같다.

x	$\cdots$	-2	-1	0	1	2	$\cdots$
$y=x^2$	$\cdots$	4	1	0	1	4	$\cdots$
$y=(x-1)^2$	$\cdots$	9	4	1	0	1	$\cdots$

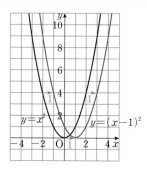

● **이차함수 $y=a(x-p)^2$의 그래프 - 개념**

확인문제

28 이차함수 $y=2x^2$의 그래프를 x축의 방향으로 1만큼 평행이동한 그래프를 나타내는 이차함수의 식을 구하시오.

29 이차함수 $y=\dfrac{1}{3}x^2$의 그래프를 x축의 방향으로 -5만큼 평행이동한 그래프를 나타내는 이차함수의 식을 구하시오.

30 이차함수 $y=-4(x+3)^2$의 그래프는 이차함수 $y=-4x^2$의 그래프를 x축의 방향으로 얼마만큼 평행이동한 것인지 구하시오.

예제 15

이차함수 $y=\dfrac{1}{2}x^2$의 그래프를 이용하여 이차함수 $y=\dfrac{1}{2}(x-3)^2$의 그래프를 그리시오.

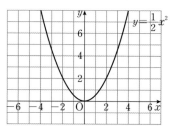

풀이 전략

이차함수 $y=a(x-p)^2$의 그래프는 이차함수 $y=ax^2$의 그래프를 x축의 방향으로 p만큼 평행이동한 것과 같다.

풀이

이차함수 $y=\dfrac{1}{2}(x-3)^2$의 그래프는 이차함수 $y=\dfrac{1}{2}x^2$의 그래프를 x축의 방향으로 3만큼 평행이동한 것이므로 다음 그림과 같다.

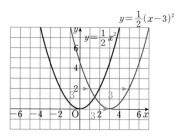

유형연습 15

이차함수 $y=-3x^2$의 그래프를 이용하여 이차함수 $y=-3(x+2)^2$의 그래프를 그리시오.

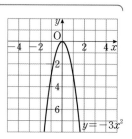

개념 16

이차함수 $y=a(x-p)^2$의 그래프에서

(1) **축의 방정식:** $x=p$

(2) **꼭짓점의 좌표:** $(p, 0)$

● 이차함수 $y=a(x-p)^2$의 그래프 - 개념

확인문제

31 다음 이차함수의 그래프의 축의 방정식과 꼭짓점의 좌표를 각각 구하시오.

(1) $y=(x+6)^2$

• 축의 방정식: _____

• 꼭짓점의 좌표: _____

(2) $y=4(x-3)^2$

• 축의 방정식: _____

• 꼭짓점의 좌표: _____

(3) $y=-\dfrac{3}{2}(x+1)^2$

• 축의 방정식: _____

• 꼭짓점의 좌표: _____

(4) $y=-2\left(x-\dfrac{1}{3}\right)^2$

• 축의 방정식: _____

• 꼭짓점의 좌표: _____

(5) $y=\dfrac{4}{7}\left(x+\dfrac{5}{2}\right)^2$

• 축의 방정식: _____

• 꼭짓점의 좌표: _____

예제 16

이차함수 $y=\dfrac{2}{3}x^2$의 그래프를 이용하여 이차함수

$y=\dfrac{2}{3}(x-2)^2$의 그래프를 그리고, 축의 방정식과 꼭짓점의 좌표를 각각 구하시오.

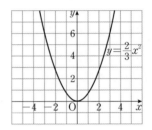

풀이 전략

이차함수 $y=a(x-p)^2$의 그래프의 축의 방정식은 $x=p$이고 꼭짓점의 좌표는 $(p, 0)$이다.

풀이

이차함수 $y=\dfrac{2}{3}(x-2)^2$의 그래프는 이차함수 $y=\dfrac{2}{3}x^2$의 그래프를 x축의 방향으로 2만큼 평행이동한 것이므로 다음 그림과 같다.

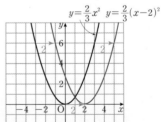

또, 축의 방정식은 $x=2$이고 꼭짓점의 좌표는 $(2, 0)$이다.

유형연습 16

이차함수 $y=ax^2$의 그래프를 x축의 방향으로 -3만큼 평행이동한 그래프가 점 $(1, 4)$를 지나고 꼭짓점의 좌표는 (b, c)일 때, $a+b+c$의 값을 구하시오.

(단, a는 상수)

유형 17 이차함수 $y=a(x-p)^2$의 식 구하기

개념 17

(1) 이차함수 $y=a(x-p)^2$의 그래프는 이차함수 $y=ax^2$의 그래프를 x축의 방향으로 p만큼 평행이동한 그래프와 일치한다.

(2) 이차함수 $y=a(x-p)^2$의 그래프가 점 (s, t)를 지나면
➡ $y=a(x-p)^2$에 $x=s$, $y=t$를 대입하면 $t=a(s-p)^2$이 성립한다.

(3) 두 이차함수의 그래프가 일치하면
➡ 두 이차함수의 식이 같다.

확인문제

32 이차함수 $y=2x^2$의 그래프를 x축의 방향으로 -4만큼 평행이동하면 점 $(-3, k)$를 지난다고 할 때, k의 값을 구하시오.

33 이차함수 $y=ax^2$의 그래프를 x축의 방향으로 5만큼 평행이동하면 점 $(4, -2)$를 지난다고 할 때, 상수 a의 값을 구하시오.

예제 17

$y=\frac{1}{2}x^2$의 그래프를 x축의 방향으로 3만큼 평행이동한 그래프가 두 점 $(m, 8)$, $(n, 18)$을 지날 때, 음수 m, n에 대하여 $m-n$의 값을 구하시오.

풀이 전략

$y=\frac{1}{2}(x-3)^2$에 두 점 $(m, 8)$, $(n, 18)$의 좌표를 각각 대입한다.

풀이

이차함수 $y=\frac{1}{2}x^2$의 그래프를 x축의 방향으로 3만큼 평행이동한 그래프의 식은

$y=\frac{1}{2}(x-3)^2$

$y=\frac{1}{2}(x-3)^2$에 $x=m$, $y=8$을 대입하면

$8=\frac{1}{2}(m-3)^2$, $16=(m-3)^2$

$m-3=\pm4$, $m=-1$ 또는 $m=7$

$m<0$이므로 $m=-1$

$y=\frac{1}{2}(x-3)^2$에 $x=n$, $y=18$을 대입하면

$18=\frac{1}{2}(n-3)^2$, $36=(n-3)^2$

$n-3=\pm6$, $n=-3$ 또는 $n=9$

$n<0$이므로 $n=-3$

따라서 $m-n=-1-(-3)=2$

◉ **이차함수 $y=a(x-p)^2$의 그래프**

유형연습 17

이차함수 $y=a(x-p)^2$의 그래프는 점 $(3, 2)$를 지나고, 이 그래프를 x축의 방향으로 -1만큼 평행이동하였더니 이차함수 $y=a(x+2)^2$의 그래프와 일치하였다. 이때 상수 a, p에 대하여 $4a+p$의 값을 구하시오.

개념 18

이차함수 $y=a(x-p)^2+q$의 그래프

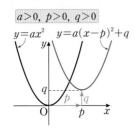

$a>0,\ p>0,\ q>0$

이차함수 $y=a(x-p)^2+q$의 그래프는 이차함수 $y=ax^2$의 그래프를 x축의 방향으로 p만큼, y축의 방향으로 q만큼 평행이동한 것과 같다.

● 이차함수 $y=a(x-p)^2+q$의 그래프 – 개념

확인문제

34 이차함수 $y=5x^2$의 그래프를 x축의 방향으로 3만큼, y축의 방향으로 -1만큼 평행이동한 그래프를 나타내는 이차함수의 식을 구하시오.

35 이차함수 $y=\dfrac{1}{2}x^2$의 그래프를 x축의 방향으로 -4만큼, y축의 방향으로 7만큼 평행이동한 그래프를 나타내는 이차함수의 식을 구하시오.

36 이차함수 $y=-2(x+1)^2-3$의 그래프는 이차함수 $y=-2x^2$의 그래프를 x축과 y축의 방향으로 각각 얼마만큼 평행이동한 것인지 차례대로 구하시오.

예제 18

이차함수 $y=3x^2$의 그래프를 이용하여 이차함수 $y=3(x-1)^2+2$의 그래프를 그리시오.

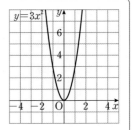

풀이 전략

이차함수 $y=a(x-p)^2+q$의 그래프는 이차함수 $y=ax^2$의 그래프를 x축의 방향으로 p만큼, y축의 방향으로 q만큼 평행이동한 것과 같다.

풀이

이차함수 $y=3(x-1)^2+2$의 그래프는 이차함수 $y=3x^2$의 그래프를 x축의 방향으로 1만큼, y축의 방향으로 2만큼 평행이동한 것과 같으므로 오른쪽 그림과 같다.

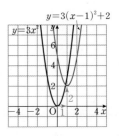

유형연습 18

이차함수 $y=-\dfrac{3}{4}x^2$의 그래프를 이용하여 이차함수 $y=-\dfrac{3}{4}(x+2)^2-4$의 그래프를 그리시오.

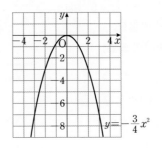

4
이차함수

4 이차함수

유형 19 이차함수 $y=a(x-p)^2+q$의 그래프의 축과 꼭짓점

개념 19

이차함수 $y=a(x-p)^2+q$의 그래프에서

(1) **축의 방정식**: $x=p$

(2) **꼭짓점의 좌표**: $(p,\ q)$

● 이차함수 $y=a(x-p)^2+q$의 그래프 - 개념

확인문제

37 다음 이차함수의 그래프의 축의 방정식과 꼭짓점의 좌표를 각각 구하시오.

(1) $y=(x-1)^2+7$

 • 축의 방정식: ＿＿＿＿＿

 • 꼭짓점의 좌표: ＿＿＿＿＿

(2) $y=\dfrac{3}{7}(x+4)^2+1$

 • 축의 방정식: ＿＿＿＿＿

 • 꼭짓점의 좌표: ＿＿＿＿＿

(3) $y=-2(x+3)^2-4$

 • 축의 방정식: ＿＿＿＿＿

 • 꼭짓점의 좌표: ＿＿＿＿＿

(4) $y=5\left(x-\dfrac{1}{2}\right)^2-\dfrac{1}{5}$

 • 축의 방정식: ＿＿＿＿＿

 • 꼭짓점의 좌표: ＿＿＿＿＿

(5) $y=-\dfrac{5}{8}\left(x+\dfrac{4}{3}\right)^2+2$

 • 축의 방정식: ＿＿＿＿＿

 • 꼭짓점의 좌표: ＿＿＿＿＿

예제 19

이차함수 $y=2x^2$의 그래프를 이용하여 이차함수 $y=2(x-3)^2-1$의 그래프를 그리고, 축의 방정식과 꼭짓점의 좌표를 각각 구하시오.

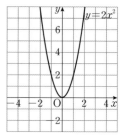

풀이 전략

이차함수 $y=a(x-p)^2+q$의 그래프의 축의 방정식은 $x=p$이고 꼭짓점의 좌표는 $(p,\ q)$이다.

풀이

이차함수 $y=2(x-3)^2-1$의 그래프는 이차함수 $y=2x^2$의 그래프를 x축의 방향으로 3만큼, y축의 방향으로 -1만큼 평행이동한 것이므로 다음 그림과 같다.

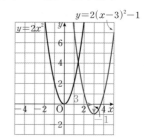

또, 축의 방정식은 $x=3$이고 꼭짓점의 좌표는 $(3,\ -1)$이다.

유형연습 19

이차함수 $y=ax^2$의 그래프를 x축의 방향으로 -2만큼, y축의 방향으로 $\dfrac{1}{2}$만큼 평행이동한 그래프가 점 $(-3,\ 1)$을 지나고 꼭짓점의 좌표는 $(b,\ c)$일 때, $a+b+c$의 값을 구하시오. (단, a는 상수)

개념 **20**

(1) 이차함수 $y=a(x-p)^2+q$의 그래프는 이차함수 $y=ax^2$의 그래프를 x축의 방향으로 p만큼, y축의 방향으로 q만큼 평행이동한 그래프와 일치한다.

(2) 이차함수 $y=a(x-p)^2+q$의 그래프가 점 (s, t)를 지나면
  ➡ $y=a(x-p)^2+q$에 $x=s$, $y=t$를 대입하면 $t=a(s-p)^2+q$가 성립한다.

(3) 두 이차함수의 그래프가 일치하면
  ➡ 두 이차함수의 식이 같다.

확인문제

38 이차함수 $y=3x^2$의 그래프를 x축의 방향으로 -2만큼, y축의 방향으로 6만큼 평행이동하면 점 $(-1, k)$를 지난다고 할 때, k의 값을 구하시오.

39 이차함수 $y=ax^2$의 그래프를 x축의 방향으로 4만큼, y축의 방향으로 3만큼 평행이동하면 점 $(5, -3)$을 지난다고 할 때, 상수 a의 값을 구하시오.

예제 **20**

이차함수 $y=ax^2$의 그래프를 x축의 방향으로 p만큼, y축의 방향으로 q만큼 평행이동한 그래프가 이차함수 $y=-2(x+6)^2-3$의 그래프와 일치하였다. 상수 a, p, q에 대하여 $a-p+q$의 값을 구하시오.

풀이 전략

이차함수 $y=a(x-p)^2+q$의 그래프는 이차함수 $y=ax^2$의 그래프를 x축의 방향으로 p만큼, y축의 방향으로 q만큼 평행이동한 그래프와 일치한다.

풀이

이차함수 $y=-2(x+6)^2-3$의 그래프는 이차함수 $y=-2x^2$의 그래프를 x축의 방향으로 -6만큼, y축의 방향으로 -3만큼 평행이동하므로
$a=-2$, $p=-6$, $q=-3$
따라서 $a-p+q=-2+6-3=1$

● **이차함수** $y=a(x-p)^2+q$의 그래프의 성질

유형연습 **20**

이차함수 $y=ax^2+q$의 그래프는 점 $(-1, 4)$를 지나고, 이 그래프를 x축의 방향으로 -1만큼 평행이동하였더니 이차함수 $y=a(x+p)^2+5$의 그래프와 일치하였다. 상수 a, p, q에 대하여 $a+p+q$의 값을 구하시오.

4 이차함수

4 이차함수

개념21

이차함수 $y=a(x-p)^2+q$의 그래프를 x축의 방향으로 α만큼, y축의 방향으로 β만큼 평행이동하면 $y=a(x-p-\alpha)^2+q+\beta$이다.

● **이차함수 $y=a(x-p)^2+q$의 그래프의 평행이동**

확인문제

40 다음 이차함수의 그래프를 x축의 방향으로 p만큼, y축의 방향으로 q만큼 평행이동한 그래프를 나타내는 이차함수의 식을 구하시오.

(1) $y=3(x-6)^2+4$ $[p=1,\ q=-3]$

(2) $y=-4(x+1)^2-7$ $\left[p=-\dfrac{1}{2},\ q=5\right]$

41 이차함수 $y=-(x-2)^2+3$의 그래프에 대하여 다음 물음에 답하시오.

(1) x축의 방향으로 4만큼, y축의 방향으로 -2만큼 평행이동한 그래프의 이차함수의 식을 구하시오.

(2) 평행이동한 그래프의 꼭짓점의 좌표 $(p,\ q)$를 구하시오.

(3) $p+q$의 값을 구하시오.

● **이차함수 $y=a(x-p)^2+q$의 그래프의 평행이동(서술형)(2)**

예제21

이차함수 $y=(x+2)^2-3$의 그래프를 y축의 방향으로 k만큼 평행이동한 그래프가 점 $(-4,\ 3)$을 지날 때, 상수 k의 값을 구하시오.

풀이 전략

이차함수 $y=a(x-p)^2+q$의 그래프를 x축의 방향으로 α만큼, y축의 방향으로 β만큼 평행이동하면 $y=a(x-p-\alpha)^2+q+\beta$이다.

풀이

이차함수 $y=(x+2)^2-3$의 그래프를 y축의 방향으로 k만큼 평행이동한 그래프의 식은
$y=(x+2)^2-3+k$
$y=(x+2)^2-3+k$에 $x=-4,\ y=3$을 대입하면
$3=(-4+2)^2-3+k$
$3=1+k$
따라서 $k=2$

● **이차함수 $y=a(x-p)^2+q$의 그래프의 평행이동**

유형연습 21

이차함수 $y=2(x-3)^2+2$의 그래프를 x축의 방향으로 -2만큼, y축의 방향으로 p만큼 평행이동한 그래프가 점 $(3,\ 4)$를 지난다. 이때 상수 p의 값을 구하시오.

● **이차함수 $y=a(x-p)^2+q$의 그래프의 평행이동(서술형)(1)**

개념 22

이차함수 $y=a(x-p)^2+q$의 그래프에서

(1) a의 부호: 아래로 볼록하면 $a>0$
위로 볼록하면 $a<0$

(2) p, q의 부호

① p의 부호: 꼭짓점의 x좌표의 부호

② q의 부호: 꼭짓점의 y좌표의 부호

제2사분면 $(-, +)$ $p<0, q>0$	제1사분면 $(+, +)$ $p>0, q>0$
제3사분면 $(-, -)$ $p<0, q<0$	제4사분면 $(+, -)$ $p>0, q<0$

● **이차함수 $y=a(x-p)^2+q$의 그래프에서 a, p, q의 부호**

확인문제

42 이차함수 $y=a(x-p)^2+q$의 그래프가 다음 그림과 같을 때, □ 안에 알맞은 부등호를 써넣으시오.

(단, a, b, c는 상수)

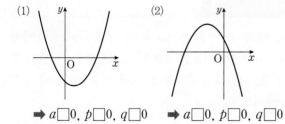

(1)
➡ $a\,\square\,0$, $p\,\square\,0$, $q\,\square\,0$

(2)
➡ $a\,\square\,0$, $p\,\square\,0$, $q\,\square\,0$

43 다음 이차함수의 그래프가 지나지 <u>않는</u> 사분면을 구하시오.

(1) $y=4(x-1)^2$

(2) $y=-\dfrac{1}{2}(x+2)^2-3$

예제 22

일차함수 $y=ax+b$의 그래프가 다음과 같을 때, 이차함수 $y=a(x-b)^2$의 그래프가 지나지 <u>않는</u> 사분면을 구하시오.

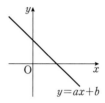
$y=ax+b$

풀이 전략

일차함수 $y=ax+b$의 그래프를 이용하여 a, b의 부호를 구한다.

풀이

일차함수 $y=ax+b$의 그래프의 기울기가 음수이고 y절편이 양수이므로 $a<0$, $b>0$이다.

따라서 이차함수 $y=a(x-b)^2$의 그래프는 위로 볼록하고 꼭짓점의 좌표가 $(b, 0)$이므로 오른쪽 그림과 같다.

따라서 그래프는 제1, 2사분면을 지나지 않는다.

● **이차함수 $y=a(x-p)^2+q$의 그래프에서 a, p, q의 부호**

유형연습 22

이차함수 $y=a(x-p)^2+q$의 그래프가 오른쪽 그림과 같을 때, 일차함수 $y=a(x-p)+q$의 그래프가 지나지 <u>않는</u> 사분면을 구하시오.

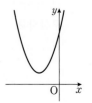

4
이차함수

유형 **23** 이차함수 $y=a(x-p)^2+q$의 그래프에서 증가, 감소하는 범위

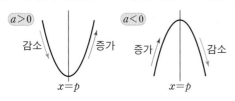

개념 23

이차함수 $y=a(x-p)^2+q$의 그래프에서 증가, 감소하는 x의 값의 범위는 축 $x=p$를 기준으로 나눈다.

- 이차함수 $y=a(x-p)^2+q$의 그래프에서 증가·감소 범위

확인문제

44 이차함수 $y=\dfrac{5}{2}(x+2)^2-3$의 그래프에서 x의 값이 증가할 때, y의 값도 증가하는 x의 값의 범위를 구하시오.

45 이차함수 $y=-\left(x-\dfrac{1}{3}\right)^2+5$의 그래프에서 x의 값이 증가할 때, y의 값은 감소하는 x의 값의 범위를 구하시오.

예제 23

이차함수 $y=\dfrac{3}{4}x^2$의 그래프를 x축의 방향으로 3만큼, y축의 방향으로 -4만큼 평행이동한 그래프에서 x의 값이 증가할 때 y의 값은 감소하는 x의 값의 범위를 구하시오.

풀이 전략

이차함수의 그래프를 그려서 증가, 감소하는 범위를 판단한다.

풀이

이차함수 $y=\dfrac{3}{4}x^2$의 그래프를 x축의 방향으로 3만큼, y축의 방향으로 -4만큼 평행이동한 그래프의 식은

$$y=\dfrac{3}{4}(x-3)^2-4$$

이 그래프의 축의 방정식은 $x=3$이고 오른쪽 그림과 같이 아래로 볼록한 포물선이다.

따라서 x의 값이 증가할 때, y의 값은 감소하는 x의 값의 범위는 $x<3$이다.

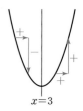

- 이차함수 $y=a(x-p)^2+q$의 그래프에서 증가·감소 범위

유형연습 23

이차함수 $y=-4(x-p)^2+2$의 그래프를 x축의 방향으로 1만큼 평행이동한 그래프는 $x<5$에서 x의 값이 증가할 때, y의 값도 증가한다. 이때 상수 p의 값의 범위를 구하시오.

개념 24

$y=ax^2+bx+c \ (a \neq 0)$

$= a\left(x^2 + \dfrac{b}{a}x\right) + c$

$= a\left\{x^2 + \dfrac{b}{a}x + \left(\dfrac{b}{2a}\right)^2 - \left(\dfrac{b}{2a}\right)^2\right\} + c$

$= a\left\{x^2 + \dfrac{b}{a}x + \left(\dfrac{b}{2a}\right)^2\right\} - \dfrac{b^2}{4a} + c$

$= a\left(x + \dfrac{b}{2a}\right)^2 - \dfrac{b^2 - 4ac}{4a}$

[주의] 완전제곱식을 만들 때 이차항의 계수가 1이 아닌 경우 괄호 안에서 완전제곱식이 되기 위한 상수를 더하고 빼야 실수하지 않는다.

● 이차함수 $y=ax^2+bx+c$를
$y=a(x-p)^2+q$로 변형하기

확인문제

46 다음은 이차함수 $y=ax^2+bx+c$를 $y=a(x-p)^2+q$의 꼴로 변형하는 과정이다. □ 안에 알맞은 수를 써넣으시오.

(1) $y = x^2 - 6x + 1 = (x^2 - 6x + \Box - \Box) + 1$

$\qquad = (x - \Box)^2 - \Box$

(2) $y = -\dfrac{1}{2}x^2 - 4x + 9 = -\dfrac{1}{2}(x^2 + \Box x) + 9$

$\qquad = -\dfrac{1}{2}(x^2 + \Box x + \Box - \Box) + 9$

$\qquad = -\dfrac{1}{2}(x + \Box)^2 + \Box$

47 이차함수 $y = 3x^2 - 12x + 7$을 $y = a(x-p)^2 + q$의 꼴로 변형하시오.

예제 24

이차함수 $y = -2x^2 + bx - 1$의 그래프는 점 $(3, -7)$을 지나고 꼭짓점의 좌표는 (p, q)이다. 다음 물음에 답하시오.

(1) 상수 b의 값을 구하시오.

(2) 상수 p, q의 값을 구하시오.

(3) $b-p-q$의 값을 구하시오.

풀이 전략

이차함수의 그래프의 꼭짓점의 좌표를 구할 때에는 이차함수의 식을 $y=a(x-p)^2+q$의 꼴로 변형하여 구한다.

풀이

(1) $y = -2x^2 + bx - 1$에 $x=3$, $y=-7$을 대입하면

$\quad -7 = -2 \times 3^2 + b \times 3 - 1$, $3b = 12$

$\quad$ 따라서 $b=4$

(2) $y = -2x^2 + 4x - 1$

$\quad = -2(x^2 - 2x + 1 - 1) - 1$

$\quad = -2(x-1)^2 + 1$

$\quad$ 이므로 $p=1$, $q=1$

(3) $b-p-q = 4 - 1 - 1 = 2$

● 이차함수 $y=ax^2+bx+c$를
$y=a(x-p)^2+q$로 변형하기(서술형)(1)

유형연습 24

이차함수 $y = x^2 + ax + a + 11$의 그래프는 점 $(1, 2)$를 지나고 축의 방정식은 $x=p$이다. 이때 상수 a, p에 대하여 $a+p$의 값을 구하시오.

● 이차함수 $y=ax^2+bx+c$를
$y=a(x-p)^2+q$로 변형하기(서술형)(2)

유형 **25** 이차함수 $y=ax^2+bx+c$의 그래프의 x축, y축과의 교점

개념 **25**

이차함수 $y=ax^2+bx+c$의 그래프에서

(1) x축과 만나는 점의 x좌표

　➡ $y=0$을 대입했을 때의 x의 값

(2) y축과 만나는 점의 y좌표

　➡ $x=0$을 대입했을 때의 y의 값

* 이차함수 $y=ax^2+bx+c$의 그래프와 y축과의 교점의 좌표: $(0, c)$

　● **이차함수 $y=ax^2+bx+c$의 x축, y축과의 교점**

확인문제

48 다음은 이차함수 $y=x^2-6x+8$의 그래프와 x축과의 교점의 좌표를 구하는 과정이다. □ 안에 알맞은 수를 써넣으시오.

> $y=x^2+6x+8$에 $y=\boxed{}$을 대입하면
> $\boxed{}=x^2+6x+8$
> $(x+\boxed{})(x+2)=\boxed{}$
> $x=\boxed{}$ 또는 $x=-2$
> 따라서 x축과의 교점의 좌표는
> $(\boxed{}, 0)$, $(-2, 0)$이다.

49 이차함수 $y=3x^2+x-4$의 그래프와 y축과의 교점의 좌표를 구하시오.

예제 **25**

이차함수 $y=-2x^2+8x-3$의 그래프가 지나지 <u>않는</u> 사분면을 구하시오.

풀이 전략

이차함수 그래프와 y축과의 교점, 꼭짓점의 좌표를 구하면 이차함수의 그래프를 정확하게 그릴 수 있다.

풀이

$y=-2x^2+8x-3$
　$=-2(x^2-4x+4-4)-3$
　$=-2(x-2)^2+5$

이므로 꼭짓점의 좌표가 $(2, 5)$이고 위로 볼록한 포물선이다.

또, y축과의 교점의 좌표가 $(0, -3)$이므로 이차함수 $y=-2x^2+8x-3$의 그래프는 오른쪽 그림과 같다.

따라서 그래프는 제2사분면을 지나지 않는다.

　● **이차함수 $y=ax^2+bx+c$의 그래프의 성질**

유형연습 **25**

오른쪽 그림과 같이 이차함수 $y=x^2+2x-3$의 그래프와 x축과의 두 교점을 A, B, 꼭짓점을 C라 할 때, $\triangle$ABC의 넓이를 구하시오.

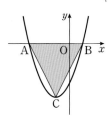

　● **이차함수 $y=ax^2+bx+c$의 그래프와 넓이**(서술형)(2)

개념 26

이차함수 $y=ax^2+bx+c$에서

(1) ① $a>0$ ➡ 그래프는 아래로 볼록

② $a<0$ ➡ 그래프는 위로 볼록

(2) ① a, b의 부호가 같으면 ➡ 그래프의 축이 y축의 왼쪽

② $b=0$ ➡ 그래프의 축이 y축과 일치

③ a, b의 부호가 다르면 ➡ 그래프의 축이 y축의 오른쪽

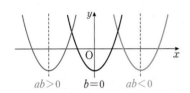

$ab>0$ $b=0$ $ab<0$

(3) ① $c>0$ ➡ 그래프와 y축과의 교점이 원점의 위

② $c=0$ ➡ 그래프와 y축과의 교점이 원점

③ $c<0$ ➡ 그래프와 y축과의 교점이 원점의 아래

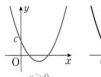

$c>0$ $c=0$ $c<0$

●이차함수 $y=ax^2+bx+c$의 계수의 부호(1)

예제 26

이차함수 $y=ax^2+bx+c$의 그래프가 오른쪽 그림과 같을 때, 다음 중 옳은 것은?

(단, a, b, c는 상수)

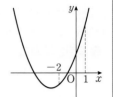

① $a<0$ ② $b>0$

③ $c<0$ ④ $a+b+c<0$

⑤ $4a-2b+c>0$

풀이 전략

이차함수 $y=ax^2+bx+c$의 그래프의 개형을 이용하여 계수 a, b, c의 부호를 구한다.

풀이

① 그래프가 아래로 볼록하므로 $a>0$

② 그래프의 축이 y축의 왼쪽에 있으므로 a, b의 부호는 같다. 이때 $a>0$이므로 $b>0$

③ 그래프와 y축과의 교점이 양수이므로 $c>0$

④ 이차함수 $y=ax^2+bx+c$는 $x=1$일 때 함숫값이 양수이므로 $a+b+c>0$

⑤ 이차함수 $y=ax^2+bx+c$는 $x=-2$일 때 함숫값이 음수이므로 $4a-2b+c<0$

따라서 옳은 것은 ②이다.

●이차함수 $y=ax^2+bx+c$의 계수의 부호(2)

4 이차함수

확인문제

50 이차함수 $y=ax^2+bx+c$의 그래프가 오른쪽 그림과 같을 때, □ 안에 알맞은 부등호를 써넣으시오. (단, a, b, c는 상수)

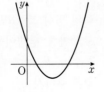

➡ a □ 0, b □ 0, c □ 0

유형연습 26

이차함수 $y=ax^2+bx+c$의 그래프가 오른쪽 그림과 같을 때, $a-b+c$의 부호를 구하시오.

(단, a, b, c는 상수)

4 이차함수

개념 27

꼭짓점의 좌표와 그래프 위의 다른 한 점의 좌표를 알 때

① 꼭짓점의 좌표가 (p, q)인 이차함수의 식을 $y=a(x-p)^2+q$로 놓는다.

② 다른 한 점의 좌표를 대입하여 a의 값을 구한다.

예 그래프의 꼭짓점의 좌표가 $(2, -1)$이고 점 $(1, 3)$을 지나는 이차함수의 식은

① 꼭짓점의 좌표가 $(2, -1)$이므로 이차함수의 식을 $y=a(x-2)^2-1$로 놓는다.

② 점 $(1, 3)$을 지나므로 $x=1$, $y=3$을 대입하면 $3=a-1$, $a=4$

따라서 이차함수의 식은 $y=4(x-2)^2-1$

[참고] 꼭짓점의 좌표에 따른 이차함수의 식

꼭짓점	이차함수의 식
$(0, 0)$	$y=ax^2$
$(0, q)$	$y=ax^2+q$
$(p, 0)$	$y=a(x-p)^2$
(p, q)	$y=a(x-p)^2+q$

◉ 이차함수 식 구하기
– 꼭짓점과 그래프 위의 다른 한 점을 알 때

예제 27

오른쪽 그림과 같이 꼭짓점의 좌표가 $(-2, 5)$이고, y축과 만나는 점의 y좌표가 1인 이차함수의 그래프가 점 $(1, k)$를 지날 때, 상수 k의 값을 구하시오.

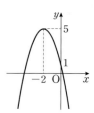

풀이 전략

꼭짓점의 좌표를 이용하여 이차함수의 식을 세운 후 그래프 위의 한 점의 좌표를 대입한다.

풀이

주어진 그래프의 꼭짓점의 좌표가 $(-2, 5)$이므로 이차함수의 식을 $y=a(x+2)^2+5$로 놓는다.

이 그래프가 점 $(0, 1)$을 지나므로 $y=a(x+2)^2+5$에 $x=0$, $y=1$을 대입하면

$1=a\times(0+2)^2+5$

$4a=-4$, $a=-1$

따라서 이차함수의 식은 $y=-(x+2)^2+5$이고, 이 식에 $x=1$, $y=k$를 대입하면

$k=-(1+2)^2+5=-4$

◉ 이차함수 식 구하기
– 꼭짓점과 그래프 위의 다른 한 점을 알 때

확인문제

51 이차함수 $y=a(x-p)^2+q$의 그래프의 꼭짓점의 좌표가 $(3, -2)$이고 점 $(0, 7)$을 지날 때, 다음 물음에 답하시오.

(1) 상수 p의 값을 구하시오.

(2) 상수 q의 값을 구하시오.

(3) a의 값을 구하시오.

유형연습 27

오른쪽 그래프는 이차함수 $y=-m(x-1)^2+2$의 그래프를 x축의 방향으로 a만큼, y축의 방향으로 b만큼 평행이동한 것이다. 이때 상수 a, b, m에 대하여 $a+b+m$의 값을 구하시오.

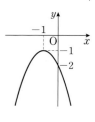

◉ 이차함수 식 구하기 – 꼭짓점과 그래프 위의 다른 한 점을 알 때(서술형)(2)

개념 **28**

축의 방정식과 그래프 위의 두 점을 알 때
❶ 축의 방정식이 $x=p$인 이차함수의 식을
   $y=a(x-p)^2+q$로 놓는다.
❷ 두 점의 좌표를 각각 대입하여 연립방정식을 세운다.
❸ 연립방정식을 풀어 a, q의 값을 구한다.
예 그래프의 축의 방정식이 $x=1$이고 두 점 $(0, 4)$,
   $(3, 7)$을 지나는 이차함수의 식을 구할 때
   ❶ 축의 방정식이 $x=1$이므로 이차함수의 식을
      $y=a(x-1)^2+q$로 놓는다.
   ❷ $x=0$, $y=4$를 대입하면
      $4=a+q$ ······ ㉠
      $x=3$, $y=7$을 대입하면
      $7=4a+q$ ······ ㉡
   ❸ ㉠, ㉡을 연립하여 풀면 $a=1$, $q=3$
      따라서 이차함수의 식은 $y=(x-1)^2+3$

[참고] 축의 방정식이 $x=p$이면 꼭짓점의 x좌표는 p이다.

● 이차함수 식 구하기
 – 축의 방정식과 그래프 위의 두 점을 알 때

예제 **28**

축의 방정식이 $x=-2$이고, 두 점 $(-3, 4)$, $(1, -12)$를 지나는 이차함수의 그래프가 y축과 만나는 점의 y좌표를 구하시오.

풀이 전략
축의 방정식을 이용하여 이차함수의 식을 세운 후 그래프 위의 두 점의 좌표를 대입한다.

풀이
축의 방정식이 $x=-2$이므로 이차함수의 식을
$y=a(x+2)^2+q$로 놓는다.
이 그래프가 두 점 $(-3, 4)$, $(1, -12)$를 지나므로
$y=a(x+2)^2+q$에 두 점의 좌표를 각각 대입하면
$4=a+q$, $-12=9a+q$
위의 두 식을 연립하면
$$\begin{cases} a+q=4 & \cdots\cdots ㉠ \\ 9a+q=-12 & \cdots\cdots ㉡ \end{cases}$$
㉡-㉠을 하면 $8a=-16$, $a=-2$
$a=-2$를 ㉠에 대입하여 풀면 $q=6$
따라서 이차함수의 식은 $y=-2(x+2)^2+6$이고, $x=0$일
때 $y=-2\times(0+2)^2+6=-2$이므로 y축과 만나는 점의 y
좌표는 -2이다.

● 이차함수 식 구하기
 – 축의 방정식과 그래프 위의 두 점을 알 때

확인문제

52 이차함수 $y=a(x-p)^2+q$의 그래프의 축의 방정식이 $x=3$이고 두 점 $(1, 5)$, $(2, -1)$을 지날 때, 다음 물음에 답하시오.
  (1) 상수 p의 값을 구하시오.

  (2) 상수 a의 값을 구하시오.

  (3) 상수 q의 값을 구하시오.

유형연습 **28**

포물선의 축의 방정식이 $x=-3$이고, 축과 포물선의 교점의 y좌표가 -5이며 점 $(-4, -7)$을 지날 때, 이 포물선을 그래프로 하는 이차함수의 식을 구하시오.

4 이차함수

유형 **29** 이차함수의 식 구하기 – 그래프 위의 서로 다른 세 점을 알 때

개념 **29**

(1) **그래프 위의 서로 다른 세 점을 알 때**

❶ 이차함수의 식을 $y=ax^2+bx+c$로 놓는다.

❷ 세 점의 좌표를 각각 대입하여 연립방정식을 세운다.

❸ 연립방정식을 풀어 a, b, c의 값을 구한다.

(2) **x축과 만나는 두 점 $(m, 0)$, $(n, 0)$과 그래프 위의 한 점 (x_1, y_1)을 알 때**

❶ x축과 만나는 두 점의 좌표가 $(m, 0)$, $(n, 0)$이므로 이차함수의 식을 $y=a(x-m)(x-n)$으로 놓는다.

❷ 점 (x_1, y_1)의 좌표를 대입하여 a의 값을 구한다.

❸ 구한 a의 값을 ❶의 식에 대입한 후 전개한다.

🔹이차함수 식 구하기
- 그래프 위의 서로 다른 세 점을 알 때

🔹이차함수 식 구하기
- x절편과 그래프 위의 다른 한 점을 알 때

확인문제

53 이차함수 $y=ax^2+bx+c$가 세 점 $(0, -2)$, $(-1, 7)$, $(1, -5)$를 지날 때, 다음 물음에 답하시오.

(1) 상수 c의 값을 구하시오.

(2) 상수 a의 값을 구하시오.

(3) 상수 b의 값을 구하시오.

예제 **29**

이차함수 $y=ax^2+bx+c$의 그래프가 오른쪽 그림과 같을 때, 상수 a, b, c에 대하여 $a+b+c$의 값을 구하시오.

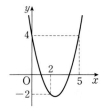

풀이 전략

이차함수의 식에 이차함수의 그래프 위의 세 점의 좌표를 대입하여 a, b, c의 값을 구한다.

풀이

이차함수 $y=ax^2+bx+c$의 그래프가 y축과 만나는 점의 y좌표가 4이므로 $c=4$

이차함수 $y=ax^2+bx+4$의 그래프가 두 점 $(5, 4)$, $(2, -2)$를 지나므로 $y=ax^2+bx+4$에 두 점의 좌표를 각각 대입하면

$4=25a+5b+4$, $-2=4a+2b+4$

위의 두 식을 연립하면

$$\begin{cases} -5a=b & \cdots\cdots \text{㉠} \\ 2a+b=-3 & \cdots\cdots \text{㉡} \end{cases}$$

㉠을 ㉡에 대입하면 $-3a=-3$, $a=1$

$a=1$을 ㉠에 대입하면 $b=-5$

따라서 $a+b+c=1+(-5)+4=0$

🔹이차함수 식 구하기
- 그래프 위의 서로 다른 세 점을 알 때(서술형)(1)

유형연습 **29**

이차함수 $y=ax^2+bx+c$의 그래프가 x축과 두 점 $(-2, 0)$, $(1, 0)$에서 만나고, y축과 점 $(0, 6)$에서 만날 때, $a+b+c$의 값을 구하시오. (단, a, b, c는 상수)

🔹이차함수 식 구하기
- x절편과 그래프 위의 다른 한 점을 알 때

개념30

(1) 좌표평면에서 이차함수의 그래프가 x축, y축과 만나는 점의 좌표, 꼭짓점의 좌표를 이용한다.

(2) x^2의 계수가 같은 두 이차함수의 그래프로 이루어진 부분 A의 넓이를 구하기 어려운 경우
➡ 이차함수의 그래프의 평행이동을 이용하여 A의 일부분을 옮겨 간단한 그림으로 만든다.

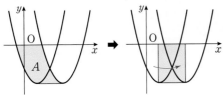

⬤ 이차함수의 활용⑶ – 좌표평면에서 도형의 활용

확인문제

54 이차함수 $y=x^2-x-2$의 그래프와 x축과의 교점을 각각 A, B라 하고 y축과의 교점을 C라 할 때, △ABC의 넓이를 구하시오.

55 이차함수 $y=-2x^2-2x+12$의 그래프와 x축과의 교점을 각각 A, B라 하고 y축과의 교점을 C라 할 때, △ABC의 넓이를 구하시오.

예제30

두 이차함수 $y=-x^2+2x+3$, $y=-x^2-6x-5$의 그래프가 다음과 같을 때, 색칠한 부분의 넓이를 구하시오.

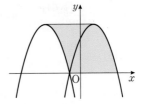

풀이 전략

이차함수의 그래프의 평행이동을 이용하여 색칠한 부분의 넓이와 넓이가 같은 직사각형을 찾는다.

풀이

두 이차함수 $y=-x^2+2x+3$, $y=-x^2-6x-5$의 그래프의 꼭짓점을 각각 A, B라 하자.
이차함수 $y=-x^2+2x+3$의 그래프는 $y=-x^2-6x-5$의 그래프를 평행이동한 것이므로 빗금 친 두 부분 ㉠, ㉡의 넓이가 같다. 즉, 색칠한 부분의 넓이는 직사각형 ABCD의 넓이와 같다.

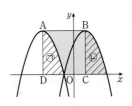

$y=-x^2+2x+3=-(x-1)^2+4$이므로 A$(1, 4)$
$y=-x^2-6x-5=-(x+3)^2+4$이므로 B$(-3, 4)$
따라서 $\overline{AB}=4$이므로 구하는 넓이는 $4\times4=16$

⬤ 이차함수의 활용⑶ – 좌표평면에서 도형의 활용

유형연습 30

오른쪽 그림과 같이 이차함수 $y=-(x-3)^2+9$의 그래프와 x축의 교점을 각각 O, A, 꼭짓점을 B라 할 때, △OAB의 넓이를 구하시오.

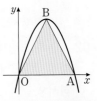

⬤ 이차함수의 활용⑶–좌표평면에서 도형의 활용(서술형)

5 삼각비

개념 **01**

(1) **삼각비**: 직각삼각형에서 두 변의 길이의 비

(2) $\angle B = 90°$인 직각삼각형 ABC에서

① (∠A의 사인) $= \dfrac{(\text{높이})}{(\text{빗변의 길이})}$ ➡ $\sin A = \dfrac{a}{b}$

② (∠A의 코사인) $= \dfrac{(\text{밑변의 길이})}{(\text{빗변의 길이})}$ ➡ $\cos A = \dfrac{c}{b}$

③ (∠A의 탄젠트) $= \dfrac{(\text{높이})}{(\text{밑변의 길이})}$ ➡ $\tan A = \dfrac{a}{c}$

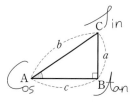

●삼각비의 뜻

예제 **01**

오른쪽 그림과 같은 직각삼각형 ABC에서 다음 중 옳은 것은?

① $\sin A = \dfrac{3}{5}$ ② $\cos A = \dfrac{4}{3}$

③ $\tan A = \dfrac{4}{3}$ ④ $\sin B = \dfrac{4}{5}$

⑤ $\tan B = \dfrac{5}{4}$

풀이 전략

삼각비의 뜻을 이용하여 삼각비의 값을 구한다.

풀이

① $\sin A = \dfrac{\overline{BC}}{\overline{AB}} = \dfrac{4}{5}$ ② $\cos A = \dfrac{\overline{AC}}{\overline{AB}} = \dfrac{3}{5}$

④ $\sin B = \dfrac{\overline{AC}}{\overline{AB}} = \dfrac{3}{5}$ ⑤ $\tan B = \dfrac{\overline{AC}}{\overline{BC}} = \dfrac{3}{4}$

따라서 옳은 것은 ③이다.

●삼각비의 뜻

확인문제

01 오른쪽 그림과 같은 직각삼각형 ABC에서 다음 삼각비의 값을 구하시오.

(1) $\sin A$, $\cos A$, $\tan A$

(2) $\sin C$, $\cos C$, $\tan C$

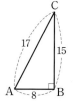

02 오른쪽 그림과 같은 직각삼각형 ABC에서 다음을 구하시오.

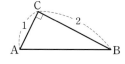

(1) $\overline{AB}$의 길이

(2) $\sin A$, $\cos A$, $\tan A$의 값

유형연습 **01**

오른쪽 그림의 △ABC에서 $\angle ACB = 90°$, $\angle DBC = 45°$이고 $\overline{BC} = 5$, $\overline{AD} = \overline{BD}$일 때, $\tan 67.5°$의 값을 구하시오.

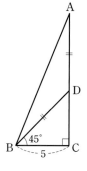

●삼각비의 뜻(서술형)

개념 02

직각삼각형 ABC에서

(1) **빗변의 길이 $\overline{AC}=b$가 주어진 경우**

① $\cos A$의 값을 알면

   ➡ $\cos A = \dfrac{\overline{AB}}{b}$

   $\overline{BC} = \sqrt{\overline{AC}^2 - \overline{AB}^2}$

② $\sin A$의 값을 알면 ➡ $\sin A = \dfrac{\overline{BC}}{b}$

   $\overline{AB} = \sqrt{\overline{AC}^2 - \overline{BC}^2}$

(2) **빗변이 아닌 한 변의 길이 $\overline{AB}=c$가 주어지는 경우**

① $\tan A$의 값을 알면

   ➡ $\tan A = \dfrac{\overline{BC}}{c}$

   $\overline{AC} = \sqrt{\overline{AB}^2 + \overline{BC}^2}$

② $\tan C$의 값을 알면 ➡ $\tan C = \dfrac{c}{\overline{BC}}$

   $\overline{AC} = \sqrt{\overline{AB}^2 + \overline{BC}^2}$

예제 02

오른쪽 그림과 같은 직각삼각형 ABC에서 $\sin A = \dfrac{1}{2}$일 때, △ABC의 둘레의 길이를 구하시오.

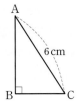

풀이 전략

$\sin A = \dfrac{(높이)}{(빗변의\ 길이)}$임을 이용하여 $\overline{BC}$의 길이를 구한다.

풀이

$\sin A = \dfrac{(높이)}{(빗변의\ 길이)}$이므로

$\sin A = \dfrac{\overline{BC}}{6} = \dfrac{1}{2}$에서 $\overline{BC}=3$ cm

피타고라스 정리에 의하여

$\overline{AB} = \sqrt{6^2 - 3^2} = 3\sqrt{3}\,(\text{cm})$

따라서 △ABC의 둘레의 길이는

$3\sqrt{3} + 3 + 6 = 9 + 3\sqrt{3}\,(\text{cm})$

● 삼각비를 이용한 삼각형의 변의 길이 구하기

확인문제

03 오른쪽 그림과 같은 직각삼각형 ABC에서 $\overline{AC}=8$, $\cos A = \dfrac{4}{5}$일 때, 다음을 구하시오.

(1) $\overline{AB}$의 길이

(2) $\overline{BC}$의 길이

유형연습 02

다음 그림과 같은 직각삼각형 ABC에서 $\overline{AC}=2$, $\cos A = \dfrac{2\sqrt{13}}{13}$일 때, $\sin A \times \tan B$의 값을 구하시오.

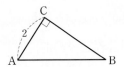

유형 **03** 한 삼각비의 값으로 다른 삼각비의 값 구하기

개념 **03**

sin, cos, tan 중 어느 하나의 값이 주어질 때, 다른 삼각비의 값을 다음과 같은 순서로 구한다.

❶ 주어진 삼각비의 값을 갖는 직각삼각형을 그린다.

❷ 피타고라스 정리를 이용하여 나머지 변의 길이를 구한다.

❸ 다른 삼각비의 값을 구한다.

예 $0° < \angle A < 90°$, $\cos A = \dfrac{3}{5}$일 때, $\sin A$, $\tan A$의 값을 각각 구해 보자.

$\cos A = \dfrac{3}{5}$이므로 오른쪽 그림과 같이 직각삼각형 ABC를 그리면 피타고라스 정리에 의하여
$\overline{BC} = \sqrt{5^2 - 3^2} = 4$

따라서
$\sin A = \dfrac{4}{5}$
$\tan A = \dfrac{4}{3}$

예제 **03**

$\angle B = 90°$인 직각삼각형 ABC에서 $\cos A = \dfrac{2}{3}$일 때, $\tan A$의 값을 구하시오.

풀이 전략

$\cos A = \dfrac{2}{3}$인 직각삼각형을 그리고 피타고라스 정리를 이용한다.

풀이

$\cos A = \dfrac{2}{3}$이므로 다음 그림과 같이 직각삼각형 ABC를 그릴 수 있다.

피타고라스 정리에 의하여
$\overline{BC} = \sqrt{3^2 - 2^2} = \sqrt{5}$
따라서 $\tan A = \dfrac{\sqrt{5}}{2}$

확인문제

04 $0° < \angle A < 90°$, $\sin A = \dfrac{3}{5}$일 때, $\cos A$, $\tan A$의 값을 각각 구하시오.

05 $0° < \angle A < 90°$, $\cos A = \dfrac{5}{7}$일 때, $\cos A \times \tan A$의 값을 구하시오.

06 $0° < \angle A < 90°$, $\tan A = \dfrac{2}{3}$일 때, $\sin A + \cos A$의 값을 구하시오.

유형연습 **03**

$0° < \angle A < 90°$이고 $2\tan A - 1 = 0$일 때, $\sin A \times \cos A$의 값을 구하시오.

● 한 삼각비를 이용한 다른 삼각비의 값 구하기

개념 **04**

직각삼각형 ABC에서 $\overline{AD} \perp \overline{BC}$이면
➡ $\triangle ABC \backsim \triangle DBA \backsim \triangle DAC$ (AA 닮음)
➡ 대응각을 찾아 삼각비의 값을 구한다.

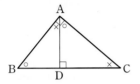

[참고] 닮음인 삼각형에서는 삼각비의 값이 같다.

확인문제

07 다음 그림과 같은 직각삼각형 ABC에서 $\overline{AD} \perp \overline{BC}$일 때, 물음에 답하시오.

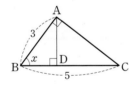

(1) 피타고라스의 정리를 이용하여 $\overline{AC}$의 길이를 구하시오.

(2) $\triangle ABC$에서 $\sin x$, $\cos x$, $\tan x$의 값을 각각 구하시오.

(3) $\triangle ABD$에서 $\sin x$의 값을 이용하여 $\overline{AD}$의 길이를 구하시오.

(4) $\overline{CD}$의 길이를 구하시오.

예제 **04**

다음 그림과 같이 직각삼각형 ABC에서 $\overline{AD} \perp \overline{BC}$일 때, $\tan x \times \sin y$의 값을 구하시오.

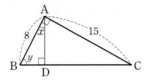

풀이 전략

$\triangle ABC$에서 $\tan x$, $\sin y$의 값을 구한다.

풀이

$\triangle ABC$에서 피타고라스 정리에 의하여
$\overline{BC} = \sqrt{8^2 + 15^2} = 17$
$\angle x + \angle y = 90°$이므로
$\angle BAD = \angle ACD$
따라서 $\triangle ABC$에서
$\tan x = \dfrac{8}{15}$, $\sin y = \dfrac{15}{17}$
이므로
$\tan x \times \sin y = \dfrac{8}{15} \times \dfrac{15}{17} = \dfrac{8}{17}$

● 직각삼각형에서의 닮음과 삼각비

유형연습 **04**

다음 그림과 같은 직각삼각형 ABC에서 $\overline{AB}=4$, $\overline{AC}=3$이고 $\overline{ED} \perp \overline{BC}$일 때, $\sin x$의 값을 구하시오.

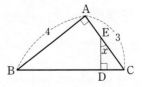

● 직각삼각형에서의 닮음과 삼각비(서술형)(1)

5 삼각비

유형 **05** 특수한 각의 삼각비의 값

개념05

(1) **특수한 각의 삼각비의 값**

A 삼각비	$0°$	$30°$	$45°$	$60°$	$90°$
$\sin A$	0	$\dfrac{1}{2}$	$\dfrac{\sqrt{2}}{2}$	$\dfrac{\sqrt{3}}{2}$	1
$\cos A$	1	$\dfrac{\sqrt{3}}{2}$	$\dfrac{\sqrt{2}}{2}$	$\dfrac{1}{2}$	0
$\tan A$	0	$\dfrac{\sqrt{3}}{3}$	1	$\sqrt{3}$	✕

(2) **특수한 각의 삼각비를 이용하여 각의 크기 구하기**

예각에 대한 삼각비의 값이 $30°$, $45°$, $60°$의 삼각
비의 값으로 주어지면 그 예각의 크기를 구할 수
있다.

예 x가 예각일 때, $\sin x = \dfrac{1}{2}$

➡ $\angle x = 30°$

● $30°$, $45°$, $60°$의 삼각비의 값

예제05

$\cos(x° + 75°) = 0$일 때, $\dfrac{\sin 2x° \times \tan 2x°}{\cos 4x°}$의 값을
구하시오. (단, $0° < x° \leq 15°$)

풀이 전략

$\cos 90° = 0$임을 이용한다.

풀이

$\cos 90° = 0$이므로 $\cos(x° + 75°) = 0$에서
$x° + 75° = 90°$
$x° = 15°$
따라서

$$\dfrac{\sin 2x° \times \tan 2x°}{\cos 4x°} = \dfrac{\sin 30° \times \tan 30°}{\cos 60°}$$

$$= \dfrac{\dfrac{1}{2} \times \dfrac{\sqrt{3}}{3}}{\dfrac{1}{2}}$$

$$= \dfrac{\sqrt{3}}{3}$$

확인문제

08 다음을 계산하시오.

(1) $\sin 60° + \tan 30°$

(2) $\tan 30° \times \tan 60°$

(3) $\sin 45° - \cos 45°$

09 $0° < x° < 90°$일 때, 다음을 만족시키는 x의 값을 구
하시오.

(1) $\sin x° = \dfrac{\sqrt{2}}{2}$ (2) $\tan x° = \dfrac{\sqrt{3}}{3}$

유형연습 05

$\sin(3x° + 15°) = \dfrac{\sqrt{2}}{2}$일 때, $\sin 6x° + \cos(x° + 20°)$의
값을 구하시오. (단, $0° < x° \leq 25°$)

개념 06

입체도형에서 삼각비의 값은 다음과 같은 순서로 구한다.

❶ 입체도형에서 직각삼각형을 찾는다.

❷ 피타고라스 정리를 이용하여 직각삼각형의 변의 길이를 구한다.

❸ 삼각비의 값을 구한다.

㉠ 오른쪽 그림과 같은 직육면체에 대하여

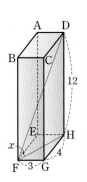

➡ 직각삼각형 FGH에서

$\overline{FH} = \sqrt{3^2 + 4^2} = 5$

직각삼각형 DFH에서

$\overline{DF} = \sqrt{5^2 + 12^2} = 13$

따라서

$\sin x = \dfrac{\overline{DH}}{\overline{DF}} = \dfrac{12}{13}$

$\cos x = \dfrac{\overline{FH}}{\overline{DF}} = \dfrac{5}{13}$

$\tan x = \dfrac{\overline{DH}}{\overline{FH}} = \dfrac{12}{5}$

예제 06

오른쪽 그림과 같이 정사면체 A−BCD에서 점 M은 $\overline{CD}$의 중점이고 $\overline{AH} \perp \overline{BM}$이다. ∠ABH = ∠$x$라 할 때, $\tan x$의 값을 구하시오.

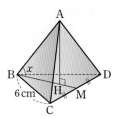

풀이 전략

정사면체의 한 모서리의 길이가 a이면 정사면체의 높이는 $\dfrac{\sqrt{6}}{3}a$임을 이용한다.

풀이

직각삼각형 ABH에서 $\tan x = \dfrac{\overline{AH}}{\overline{BH}}$

$\overline{AH}$는 정사면체의 높이이므로

$\overline{AH} = \dfrac{\sqrt{6}}{3} \times 6 = 2\sqrt{6}$

△ABH에서 피타고라스 정리에 의하여

$\overline{BH} = \sqrt{6^2 - (2\sqrt{6})^2} = 2\sqrt{3}$

따라서 $\tan x = \dfrac{\overline{AH}}{\overline{BH}} = \dfrac{2\sqrt{6}}{2\sqrt{3}} = \sqrt{2}$

● 입체도형에서의 삼각비의 값 구하기

확인문제

10 오른쪽 그림과 같이 한 모서리의 길이가 2 cm인 정육면체가 있다. 다음은 ∠BHF = ∠x라 할 때, $\cos x$의 값을 구하는 과정이다. 물음에 답하시오.

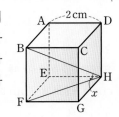

(1) $\overline{FH}$의 길이를 구하시오.

(2) $\overline{BH}$의 길이를 구하시오.

(3) $\cos x = \dfrac{\overline{FH}}{\overline{BH}}$를 이용하여 $\cos x$의 값을 구하시오.

유형연습 06

오른쪽 그림과 같은 직육면체에서 ∠BGF = 45°, ∠DGH = 60°, $\overline{GH} = 4$이다. ∠BGD = ∠x라 할 때, $\sin x$의 값을 구하시오.

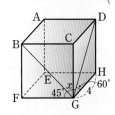

● 입체도형에서의 삼각비의 값 구하기(서술형)

5 삼각비

유형 **07** 직선의 기울기와 삼각비

개념 07

직선 $y=mx+n$이 x축의 양의 방향과 이루는 예각의 크기를 α라 할 때

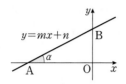

(1) (직선의 기울기) $=m=\dfrac{(y\text{의 값의 증가량})}{(x\text{의 값의 증가량})}$

$=\dfrac{\overline{BO}}{\overline{AO}}=\tan\alpha$

(2) 직선의 방정식에서 x절편과 y절편을 이용하여 $\overline{AO}$, $\overline{BO}$의 길이를 구해야 직각삼각형 AOB에서 삼각비의 값을 구할 수 있다.

➡ $\sin\alpha=\dfrac{\overline{BO}}{\overline{AB}}$

$\cos\alpha=\dfrac{\overline{AO}}{\overline{AB}}$

$\tan\alpha=\dfrac{\overline{BO}}{\overline{AO}}$

예제 07

오른쪽 그림과 같이 x절편이 -3인 직선이 x축과 이루는 예각의 크기가 60°인 직선의 방정식을 구하시오.

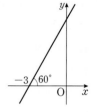

풀이 전략

직선이 x축의 양의 방향과 이루는 예각의 크기가 α이면 직선의 기울기는 $\tan\alpha$임을 이용한다.

풀이

직선의 방정식을 $y=ax+b$라 하면

$a=\dfrac{(y\text{의 값의 증가량})}{(x\text{의 값의 증가량})}=\tan 60°=\sqrt{3}$

즉, $y=\sqrt{3}x+b$

이 직선의 x절편이 -3이므로

$0=-3\sqrt{3}+b$, $b=3\sqrt{3}$

따라서 구하는 직선의 방정식은

$y=\sqrt{3}x+3\sqrt{3}$

● 좌표평면에서 직선의 기울기와 삼각비의 값

확인문제

11 오른쪽 그림과 같이 직선 $y=\dfrac{3}{4}x+3$이 x축의 양의 방향과 이루는 각의 크기를 α라 할 때, 다음을 구하시오.

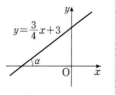

(1) $\sin\alpha$

(2) $\cos\alpha$

(3) $\tan\alpha$

유형연습 07

오른쪽 그림은 일차함수 $y=\dfrac{3}{4}x+6$의 그래프이다.

이 직선이 x축과 이루는 예각의 크기를 α라 할 때, $\cos\alpha-\sin\alpha+\tan\alpha$의 값을 구하시오.

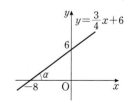

● 좌표평면에서 직선의 기울기와 삼각비의 값(서술형)(2)

개념 08

반지름의 길이가 1인 사분원에서

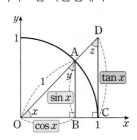

(1) **삼각비의 값 구하기**

① $\sin x = \dfrac{\overline{AB}}{\overline{OA}} = \dfrac{\overline{AB}}{1} = \overline{AB}$

② $\cos x = \dfrac{\overline{OB}}{\overline{OA}} = \dfrac{\overline{OB}}{1} = \overline{OB}$

③ $\tan x = \dfrac{\overline{CD}}{\overline{OC}} = \dfrac{\overline{CD}}{1} = \overline{CD}$

(2) $\overline{AB} /\!/ \overline{CD}$이므로 $\angle y = \angle z$ (동위각)

➡ $\cos z = \cos y = \dfrac{\overline{AB}}{\overline{OA}} = \overline{AB}$

예제 08

오른쪽 그림과 같이 반지름의 길이가 1인 사분원에서 다음 중 옳지 않은 것은?

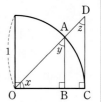

① $\sin x = \overline{AB}$ ② $\tan x = \overline{CD}$
③ $\sin y = \overline{OB}$ ④ $\cos z = \overline{AB}$
⑤ $\tan z = \overline{CD}$

풀이 전략

반지름의 길이가 1이므로 $\overline{OA}$, $\overline{OC}$의 길이도 1임을 이용한다.

풀이

① $\sin x = \dfrac{\overline{AB}}{\overline{OA}} = \dfrac{\overline{AB}}{1} = \overline{AB}$

② $\tan x = \dfrac{\overline{CD}}{\overline{OC}} = \dfrac{\overline{CD}}{1} = \overline{CD}$

③ $\sin y = \dfrac{\overline{OB}}{\overline{OA}} = \dfrac{\overline{OB}}{1} = \overline{OB}$

④ $\angle y = \angle z$이므로 $\cos z = \cos y = \dfrac{\overline{AB}}{\overline{OA}} = \overline{AB}$

⑤ $\tan z = \dfrac{\overline{OC}}{\overline{CD}} = \dfrac{1}{\overline{CD}}$

따라서 옳지 않은 것은 ⑤이다.

● 예각의 삼각비의 값

확인문제

12 오른쪽 그림과 같이 좌표평면 위의 원점 O를 중심으로 하고 반지름의 길이가 1인 사분원에서 다음 삼각비의 값을 구하시오.

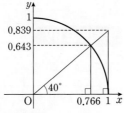

(1) $\sin 40°$ (2) $\cos 40°$

(3) $\tan 40°$ (4) $\sin 50°$

(5) $\cos 50°$

유형연습 08

오른쪽 그림과 같이 좌표평면 위의 원점 O를 중심으로 하고 반지름의 길이가 1인 사분원에서 $\cos 27° + \tan 63°$의 값을 구하시오.

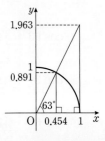

유형 **09** 삼각비의 값의 대소 관계

개념 09

(1) $0° \leq x° \leq 90°$일 때, x의 값이 증가하면
  ① $\sin x°$의 값은 0에서 1까지 증가
  ② $\cos x°$의 값은 1에서 0까지 감소
  ③ $\tan x°$의 값은 0에서 무한히 증가

(2) $\sin x°$, $\cos x°$, $\tan x°$의 대소 관계
  ① $0° \leq x° < 45° \Rightarrow \sin x° < \cos x°$
  ② $x° = 45° \Rightarrow \sin x° = \cos x° < \tan x°$
  ③ $45° < x° < 90° \Rightarrow \cos x° < \sin x° < \tan x°$

● 삼각비 값의 대소 관계

확인문제

13 다음 ☐ 안에 알맞은 부등호를 써넣으시오.

(1) $\sin 20°$ ☐ $\sin 40°$

(2) $\sin 50°$ ☐ $\sin 70°$

(3) $\cos 10°$ ☐ $\cos 25°$

(4) $\sin 15°$ ☐ $\cos 15°$

(5) $\tan 35°$ ☐ $\tan 75°$

(6) $\sin 45°$ ☐ $\cos 45°$

(7) $\cos 63°$ ☐ $\sin 63°$

(8) $\tan 57°$ ☐ $\sin 74°$

(9) $\cos 65°$ ☐ $\tan 48°$

예제 09

$45° \leq \angle A \leq 90°$이고
$$\sqrt{(\sin A - \cos A)^2} + \sqrt{(\sin A + \cos A)^2} = \sqrt{2}$$일 때,
$\tan A$의 값을 구하시오.

풀이 전략

$45° \leq x° \leq 90°$이면 $\cos x° \leq \sin x°$임을 이용한다.

풀이

$45° \leq \angle A \leq 90°$이므로
$0 \leq \cos A \leq \sin A$
$\sin A - \cos A \geq 0$, $\sin A + \cos A > 0$
$\sqrt{(\sin A - \cos A)^2} + \sqrt{(\sin A + \cos A)^2}$
$= |\sin A - \cos A| + |\sin A + \cos A|$
$= \sin A - \cos A + \sin A + \cos A$
$= 2 \sin A$
즉, $2 \sin A = \sqrt{2}$이므로 $\sin A = \dfrac{\sqrt{2}}{2}$에서
$\angle A = 45°$
따라서 $\tan A = \tan 45° = 1$

[참고] $\sqrt{x^2} = |x| = \begin{cases} x & (x \geq 0) \\ -x & (x < 0) \end{cases}$

● 삼각비 값의 대소 관계를 이용한 식의 값 구하기

유형연습 09

$45° < \angle x < 90°$일 때,
$$\sqrt{(1 - \sin x)^2} + \sqrt{(\cos x - \sin x)^2} = \dfrac{1}{2}$$
을 만족시키는 $\angle x$의 크기를 구하시오.

개념 10

$x°$의 삼각비의 값이 삼각비 표에 주어지면 다음과 같이 변의 길이를 구한다.

(1) 빗변의 길이를 알 때

① $\sin x° = \dfrac{\overline{BC}}{b}$

② $\cos x° = \dfrac{\overline{AB}}{b}$

(2) 빗변이 아닌 변의 길이를 알 때

① $\tan x° = \dfrac{\overline{BC}}{c}$

② $y° = 90° - x°$인 y에 대하여

$\overline{AB} = a \tan y°$

확인문제

14 오른쪽 그림과 같은 직각삼각형 ABC에서 $\angle C = 28°$, $\overline{AC} = 10$일 때, 삼각비 표를 이용하여 다음을 구하시오.

각도	sin	cos	tan
61°	0.8746	0.4848	1.8040
62°	0.8829	0.4695	1.8807
63°	0.8910	0.4540	1.9626

(1) $\cos A$의 값

(2) $\sin A$의 값

(3) $\overline{AB}$의 길이

(4) $\overline{BC}$의 길이

예제 10

다음 삼각비 표를 이용하여 물음에 답하시오.

각도	sin	cos	tan
26°	0.4384	0.8988	0.4877
27°	0.4540	0.8910	0.5095
28°	0.4695	0.8829	0.5317

오른쪽 그림의 직각삼각형 ABC에서 $\angle B = 62°$, $\overline{AC} = 30$일 때, $\overline{BC}$의 길이를 구하시오.

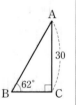

풀이 전략

$\tan A = \dfrac{\overline{BC}}{\overline{AC}}$임을 이용한다.

풀이

삼각형의 세 내각의 크기의 합은 180°이므로

$\angle A = 28°$

삼각비 표에서 $\tan 28° = 0.5317$이므로

$\tan 28° = \dfrac{\overline{BC}}{30}$에서

$\overline{BC} = 30 \times \tan 28° = 30 \times 0.5317 = 15.951$

● 삼각비 표를 이용한 변의 길이 구하기

유형연습 10

오른쪽 그림과 같은 직각삼각형 ABC에서 $\angle B = 35°$, $\overline{AB} = 10$일 때, $\overline{AC} + \overline{BC}$의 값을 구하시오.

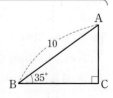

각도	sin	cos	tan
34°	0.5592	0.8290	0.6745
35°	0.5736	0.8192	0.7002
36°	0.5878	0.8090	0.7265

● 삼각비 표를 이용한 변의 길이 구하기(서술형)

5 삼각비

유형 **11** 직각삼각형의 변의 길이

개념 **11**

∠B=90°인 직각삼각형 ABC에서 한 예각의 크기와 한 변의 길이를 알면 삼각비를 이용하여 나머지 두 변의 길이를 구할 수 있다.

(1) ∠A의 크기와 빗변 AC의 길이 b를 알 때

➡ $a=b \sin A$, $c=b \cos A$

(2) ∠A의 크기와 변 AB의 길이 c를 알 때

➡ $a=c \tan A$, $b=\dfrac{c}{\cos A}$

(3) ∠A의 크기와 변 BC의 길이 a를 알 때

➡ $c=\dfrac{a}{\tan A}$, $b=\dfrac{a}{\sin A}$

확인문제

15 오른쪽 그림과 같은 직각삼각형 ABC에 대하여 다음 □ 안에 알맞은 것을 써넣으시오.

(1) $\sin A=\dfrac{a}{b}$ ➡ $a=\boxed{}$

(2) $\cos A=\boxed{}$ ➡ $c=\boxed{}$

(3) $\tan A=\boxed{}$ ➡ $a=\boxed{}$

16 오른쪽 그림과 같은 직각삼각형 ABC에 대하여 다음 □ 안에 알맞은 것을 써넣으시오.

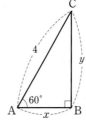

(1) $\cos 60°=\dfrac{x}{4}$이므로

$x=\boxed{} \times \cos 60°=\boxed{}$

(2) $\sin 60°=\dfrac{y}{4}$이므로

$y=\boxed{} \times \sin 60°=\boxed{}$

예제 **11**

오른쪽 그림과 같은 직각삼각형 ABC에서 다음 중 $\overline{AB}$의 길이가 <u>아닌</u> 것은?

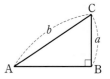

① $a \tan C$　　② $\dfrac{a}{\tan A}$　　③ $b \sin A$

④ $b \sin C$　　⑤ $b \cos A$

풀이 전략

삼각비의 값을 a, b와 $\overline{AB}$의 길이로 나타낸다.

풀이

① $\tan C=\dfrac{\overline{AB}}{a}$이므로 $a \tan C=\overline{AB}$

② $\tan A=\dfrac{a}{\overline{AB}}$이므로 $\dfrac{a}{\tan A}=\overline{AB}$

③ $\sin A=\dfrac{a}{b}$이므로 $b \sin A=a$

④ $\sin C=\dfrac{\overline{AB}}{b}$이므로 $b \sin C=\overline{AB}$

⑤ $\cos A=\dfrac{\overline{AB}}{b}$이므로 $b \cos A=\overline{AB}$

따라서 $\overline{AB}$의 길이가 아닌 것은 ③이다.

● 삼각비의 활용 – 직각삼각형의 변의 길이

유형연습 11

다음 그림과 같이 두 직각삼각형이 놓여 있다. $\overline{CE}=6$ cm, $\overline{AC}=\overline{DE}$일 때, x의 값을 구하시오.

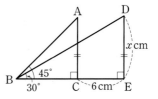

● 삼각비의 활용 – 직각삼각형의 변의 길이(서술형)

개념 **12**

(1) **입체도형에서의 삼각비의 활용**
   ❶ 주어진 각을 포함하는 직각삼각형을 찾는다.
   ❷ 삼각비를 이용하여 각 모서리의 길이를 구한다.

(2) **직사각형의 대각선의 길이**
   ① $l = \sqrt{a^2 + b^2}$
   ② 정사각형이면
      $l = \sqrt{2}a$

(3) **직육면체에서의 대각선의 길이**
   ① $l = \sqrt{a^2 + b^2 + c^2}$
   ② 정육면체이면
      $l = \sqrt{3}a$

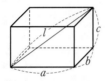

확인문제

17 다음 그림과 같은 직육면체에서 $\overline{AB}=5$, $\overline{CF}=8$, $\angle CFG = 30°$일 때, 다음을 구하시오.

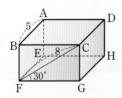

(1) $\overline{CG}$의 길이

(2) $\overline{FG}$의 길이

(3) 직육면체의 부피

예제 **12**

다음 그림과 같은 직육면체에서 $\overline{EF}=\overline{FG}=3$, $\angle AGE = 30°$일 때, $\overline{AE}$의 길이를 구하시오.

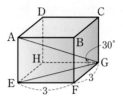

풀이 전략

피타고라스 정리를 이용하여 $\overline{EG}$의 길이를 구한 후, 직각삼각형 AEG에서 삼각비를 이용한다.

풀이

직각삼각형 AEG에서
$$\tan 30° = \frac{\overline{AE}}{\overline{EG}} = \frac{\overline{AE}}{3\sqrt{2}}$$

$\tan 30° = \frac{\sqrt{3}}{3}$이므로

$$\frac{\overline{AE}}{3\sqrt{2}} = \frac{\sqrt{3}}{3}$$

따라서 $\overline{AE} = \sqrt{6}$

● 입체도형에서의 삼각비의 활용

유형연습 **12**

다음 그림과 같은 직육면체에서 $\overline{AG}=12$, $\angle GAB = 60°$, $\angle BGF = 45°$일 때, 이 직육면체의 겉넓이를 구하시오.

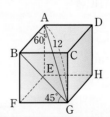

유형 **13** 실생활에서의 삼각비의 활용

개념 **13**

실생활에서 나무의 높이나 두 지점 사이의 거리를
구할 때에는 다음과 같은 순서로 구한다.
❶ 주어진 그림에서 직각삼각형을 찾는다.
❷ 삼각비를 이용하여 각 변의 길이를 구한다.

확인문제

18 아래 그림과 같이 재원이가 농구 골대 앞에 서 있다.
눈의 높이가 1.8 m인 재원이가 농구 골대의 바닥을
내려다본 각의 크기가 45°이고 상단을 올려다본 각
의 크기가 30°일 때, 다음은 농구 골대의 높이를 구
하는 과정이다. □ 안에 알맞은 수를 써넣으시오.

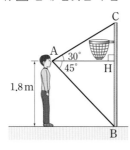

재원이의 눈의 높이가 1.8 m이므로
$\overline{BH}=\boxed{}$ m
삼각형 ABH가 직각이등변삼각형이므로
$\overline{AH}=\boxed{}$ m
직각삼각형 AHC에서
$\tan 30°=\dfrac{\boxed{}}{3}$이므로
$\overline{CH}=\overline{AH}\times\tan\boxed{}°$
$\qquad=\boxed{}$ (m)
따라서 농구 골대의 높이는 ($\boxed{}$) m이다.

예제 **13**

오른쪽 그림과 같이 우빈이
가 연을 날리고 있다. 우빈
이가 연을 올려다본 각의
크기는 30°이고 이 연이 지
상으로부터 60 m 높이에
떠 있다고 할 때, 우빈이의
눈에서 연까지의 거리를 구하시오. (단, 우빈이의 눈의
높이는 1.6 m이다.)

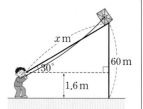

풀이 전략

연의 높이 60 m에서 우빈이의 눈이 높이 1.6 m를 빼면 직각
삼각형의 높이는 58.4 m이다.

풀이

오른쪽 직각삼각형 ABC에서
$\sin 30°=\dfrac{58.4}{x}=\dfrac{1}{2}$이므로
$x=58.4\times 2=116.8$
따라서 우빈이의 눈에서 연
까지의 거리는 116.8 m이다.

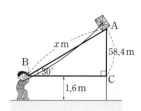

● 실생활 활용 문제(건물 높이)

유형연습 **13**

오른쪽 그림과 같은 나무의
높이를 재려고 한다. △ABC
에서 ∠B=45°, ∠C=60°,
$\overline{BC}=20$ m일 때, 다음 물음
에 답하시오.

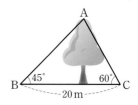

(1) 꼭짓점 A에서 $\overline{BC}$에 내린 수선의 발을 H라 할 때,
$\overline{BH}$, $\overline{CH}$를 $\overline{AH}$에 관한 식으로 나타내시오.
(2) $\overline{AH}$의 길이를 구하시오.

● 실생활 활용 문제 − 나무 높이(서술형)

개념 **14**

일반 삼각형에서 변의 길이를 구할 때에는 한 꼭짓점에서 수선을 그어 특수각을 갖는 직각삼각형을 만들어 삼각비를 이용한다.

확인문제

19 오른쪽 그림과 같이 △ABC의 꼭짓점 A에서 $\overline{BC}$에 내린 수선의 발을 H라 할 때, 다음은 $\overline{AC}$의 길이를 구하는 과정이다. □ 안에 알맞은 수를 써넣으시오.

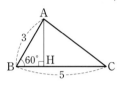

△ABH에서

$\overline{AH}=$ □ $\times \sin 60° =$ □ , $\overline{BH}=$ □ $\times \cos 60° =$ □

$\overline{CH}=\overline{BC}-\overline{BH}=$ □

△AHC에서 피타고라스 정리에 의하여

$\overline{AC}=\sqrt{\overline{AH}^2+\overline{CH}^2}=$ □

20 오른쪽 그림과 같이 △ABC의 꼭짓점 A에서 $\overline{BC}$에 내린 수선의 발을 H라 할 때, 다음은 $\overline{BC}$의 길이를 구하는 과정이다. □ 안에 알맞은 수를 써넣으시오.

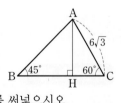

△AHC에서

$\overline{AH}=$ □ $\times \sin 60° =$ □

$\overline{HC}=$ □ $\times \cos 60° =$ □

△ABH에서 $\overline{BH}=\dfrac{\overline{AH}}{\tan 45°}=$ □ 이므로

$\overline{BC}=\overline{BH}+\overline{HC}=$ □

예제 **14**

오른쪽 그림과 같이 $\overline{AC}=12$, $\angle A=75°$, $\angle B=45°$인 △ABC에서 $\overline{AB}$의 길이를 구하시오.

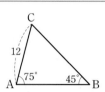

풀이 전략

보조선을 그어 특수각을 갖는 직각삼각형의 삼각비의 값을 이용한다.

풀이

점 A에서 $\overline{BC}$에 내린 수선의 발을 D라 하면 △ABD는 한 내각의 크기가 45°인 직각삼각형이므로

$\angle BAD=45°$

이때 $\angle CAB=75°$이므로

$\angle CAD=30°$

$\overline{AD}=12\times\cos 30° = 12\times\dfrac{\sqrt{3}}{2}=6\sqrt{3}$

따라서 $\cos 45° = \dfrac{6\sqrt{3}}{\overline{AB}}=\dfrac{\sqrt{2}}{2}$이므로 $\overline{AB}=\dfrac{12\sqrt{3}}{\sqrt{2}}=6\sqrt{6}$

● 일반 삼각형의 변의 길이

유형연습 **14**

다음 그림의 △ABC에서 $\overline{AB}=8$ cm, $\overline{BC}=6\sqrt{3}$ cm, $\angle B=30°$일 때, $\overline{AC}$의 길이를 구하시오.

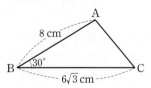

● 일반 삼각형의 변의 길이(서술형)(2)

5 삼각비

유형 **15** 삼각형의 높이 – 예각이 주어진 경우

개념 **15**

$\triangle ABC$에서 한 변 $\overline{BC}$의 길이가 a와 두 예각 $\angle B$, $\angle C$의 크기를 알 때

❶ 그림과 같이 보조선을 그어 직각삼각형을 만든다.

❷ $\angle x$, $\angle y$의 크기를 구한다.

➡ $\angle x = 90° - \angle B$, $\angle y = 90° - \angle C$

❸ 삼각형의 높이를 h라 하고, $\overline{BH}$, $\overline{CH}$의 길이를 h에 대한 식으로 나타낸다.

➡ $\overline{BH} = h\tan x$, $\overline{CH} = h\tan y$

❹ $\overline{BH} + \overline{CH} = a$임을 이용하여 h의 값을 구한다.

➡ $h\tan x + h\tan y = a$, $h(\tan x + \tan y) = a$

$h = \dfrac{a}{\tan x + \tan y}$

확인문제

21 오른쪽 그림과 같이 $\triangle ABC$의 꼭짓점 A에서 $\overline{BC}$에 내린 수선의 발을 H라 할 때, 다음은 $\triangle ABC$의 높이를 구하는 과정이다. (개)~(매)에 알맞은 것을 써넣으시오.

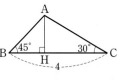

$\overline{AH} = h$라 하면

$\triangle ABH$에서 $\angle BAH = \boxed{\text{(개)}}$ °이므로

$\overline{BH} = h\tan\boxed{\text{(개)}}° = \boxed{\text{(나)}}$ ······ ㉠

$\triangle ACH$에서 $\angle CAH = \boxed{\text{(다)}}$ °이므로

$\overline{CH} = h\tan\boxed{\text{(다)}}° = \boxed{\text{(라)}}$ ······ ㉡

$\overline{BH} + \overline{CH} = 4$이므로 ㉠, ㉡에서

$h = \boxed{\text{(매)}}$

예제 **15**

오른쪽 그림과 같은 $\triangle ABC$에서 $\angle B = 45°$, $\angle C = 60°$, $\overline{BC} = 2$일 때, $\overline{BC}$를 밑변으로 하는 $\triangle ABC$의 높이를 구하시오.

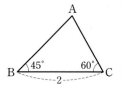

풀이 전략

보조선을 그어 높이를 포함하는 직각삼각형을 만들고 삼각비를 이용한다.

풀이

점 A에서 $\overline{BC}$에 내린 수선의 발을 H라 하고, 삼각형의 높이 $\overline{AH}$를 h라 하자.

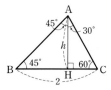

$\triangle ABH$는 직각이등변삼각형이므로 $\overline{AH} = \overline{BH} = h$

$\tan 30° = \dfrac{\overline{CH}}{\overline{AH}} = \dfrac{1}{\sqrt{3}}$이므로 $\overline{CH} = \dfrac{1}{\sqrt{3}}h$

$\overline{BH} + \overline{CH} = 2$이므로

$h + \dfrac{1}{\sqrt{3}}h = 2$, $\sqrt{3}h + h = 2\sqrt{3}$, $(\sqrt{3}+1)h = 2\sqrt{3}$

따라서

$h = \dfrac{2\sqrt{3}}{\sqrt{3}+1} = \dfrac{2\sqrt{3}}{\sqrt{3}+1} \times \dfrac{\sqrt{3}-1}{\sqrt{3}-1}$

$= \sqrt{3}(\sqrt{3}-1) = 3 - \sqrt{3}$

유형연습 **15**

오른쪽 그림의 $\triangle ABC$에서 $\angle B = 30°$, $\angle C = 105°$, $\overline{BC} = 12$ cm일 때, $\overline{AC}$의 길이를 구하시오.

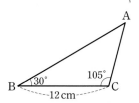

● 일반 삼각형의 높이(서술형) (1)

개념 **16**

△ABC에서 한 변 $\overline{BC}$의 길이가 a와 두 각 ∠B, ∠C의 크기를 알 때

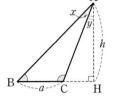

❶ 그림과 같이 보조선을 그어 직각삼각형을 만든다.

❷ ∠x, ∠y의 크기를 구한다.
→ ∠$x=90°-$∠B, ∠$y=$∠C$-90°$

❸ 삼각형의 높이를 h라 하고, $\overline{BH}$, $\overline{CH}$의 길이를 h에 대한 식으로 나타낸다.
→ $\overline{BH}=h\tan x$, $\overline{CH}=h\tan y$

❹ $\overline{BH}-\overline{CH}=a$임을 이용하여 h의 값을 구한다.
→ $h\tan x-h\tan y=a$, $h(\tan x-\tan y)=a$
$h=\dfrac{a}{\tan x-\tan y}$

확인문제

22 오른쪽 그림과 같이 △ABC의 꼭짓점 A에서 $\overline{BC}$의 연장선에 내린 수선의 발을 H라 할 때, 다음은 △ABC의 높이를 구하는 과정이다. □ 안에 알맞은 수를 써넣으시오.

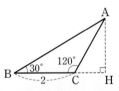

$\overline{AH}=h$라 하면 △ABH에서 $\tan 30°=\dfrac{h}{\overline{BH}}$이므로

$\overline{BH}=\dfrac{h}{\tan 30°}=\boxed{}\times h$ ······ ㉠

△ACH에서 $\tan 60°=\dfrac{h}{\overline{CH}}$이므로

$\overline{CH}=\dfrac{h}{\tan 60°}=\boxed{}\times h$ ······ ㉡

$\overline{BC}=2$이고 $\overline{BH}=\overline{BC}+\overline{CH}$이므로 ㉠, ㉡에서
$h=\boxed{}$

예제 **16**

오른쪽 그림과 같은 △ABC에서 $\overline{BC}$를 밑변으로 하는 △ABC의 높이를 구하시오.

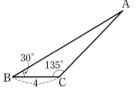

풀이 전략

밑변을 연장하여 높이를 포함하는 직각삼각형을 만들고 삼각비를 이용한다.

풀이

점 A에서 $\overline{BC}$의 연장선에 내린 수선의 발을 H라 하고, 삼각형의 높이 $\overline{AH}$를 h라 하면 △ACH는 직각이등변삼각형이므로
$\overline{CH}=\overline{AH}=h$

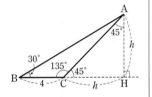

이때 $\tan 30°=\dfrac{h}{4+h}=\dfrac{1}{\sqrt 3}$이므로

$\sqrt 3 h=4+h$, $(\sqrt 3-1)h=4$

따라서 $h=\dfrac{4}{\sqrt 3-1}=\dfrac{4}{\sqrt 3-1}\times\dfrac{\sqrt 3+1}{\sqrt 3+1}=2(\sqrt 3+1)$

● 일반 삼각형의 높이

유형연습 **16**

오른쪽 그림과 같은 △ABC에서 ∠B=45°, ∠C=120°, $\overline{BC}=4$일 때, △ABC의 넓이를 구하시오.

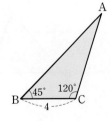

유형 **17** 일반 삼각형의 넓이

개념 **17**

(1) △ABC에서 ∠A가 예각일 때

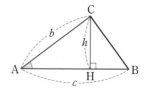

① $h = b \sin A$

② $\triangle ABC = \dfrac{1}{2} bc \sin A$

(2) △ABC에서 ∠A가 둔각일 때

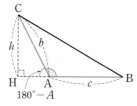

① $h = b \sin (180° - A)$

② $\triangle ABC = \dfrac{1}{2} bc \sin (180° - A)$

예제 **17**

다음 그림과 같은 삼각형 ABC에서 ∠A=120°이고 $\overline{\mathrm{AD}}$가 ∠A의 이등분선일 때, $\overline{\mathrm{AD}}$의 길이를 구하시오.

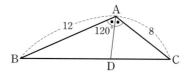

풀이 전략

두 변의 길이가 a, b이고, 그 끼인각 ∠x가 예각일 때, 삼각형의 넓이는 $\dfrac{1}{2} ab \sin x$임을 이용한다.

풀이

$\overline{\mathrm{AD}} = x$라 하면 △ABC=△ABD+△ACD이므로

$\dfrac{1}{2} \times 12 \times 8 \times \sin (180° - 120°)$

$= \dfrac{1}{2} \times 12 \times x \times \sin 60° + \dfrac{1}{2} \times 8 \times x \times \sin 60°$

$48 = 6x + 4x$, $10x = 48$, $x = \dfrac{24}{5}$

따라서 $\overline{\mathrm{AD}} = \dfrac{24}{5}$

● 일반 삼각형의 넓이(서술형)(1)

확인문제

23 다음 삼각형 ABC의 넓이를 구하시오.

(1)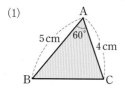

(2)

(3)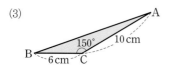

유형연습 17

다음 그림과 같이 $\overline{\mathrm{AB}} = 5\,\mathrm{cm}$, $\overline{\mathrm{BC}} = 8\,\mathrm{cm}$인 △ABC의 넓이가 $10\sqrt{2}\,\mathrm{cm}^2$일 때, ∠B의 크기를 구하시오.

(단, 90° < ∠B < 180°)

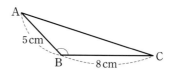

개념 18

다각형의 넓이를 구할 때에는 다각형을 여러 개의 삼각형으로 나눈 후 삼각형의 넓이의 합을 구한다.

⑩ 다음 그림과 같은 □ABCD에서 $\overline{AC}$를 그으면

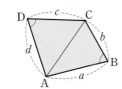

□ABCD
$= \triangle ACD + \triangle ABC$
$= \dfrac{1}{2}cd \sin D + \dfrac{1}{2}ab \sin B$

(단, ∠B, ∠D가 예각일 때이고, ∠B, ∠D가 둔각일 경우에는 180°에서 빼서 sin 값을 구하면 된다.)

예제 18

다음 그림과 같은 사각형 ABCD의 넓이를 구하시오.

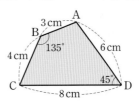

풀이 전략

사각형을 두 삼각형으로 나누어 삼각형의 넓이의 합을 구한다.

풀이

$\overline{AC}$를 그으면

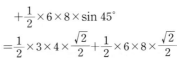

□ABCD
$= \triangle ABC + \triangle ACD$
$= \dfrac{1}{2} \times 3 \times 4 \times \sin(180° - 135°)$
$\quad + \dfrac{1}{2} \times 6 \times 8 \times \sin 45°$
$= \dfrac{1}{2} \times 3 \times 4 \times \dfrac{\sqrt{2}}{2} + \dfrac{1}{2} \times 6 \times 8 \times \dfrac{\sqrt{2}}{2}$
$= 3\sqrt{2} + 12\sqrt{2} = 15\sqrt{2} \, (\text{cm}^2)$

● 다각형의 넓이

확인문제

24 다음은 오른쪽 그림과 같은 사각형 ABCD의 넓이를 구하는 과정이다. □ 안에 알맞은 수를 써넣으시오.

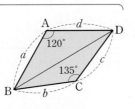

$\overline{BD}$를 그으면
$\square ABCD = \triangle ABD + \triangle BCD$
$\qquad = \dfrac{1}{2}ad \sin \boxed{}° + \dfrac{1}{2}bc \sin \boxed{}°$
$\qquad = \dfrac{\boxed{}}{4}ad + \dfrac{\boxed{}}{4}bc$

유형연습 18

다음 그림과 같은 사각형 ABCD의 넓이를 구하시오.

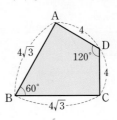

● 사각형의 넓이 ⑴ (서술형)

유형 **19** 평행사변형의 넓이

개념 **19**

평행사변형 ABCD에서 두 변의 길이 a, b와 그 끼인각의 크기를 알 때

(1) $\angle x$가 예각이면

➡ □ABCD
$= ab \sin x$

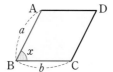

(2) $\angle x$가 둔각이면

➡ □ABCD
$= ab \sin (180° - x)$

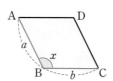

● 사각형의 넓이(1)

확인문제

25 다음 평행사변형 ABCD의 넓이를 구하시오.

(1)
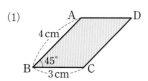

(2)
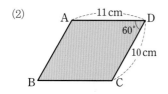

(3)
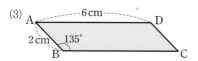

예제 **19**

오른쪽 그림의 평행사변형 ABCD의 넓이를 구하시오.

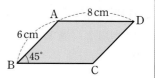

풀이 전략

두 변의 길이가 a, b이고, 그 끼인각 $\angle x$가 예각일 때, 평행사변형의 넓이는 $ab \sin x$임을 이용한다.

풀이

평행사변형에서 마주보는 대변의 길이는 같으므로
$\overline{BC} = \overline{AD} = 8$ cm
따라서 평행사변형 ABCD의 넓이는
$6 \times 8 \times \sin 45° = 6 \times 8 \times \dfrac{\sqrt{2}}{2} = 24\sqrt{2} \ (\text{cm}^2)$

다른 풀이

점 A에서 $\overline{BC}$에 수선의 발을 내려 평행사변형의 높이를 h cm라 하면

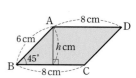

$\sin 45° = \dfrac{h}{6} = \dfrac{\sqrt{2}}{2}$

$h = 6 \times \dfrac{\sqrt{2}}{2} = 3\sqrt{2}$

따라서 평행사변형 ABCD의 넓이는
$8 \times 3\sqrt{2} = 24\sqrt{2} \ (\text{cm}^2)$

● 사각형의 넓이(2)

유형연습 **19**

오른쪽 그림과 같은 평행사변형 ABCD에서 점 M은 $\overline{AD}$의 중점이고, $\overline{AB} = 5$, $\overline{BC} = 6$, $\angle A = 120°$일 때, 사각형 BCDM의 넓이를 구하시오.

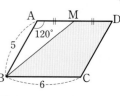

개념20

사각형 ABCD에서 두 대각선의 길이 a, b와 두 대각선이 이루는 각의 크기를 알 때

(1) $\angle x$가 예각이면
➡ □ABCD
$$=\frac{1}{2}ab \sin x$$

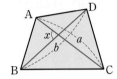

(2) $\angle x$가 둔각이면
➡ □ABCD
$$=\frac{1}{2}ab \sin(180°-x)$$

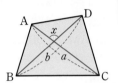

◉ 사각형의 넓이(1)

확인문제

26 다음은 두 대각선의 길이가 a, b이고 두 대각선이 이루는 각 $\angle x$의 크기가 예각인 사각형 ABCD의 넓이를 구하는 과정이다. ㈎~㈐에 알맞은 것을 써넣으시오.

오른쪽 그림과 같이 사각형 ABCD의 각 꼭짓점을 지나고 두 대각선에 각각 평행한 직선을 그어 평행사변형 EFGH를 만들면
$\angle EFG=\angle x$이고
$\overline{EF}=$ ㈎ , $\overline{FG}=$ ㈏
이므로
$$□ABCD=\frac{1}{\boxed{㈐}}×□EFGH$$
$$=\boxed{㈑}×\sin x$$

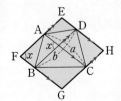

예제20

다음 그림과 같은 □ABCD의 넓이가 $30\sqrt{2}$ cm²이고, $\overline{BD}=12$ cm, $\angle AOB=45°$일 때, $\overline{AC}$의 길이를 구하시오.

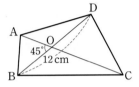

풀이 전략

두 대각선의 길이가 a, b이고 교각 $\angle x$가 예각일 때, 사각형의 넓이는 $\frac{1}{2}ab \sin x$임을 이용한다.

풀이

□ABCD의 넓이는 $30\sqrt{2}$ cm²이므로
$$\frac{1}{2}×12×\overline{AC}×\sin 45°=30\sqrt{2}$$
$$6×\frac{\sqrt{2}}{2}×\overline{AC}=30\sqrt{2}$$
따라서 $\overline{AC}=10$ cm

◉ 사각형의 넓이(2)

유형연습 20

다음 그림과 같이 두 대각선의 길이가 각각 6 cm, 8 cm인 □ABCD의 넓이의 최댓값을 구하시오.

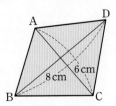

◉ 사각형의 넓이(2) — 대각선의 길이가 주어질 때

6 원의 성질

개념 01

(1) 원의 중심에서 현에 내린 수선은 그 현을 수직이등분한다.
(2) 원에서 현의 수직이등분선은 그 원의 중심을 지난다.

● 현의 수직이등분선과 원의 중심

확인문제

01 다음 ☐ 안에 들어갈 알맞은 말을 써넣으시오.

(1) 원의 중심에서 현에 내린 수선은 그 현을 ☐한다.

(2) 원에서 현의 수직이등분선은 그 원의 ☐을 지난다.

예제 01

오른쪽 그림의 원 O의 중심에서 현 AB에 내린 수선은 그 현을 수직이등분한다. 그 이유를 설명하시오.

풀이 전략

삼각형의 합동을 이용한다.

풀이

원의 중심 O에서 현 AB에 내린 수선의 발을 M이라 하면
$\triangle OAM$과 $\triangle OBM$에서
$\overline{OA} = \overline{OB}$ (반지름)
$\overline{OM}$은 공통
$\angle OMA = \angle OMB = 90°$
이므로 직각삼각형의 합동 조건에 의하여
$\triangle OAM \equiv \triangle OBM$ (RHS 합동)
따라서 $\overline{AM} = \overline{BM}$이므로 원의 중심에서 현에 내린 수선은 그 현을 수직이등분한다.

● 현의 수직이등분선과 원의 중심

유형연습 01

오른쪽 그림의 원에서 현 AB의 수직이등분선은 그 원의 중심 O를 지난다. 그 이유를 설명하시오.

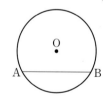

● 현의 수직이등분선과 원의 중심

개념 02

(1) 원의 중심에서 현에 내린 수선
   은 그 현을 수직이등분한다.
   ① $\overline{AM}=\overline{BM}$
   ② $\angle AMO=\angle BMO=90°$이
   므로
   $\overline{AM}^2=\overline{OA}^2-\overline{OM}^2$

(2) 원 위의 한 점이 원의 중심에 오도록 원의 일부분
   을 접는 경우

➡ 원의 중심에서 접힌 선에 수선을 그으면 접힌
   선분이 이등분됨을 이용하여 직각삼각형을 만
   들어 푼다.

● 원의 중심과 현의 수직이등분선

예제 02

오른쪽 그림은 원 O의 일부분
이다. $\overline{AB}=8\,cm$, $\overline{CM}=2\,cm$,
$\overline{AM}=\overline{BM}$일 때, 이 원의 반지
름의 길이를 구하시오.

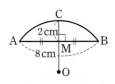

풀이 전략

직각삼각형 OMA에서 피타고라스 정리를 이용한다.

풀이

원의 반지름의 길이를 $r\,cm$라 하면
직각삼각형 OMA에서
$\overline{AO}=r\,cm$, $\overline{MO}=(r-2)\,cm$,
$\overline{AM}=\dfrac{1}{2}\overline{AB}=4\,cm$이므로
$(r-2)^2+4^2=r^2$
$4r=20$
$r=5$
따라서 원의 반지름의 길이는 $5\,cm$이다.

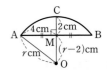

● 원의 중심과 현의 수직이등분선

확인문제

02 오른쪽 그림에서 $\overline{CD}$는 원 O의
   지름이고, $\overline{AB}\perp\overline{CD}$이다.
   $\overline{BE}=8\,cm$, $\overline{OD}=10\,cm$일 때,
   $\overline{AC}$의 길이를 구하려고 한다.
   다음 물음에 답하시오.
   (1) $\overline{AE}$의 길이를 구하시오.

   (2) $\overline{CE}$의 길이를 구하시오.

   (3) $\overline{AC}$의 길이를 구하시오.

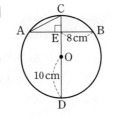

● 원의 중심과 현의 수직이등분선 - 개념(서술형)

유형연습 02

오른쪽 그림과 같이 반지름의 길이
가 $4\,cm$인 원 위의 한 점 P를 원의
중심 O에 겹치도록 접었을 때, $\overline{AB}$
의 길이를 구하시오.

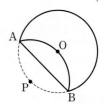

● 원의 중심과 현의 수직이등분선 - 접힌 원

개념 03

원 O에서
(1) $\overline{OM}=\overline{ON}$이면
$\overline{AB}=\overline{CD}$
(2) $\overline{AB}=\overline{CD}$이면
$\overline{OM}=\overline{ON}$

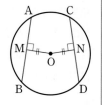

● 현의 길이

확인문제

03 다음 중 옳은 것에는 ○표, 옳지 않은 것에는 ✕표를 하시오.
(1) 한 원에서 중심으로부터 같은 거리에 있는 두 현의 길이는 항상 같다. ( )

(2) 한 원에서 길이가 같은 두 현은 원의 중심으로부터 항상 같은 거리에 있다. ( )

예제 03

오른쪽 그림과 같은 원 O에서 $\overline{OM}=\overline{ON}$이면 $\overline{AB}=\overline{CD}$임을 설명하시오.

풀이 전략

△OAM과 △OCN이 합동임을 이용한다.

풀이

△OAM과 △OCN에서
$\overline{OM}=\overline{ON}$
$\overline{OA}=\overline{OC}$(반지름)
$\angle OMA=\angle ONC=90°$
이므로 직각삼각형의 합동 조건에 의하여
△OAM≡△OCN(RHS 합동)
따라서 $\overline{AM}=\overline{CN}$
그런데 원의 중심에서 현에 내린 수선은 그 현을 이등분하므로
$\overline{AB}=2\overline{AM}$, $\overline{CD}=2\overline{CN}$
따라서 $\overline{AB}=\overline{CD}$

● 현의 길이

유형연습 03

오른쪽 그림과 같은 원 O에서 $\overline{AB}=\overline{CD}$이면 $\overline{OM}=\overline{ON}$임을 설명하시오.

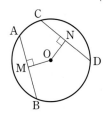

개념 04

(1) **원의 중심으로부터 같은 거리에 있는 두 현으로 이루어진 삼각형**

오른쪽 그림의 원 O에서
$\overline{OM}=\overline{ON}$이면 $\overline{AB}=\overline{AC}$

➡ △ABC는 이등변삼각형이
   므로
   ∠B=∠C

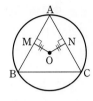

(2) **원의 중심으로부터 같은 거리에 있는 세 현으로 이루어진 삼각형**

오른쪽 그림의 원 O에서
$\overline{OL}=\overline{OM}=\overline{ON}$이면
$\overline{AB}=\overline{BC}=\overline{CA}$

➡ △ABC는 정삼각형이므로
   ∠A=∠B=∠C=60°

확인문제

04 오른쪽 그림과 같이 원 O에서
$\overline{OM}=\overline{ON}$, ∠CAB=40°일 때,
∠ABC의 크기를 구하시오.

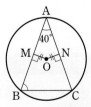

🔵 현의 길이

05 오른쪽 그림과 같이 원 O의 중
심에서 $\overline{AB}$, $\overline{BC}$, $\overline{AC}$에 내린
수선의 발을 각각 D, E, F라 하
자. $\overline{OD}=\overline{OF}$, ∠EOF=118°
일 때, ∠A의 크기를 구하시오.

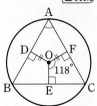

🔵 현의 길이(서술형)(2)

예제 04

오른쪽 그림의 원 O에서
$\overline{AB}\perp\overline{OM}$, $\overline{CD}\perp\overline{ON}$이고,
$\overline{AB}=10$ cm, $\overline{ON}=\sqrt{3}$ cm,
$\overline{DN}=5$ cm일 때, △OAB의
넓이를 구하시오.

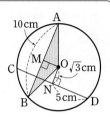

풀이 전략

한 원에서 길이가 같은 두 현은 원의 중심으로부터 같은 거리
에 있다.

풀이

$\overline{CD}=2\overline{DN}=2\times 5=10$(cm)
$\overline{AB}=10$ cm이므로 $\overline{AB}=\overline{CD}$이고 한 원에서 길이가 같은
두 현은 원의 중심으로부터 같은 거리에 있으므로
$\overline{OM}=\overline{ON}=\sqrt{3}$ cm
따라서
$\triangle OAB=\dfrac{1}{2}\times\overline{AB}\times\overline{OM}$
$\qquad\quad=\dfrac{1}{2}\times 10\times\sqrt{3}=5\sqrt{3}$ (cm²)

🔵 현의 길이(서술형)(3)

유형연습 04

오른쪽 그림과 같이 △ABC의 외접
원의 중심 O에서 세 변 AB, BC,
CA에 내린 수선의 발을 각각 D,
E, F라 하자. $\overline{OD}=\overline{OE}=\overline{OF}$이고
$\overline{AB}=6\sqrt{3}$ cm일 때, 색칠한 부분의

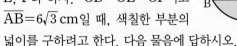

넓이를 구하려고 한다. 다음 물음에 답하시오.
(1) △ABC는 어떤 삼각형인지 구하시오.
(2) 원 O의 반지름의 길이를 구하시오.

🔵 현의 길이(서술형)(1)

유형 **05** 원의 접선의 길이 추론 및 정당화

개념 **05**

원 O 밖의 한 점 P에서 원에 그은 두 접선의 길이는 같다.

즉, 원 O 밖의 한 점 P에서 원에 그은 두 접선의 접점을 각각 A, B라 하면

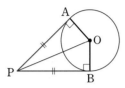

➡ $\overline{PA}=\overline{PB}$

[참고] 원 O 밖의 한 점 P에서 원 O에 그은 두 접선의 접점 A, B까지의 거리를 점 P에서 원 O에 그은 접선의 길이라 한다.

● 원의 접선의 길이

확인문제

06 다음 중 옳은 것에는 ○표, 옳지 않은 것에는 ×표를 하시오.

(1) 원 밖의 한 점에서 원에 그은 접선의 길이는 항상 같다. ( )

(2) 원 밖의 한 점에서 그 원에 그을 수 있는 접선은 무수히 많다. ( )

예제 **05**

원 O 밖의 한 점 P에서 원에 그은 두 접선의 길이가 항상 같음을 오른쪽 그림을 이용하여 설명하시오. (단, $\overline{PA}$, $\overline{PB}$는 원 O의 접선이고, 두 점 A, B는 접점이다.)

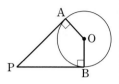

풀이 전략

△PAO와 △PBO가 합동임을 이용한다.

풀이

$\overline{PO}$를 그으면
△PAO와 △PBO에서
$\overline{OA}=\overline{OB}$(반지름)
∠PAO = ∠PBO = 90°

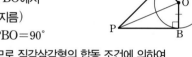

$\overline{PO}$는 공통이므로 직각삼각형의 합동 조건에 의하여
△PAO ≡ △PBO(RHS 합동)
따라서 $\overline{PA}=\overline{PB}$

즉, 원 밖의 한 점에서 그 원에 그은 두 접선의 길이는 항상 같다.

● 원의 접선의 길이

유형연습 **05**

오른쪽 그림에서 $\overline{PA}$, $\overline{PB}$는 원 O의 접선이고, 두 점 A, B는 접점이다. $\overline{AO}=5$, $\overline{PQ}=8$일 때, $\overline{PB}$의 길이를 구하시오.

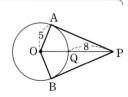

● 원의 접선의 길이

개념 06

$\overrightarrow{AE}$, $\overrightarrow{AF}$, $\overline{CB}$가 원 O의 접선이고 점 D, E, F가 접점일 때

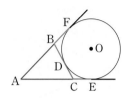

(1) $\overline{BD}=\overline{BF}$, $\overline{CE}=\overline{CD}$

(2) ($\triangle$ABC의 둘레의 길이)
$$=\overline{AB}+\overline{BD}+\overline{CD}+\overline{AC}$$
$$=(\overline{AB}+\overline{BF})+(\overline{CE}+\overline{AC}) \longleftarrow \text{\footnotesize BF=BD, CE=CD}$$
$$=\overline{AF}+\overline{AE} \longleftarrow \text{\footnotesize AE=AF}$$
$$=2\overline{AF} \longleftarrow$$

● 원의 접선의 성질의 활용

확인문제

07 다음 그림에서 $\overrightarrow{AE}$, $\overrightarrow{AF}$, $\overline{CB}$는 원 O의 접선이고, 점 D, E, F가 접점일 때, 물음에 답하시오.

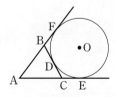

(1) $\overline{BD}$와 항상 길이가 같은 선분을 구하시오.

(2) $\overline{CD}$와 항상 길이가 같은 선분을 구하시오.

(3) $\overline{AF}$=10일 때, $\triangle$ABC의 둘레의 길이를 구하시오.

예제 06

오른쪽 그림에서 원 O는 한 변의 길이가 8 cm인 정삼각형 ABC의 내접원이다. 이 원의 접선과 $\overline{AB}$, $\overline{BC}$와의 교점을 각각 P, Q라 할 때, $\triangle$PBQ의 둘레의 길이를 구하시오.

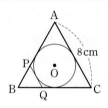

풀이 전략

원 밖의 한 점에서 원에 그은 두 접선의 길이는 같다.

풀이

원 O와 $\overline{AB}$, $\overline{BC}$, $\overline{PQ}$의 접점을 각각 R, S, T라 하면 $\overline{PT}=\overline{PR}$, $\overline{QS}=\overline{QT}$
또, $\triangle$ABC는 정삼각형이므로
$\overline{AB}=\overline{BC}=\overline{CA}$

($\triangle$PBQ의 둘레의 길이)
$$=\overline{PB}+\overline{BQ}+\overline{QT}+\overline{PT}=\overline{PB}+\overline{BQ}+\overline{QS}+\overline{PR}$$
$$=(\overline{PB}+\overline{PR})+(\overline{BQ}+\overline{QS})=\overline{BR}+\overline{BS}=2\overline{BR}$$
$\overline{BR}=x$ cm라 하면
$\overline{AR}=(8-x)$ cm, $\overline{CS}=(8-x)$ cm이므로
$\overline{AC}=\overline{AR}+\overline{CS}=(8-x)+(8-x)=8$, $x=4$
따라서 $\triangle$PBQ의 둘레의 길이는 8 cm이다.

● 원의 접선의 길이 (서술형)

유형연습 06

오른쪽 그림에서 원 O는 $\triangle$AED의 내접원이고, $\overline{BC}$는 원 O에 접한다. $\overline{AD}$=6 cm, $\overline{AE}$=7 cm, $\overline{DE}$=5 cm일 때, $\triangle$ACB의 둘레의 길이를 구하시오.

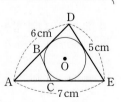

● 원의 접선의 성질의 활용

6 원의 성질

유형 **07** 원의 접선의 성질

개념 **07**

원 O 밖의 점 P에서 원 O에 그은 두 접선의 접점을 각각 A, B라 할 때

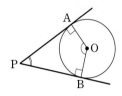

(1) ∠OAP＝∠OBP＝90°

(2) ∠APB＋∠AOB＝180°

◉ 원의 접선의 성질

확인문제

08 다음 그림에서 원 밖의 점 P에서 원 O에 그은 두 접선의 접점을 A, B라 할 때, 물음에 답하시오.

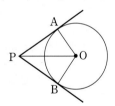

(1) ∠AOB＝110°일 때, ∠APB의 크기를 구하시오.

(2) △PAO와 합동인 삼각형을 구하시오.

예제 **07**

다음 그림에서 점 A, B는 원 밖의 점 P에서 그은 두 접선의 접점이다. ∠OAB＝22°일 때, ∠APB의 크기를 구하시오.

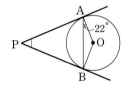

풀이전략

원 밖의 한 점에서 원에 그은 두 접선의 길이는 같다.

풀이

∠PAB＝90°－22°＝68°이고 $\overline{PA}＝\overline{PB}$이므로
△PAB는 이등변삼각형이다.
따라서 ∠PBA＝∠PAB＝68°이므로
∠APB＝180°－68°－68°＝44°

◉ 원의 접선의 성질

유형연습 07

오른쪽 그림에서 $\overrightarrow{PA}$, $\overrightarrow{PB}$는 원 O의 접선이고, 점 A, B는 접점이다. $\overline{OA}＝\sqrt{3}$ cm, ∠APB＝60°일 때, △APB의 넓이를 구하시오.

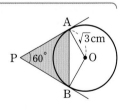

◉ 원의 접선의 성질(서술형)

개념 08

(1) **반원과 원의 접선의 성질**
$\overline{AB}$, $\overline{AD}$, $\overline{DC}$가 반원 O의 접선일 때

① 원의 중심에서 접점까지 이은 선분은 접선과 수직이고, 원 밖의 한 점에서 원에 그은 두 접선의 길이가 같음을 이용한다.
➡ $\overline{AB} \perp \overline{BC}$
$\overline{AB} = \overline{AE}$, $\overline{DC} = \overline{DE}$이므로 $\overline{AD} = \overline{AB} + \overline{DC}$

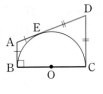

② 직각삼각형을 생각하여 피타고라스 정리를 이용한다.
➡ 직각삼각형 AHD에서
$\overline{BC} = \overline{AH}$
$= \sqrt{\overline{AD}^2 - \overline{DH}^2}$

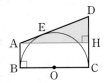

(2) **중심이 같은 두 원과 원의 접선의 성질**
중심이 O로 일치하고 반지름의 길이가 다른 두 원에서 큰 원의 현 AB가 작은 원의 접선이고, H가 접점일 때
① $\overline{OH} \perp \overline{AB}$
② $\overline{AH} = \overline{BH}$
③ $\overline{OA}^2 = \overline{OH}^2 + \overline{AH}^2$

 ● 접선의 성질 - 반원이 주어지는 경우
 ● 동심원과 원의 접선의 성질

확인문제

09 오른쪽 그림에서 $\overline{BC}$는 반원 O의 지름이고 $\overline{AB}$, $\overline{AD}$, $\overline{DC}$는 접선이다. $\overline{AB} = 3$, $\overline{CD} = 6$일 때, $\overline{AD}$의 길이를 구하시오.

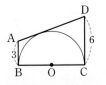

예제 08

오른쪽 그림과 같이 반원 O의 호 AB 위의 한 점 P에서 그은 접선이 지름 AB의 양 끝점에서 그은 접선과 만나는 점을 C, D라고 하자. $\overline{AC} = 2$ cm, $\overline{BD} = 8$ cm일 때, 반원 O의 반지름의 길이를 구하시오.

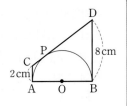

풀이 전략

원의 접선의 길이와 피타고라스 정리를 이용한다.

풀이

$\overline{CP} = \overline{CA} = 2$ cm, $\overline{DP} = \overline{DB} = 8$ cm이므로
$\overline{CD} = \overline{CP} + \overline{DP} = 2 + 8 = 10$ (cm)
점 C에서 $\overline{BD}$에 내린 수선의 발을 H라 하면
$\overline{BH} = \overline{AC} = 2$ cm이므로
$\overline{DH} = 8 - 2 = 6$ (cm)
직각삼각형 CHD에서 피타고라스 정리에 의하여
$\overline{CH} = \sqrt{10^2 - 6^2} = 8$ (cm)
$\overline{AB} = \overline{CH} = 8$ cm
따라서 반원 O의 반지름의 길이는 4 cm이다.

 ● 접선의 성질 - 반원이 주어지는 경우

유형연습 08

오른쪽 그림과 같이 점 O를 중심으로 하는 두 원에서 작은 원의 접선과 큰 원의 교점을 각각 A, B라고 하자. $\overline{AB} = 8$ cm일 때, 색칠한 부분의 넓이를 구하시오.

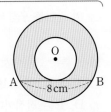

 ● 동심원과 원의 접선의 성질

유형 09 삼각형의 내접원

개념 09

(1) **삼각형의 내접원**

원 I가 △ABC의 내접
원이고 점 D, E, F가
접점일 때
$$\overline{AD}=\overline{AF}$$
$$\overline{BD}=\overline{BE}$$
$$\overline{CE}=\overline{CF}$$

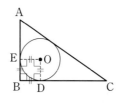

(2) **직각삼각형의 내접원**

∠B＝90°인 직각삼각형
ABC의 내접원 O와 $\overline{BC}$,
$\overline{AB}$의 접점을 각각 D, E
라 하면 □OEBD는 정사
각형이다.

◈ 삼각형의 내접원

◈ 직각삼각형의 내접원

예제 09

오른쪽 그림에서 원 I는
△ABC의 내접원이고, 점 D,
E, F는 접점이다. △ABC의 둘
레의 길이가 34 cm일 때, $\overline{AF}$
의 길이를 구하시오.

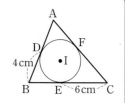

풀이 전략

원 밖의 한 점에서 원에 그은 두 접선의 길이는 같다.

풀이

$\overline{AF}=\overline{AD}=x$ cm라 하면
$\overline{BE}=\overline{BD}=4$ cm, $\overline{CF}=\overline{CE}=6$ cm이므로
$$(\triangle ABC의 \ 둘레의 \ 길이)=\overline{AB}+\overline{BC}+\overline{CA}$$
$$=2(\overline{AD}+\overline{BE}+\overline{CF})$$
$$=2(x+4+6)=34(cm)$$

이므로 $x+10=17$, $x=7$
따라서 $\overline{AF}=7$ cm

◈ 삼각형의 내접원

확인문제

10 오른쪽 그림에서 원 O는
△ABC의 내접원이고 점 D,
E, F는 접점이다. $\overline{AB}=5$,
$\overline{CE}=4$일 때, △ABC의 둘레
의 길이를 구하시오.

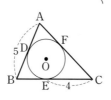

11 오른쪽 그림에서 원 O는 ∠B＝90°인
직각삼각형 ABC의 내접원이고 점
D, E는 접점이다. 원 O의 반지름의
길이가 7일 때, □ODBE의 넓이를
구하시오.

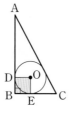

유형연습 09

오른쪽 그림에서 원 O는
∠A＝90°인 △ABC의 내접원
이고 점 D, E, F는 접점이다.
$\overline{BE}=4$, $\overline{EC}=6$일 때, 색칠한
부분의 넓이를 구하시오.

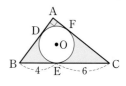

◈ 직각삼각형의 내접원

개념 **10**

원 O에 외접하는 □ABCD에서 점 P, Q, R, S가 접점일 때

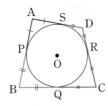

(1) $\overline{AP}=\overline{AS}$, $\overline{BP}=\overline{BQ}$,
$\overline{CQ}=\overline{CR}$, $\overline{DR}=\overline{DS}$
(2) $\overline{AB}+\overline{DC}=\overline{AD}+\overline{BC}$

● 외접사각형의 성질

예제 **10**

오른쪽 그림과 같이 □ABCD가 원 O에 외접하고, $\overline{AD}=5$, $\overline{CD}=9$일 때, $\overline{BC}-\overline{AB}$의 값을 구하시오.

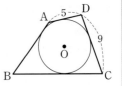

풀이 전략
$\overline{BC}+\overline{AD}=\overline{AB}+\overline{DC}$이다.

풀이
$\overline{BC}+\overline{AD}=\overline{AB}+\overline{DC}$이므로
$\overline{BC}+5=\overline{AB}+9$
따라서 $\overline{BC}-\overline{AB}=4$

● 외접사각형의 성질

확인문제

12 다음 그림에서 □ABCD가 원 O에 외접할 때, x의 값을 구하시오.

(1)
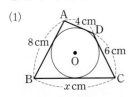

(2)
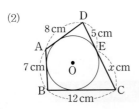

13 오른쪽 그림에서 원 O는 □ABCD에 내접하고 점 P, Q, R, S는 접점이다. $\overline{AP}=4$, $\overline{DR}=3$일 때, 다음 물음에 답하시오.

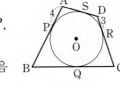

(1) $\overline{AD}$의 길이를 구하시오.

(2) □ABCD의 둘레의 길이가 40일 때, $\overline{BC}$의 길이를 구하시오.

유형연습 **10**

오른쪽 그림과 같이 □ABCD 가 원 O에 외접하고, □ABCD 의 둘레의 길이가 30 cm일 때, x, y의 값을 각각 구하시오.

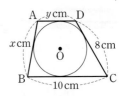

● 외접사각형의 성질(서술형)

유형 **11** 외접사각형의 성질의 활용

개념 **11**

원 O가 직사각형 ABCD의 세 변에 접하고, $\overline{DE}$에 접할 때

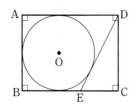

(1) □ABED에서 외접사각형의 성질을 이용한다.
➡ $\overline{AB}+\overline{DE}=\overline{AD}+\overline{BE}$

(2) △DEC에서 피타고라스 정리를 이용한다.
➡ $\overline{CE}^2+\overline{CD}^2=\overline{DE}^2$

◉외접사각형의 성질의 활용

확인문제

14 오른쪽 그림과 같이 반지름의 길이가 2 cm인 원 O가 □ABCD의 네 변과 네 점 E, F, G, H에서 각각 접한다.
∠C=∠D=90°이고 $\overline{AB}$=5 cm일 때, □ABCD의 둘레의 길이를 구하려고 한다. 다음 물음에 답하시오.

(1) $\overline{CD}$의 길이를 구하시오.

(2) $\overline{AD}+\overline{BC}$의 값을 구하시오.

(3) □ABCD의 둘레의 길이를 구하시오.

◉외접사각형의 성질의 활용(서술형)(2)

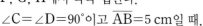

예제 **11**

오른쪽 그림과 같이 원 O는 □ABCD의 내접원이고, 원의 반지름의 길이는 6 cm이다.
∠C=90°, ∠D=90°이고, $\overline{AB}$=13 cm, $\overline{BC}$=15 cm일 때, □ABCD의 넓이를 구하시오.

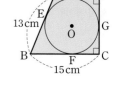

풀이 전략
$\overline{AD}+\overline{BC}=\overline{AB}+\overline{CD}$이다.

풀이
원의 반지름의 길이가 6 cm이므로
$\overline{CD}=2\times6=12$(cm)
□ABCD는 원 O에 외접하는 사각형이므로
$\overline{AD}+\overline{BC}=\overline{AB}+\overline{CD}$
$\overline{AD}+15=13+12$, $\overline{AD}=10$ cm
따라서 □ABCD의 넓이는
$\frac{1}{2}\times(\overline{AD}+\overline{BC})\times\overline{CD}=\frac{1}{2}\times25\times12=150$(cm²)

◉외접사각형의 성질의 활용(서술형)(3)

유형연습 **11**

오른쪽 그림에서 원 O가 직사각형 ABCD의 세 변에 접하고, $\overline{AE}$는 원 O의 접선이다.
$\overline{AB}$=4 cm, $\overline{AD}$=6 cm일 때, $\overline{AE}$의 길이를 구하시오.

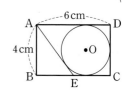

◉외접사각형의 성질의 활용

개념 12

(1) **원주각**: 원 O에서 $\overset{\frown}{AB}$ 위에 있지 않은 원 위의 점 P에 대하여 ∠APB를 $\overset{\frown}{AB}$에 대한 원주각이라 한다.

(2) **원주각과 중심각의 크기**: 원에서 한 호에 대한 원주각의 크기는 그 호에 대한 중심각의 크기의 $\dfrac{1}{2}$ 이다.

➡ (원주각의 크기) $= \dfrac{1}{2} \times$ (중심각의 크기)

즉, ∠APB $= \dfrac{1}{2}$∠AOB

● 원주각과 중심각의 크기(1)

예제 12

오른쪽 그림과 같이 원의 중심 O가 ∠APB의 내부에 있는 경우, $\overset{\frown}{AB}$에 대한 원주각 ∠APB의 크기가 중심각 ∠AOB의 $\dfrac{1}{2}$임을 설명하시오.

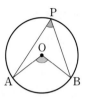

풀이 전략

원 O의 지름 PQ를 보조선으로 긋고 삼각형의 외각의 성질을 이용한다.

풀이

원 O의 지름 PQ를 그으면 △OPA와 △OPB는 이등변삼각형이다.
∠OPA $=$ ∠OAP $=$ ∠x,
∠OPB $=$ ∠OBP $=$ ∠y라 하면
∠APB $=$ ∠$x +$ ∠y이므로
∠AOB $=$ ∠AOQ $+$ ∠BOQ
$\qquad = 2∠x + 2∠y = 2(∠x + ∠y)$
$\qquad = 2∠APB$
따라서 ∠APB $= \dfrac{1}{2}$∠AOB

● 원주각과 중심각의 크기(1)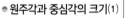

확인문제

15 다음 중 옳은 것에는 ○표, 옳지 <u>않은</u> 것에는 ×표를 하시오.

(1) 원에서 한 호에 대한 중심각은 무수히 많다.

(　　　)

(2) 원에서 한 호에 대한 원주각의 크기는 그 호에 대한 중심각의 크기의 2배이다. (　　　)

유형연습 12

오른쪽 그림과 같이 원의 중심 O가 ∠APB의 외부에 있는 경우, $\overset{\frown}{AB}$에 대한 원주각 ∠APB의 크기가 중심각 ∠AOB의 $\dfrac{1}{2}$임을 설명하시오.

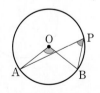

6 원의 성질

개념 **13**

원에서 한 호에 대한 원주각의 크기는 그 호에 대한 중심각의 크기의 $\frac{1}{2}$임을 이용하여 문제를 해결할 수 있다.

➡ (원주각의 크기)$=\frac{1}{2}\times$(중심각의 크기)

(중심각의 크기)$=2\times$(원주각의 크기)

확인문제

16 다음 원 O에서 $\angle x$의 크기를 구하시오.

(1)

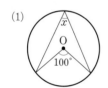

(2)

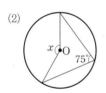

(3)

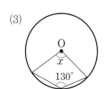

(4)

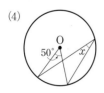

예제 **13**

오른쪽 그림의 원 O에서 $\angle APB=40°$일 때, $\angle x$의 크기를 구하시오.

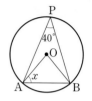

풀이 전략

중심각의 크기는 원주각의 크기의 2배이다.

풀이

$\angle AOB=2\angle APB$
$\qquad =2\times 40°=80°$

$\triangle AOB$는 $\overline{OA}=\overline{OB}$인 이등변삼각형이므로

$2\angle x+80°=180°$

$2\angle x=100°$

따라서 $\angle x=50°$

● 원주각과 중심각의 크기(1)

유형연습 **13**

오른쪽 그림에서 $\overrightarrow{PA}$, $\overrightarrow{PB}$는 원 O의 접선이고, 점 A, B는 접점이다. $\angle ACB=58°$일 때, $\angle APB$의 크기를 구하시오.

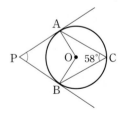

● 원주각과 중심각의 크기(1) (서술형)

개념 14

한 원에서 한 호에 대한 원주각의 크기는 모두 같다.

➡ $\angle ACB = \angle ADB$

[참고] $\angle ACB$, $\angle ADB$는 모두 $\overset{\frown}{AB}$에 대한 원주각이므로

$\angle ACB = \angle ADB = \dfrac{1}{2}\angle AOB$

● 원주각의 성질

확인문제

17 다음 원 O에서 $\angle x$의 크기를 구하시오.

(1)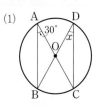

(2)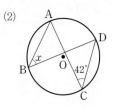

(3)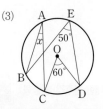

예제 14

오른쪽 그림과 같이 원 O에서 $\angle BOC = 63°$일 때, $\angle x + \angle y$의 값을 구하시오.

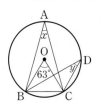

풀이 전략

한 원에서 한 호에 대한 원주각의 크기는 모두 같다.

풀이

$\overset{\frown}{BC}$에 대한 원주각의 크기는 중심각의 크기의 $\dfrac{1}{2}$이므로

$\angle x = \angle BAC = \dfrac{1}{2}\angle BOC$

$= \dfrac{1}{2} \times 63° = 31.5°$

한 호 BC에 대한 원주각의 크기는 모두 같으므로

$\angle y = \angle x = 31.5°$

따라서 $\angle x + \angle y = 63°$

● 원주각의 성질

유형연습 14

오른쪽 그림에서 점 Q는 두 현 AB, CD의 연장선의 교점이다. $\angle BCD = 26°$, $\angle AQD = 37°$일 때, $\angle PDC$의 크기를 구하시오.

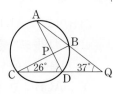

● 원주각의 성질(서술형)

개념 15

반원에 대한 원주각의 크기는 90°이다.

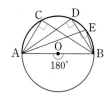

➡ $\overline{AB}$가 원 O의 지름이면

$$\angle ACB = \angle ADB = \angle AEB = 90°$$

[참고] ・ 원에 내접하는 직각삼각형의 빗변은 원의 지름이다.

・ 반원에 대한 중심각의 크기는 180°이므로 원주각의 크기는 $\frac{1}{2} \times 180° = 90°$이다.

● 반원에 대한 원주각

예제 15

오른쪽 그림과 같은 원 O에서 $\overline{AB}$는 지름이고 $\angle ACD = 60°$일 때, $\angle x$의 크기를 구하시오.

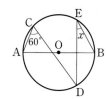

풀이 전략

반원에 대한 원주각의 크기는 90°이다.

풀이

$\overline{AE}$를 그으면 $\overline{AB}$는 원 O의 지름이므로

$$\angle AEB = 90°$$

$$\angle AED = \angle ACD = 60°$$

따라서

$$\angle x = \angle AEB - \angle AED$$
$$= 90° - 60° = 30°$$

● 원주각과 중심각의 크기(2)

확인문제

18 오른쪽 그림에서 $\overline{BD}$는 원 O의 지름이고 $\angle ADB = 35°$일 때, $\angle ACD$의 크기를 구하려고 한다. 다음 물음에 답하시오.

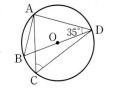

(1) $\angle ACB$의 크기를 구하시오.

(2) $\angle BCD$의 크기를 구하시오.

(3) $\angle ACD$의 크기를 구하시오.

● 원주각과 중심각의 크기(2)(서술형)(1)

유형연습 15

오른쪽 그림에서 $\overline{AB}$는 반원 O의 지름이다. $\angle ABD = 35°$일 때, $\angle DCB$의 크기를 구하시오.

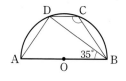

● 반원에 대한 원주각(서술형)

개념 16

원 O에 내접하는 △ABC에서 각 A에 대한 삼각비의 값이 주어졌을 때

➡ 원 O의 지름 A′B를 그어 원에 내접하는 직각삼각형을 만들면 ∠BAC=∠BA′C이므로

$$\sin A=\frac{\overline{BC}}{\overline{A'B}}$$

$$\cos A=\frac{\overline{A'C}}{\overline{A'B}}$$

$$\tan A=\frac{\overline{BC}}{\overline{A'C}}$$

확인문제

19 오른쪽 그림에서 $\sin A=\dfrac{2}{3}$일 때, 원 O의 지름의 길이를 구하시오.

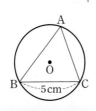

20 오른쪽 그림에서 $\cos A=\dfrac{1}{3}$일 때, 원 O의 지름의 길이를 구하시오.

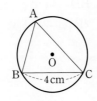

예제 16

오른쪽 그림과 같이 원 O에 내접하는 △ABC에서 $\overline{BC}=3\,\mathrm{cm}$이고, $\tan A=\sqrt{2}$일 때, 원 O의 반지름의 길이를 구하시오.

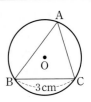

풀이 전략

한 원에서 한 호에 대한 원주각의 크기는 모두 같다.

풀이

원의 중심 O를 지나는 $\overline{A'B}$를 그으면 ∠BA′C=∠BAC
$\overline{A'B}$는 원 O의 지름이므로 ∠BCA′=90°

$\tan A=\tan A'=\dfrac{\overline{BC}}{\overline{A'C}}=\sqrt{2}$이므로

$$\overline{A'C}=\frac{3}{\sqrt{2}}$$

△A′BC에서 피타고라스 정리에 의하여

$$\overline{A'B}=\sqrt{3^2+\left(\frac{3}{\sqrt{2}}\right)^2}=\sqrt{\frac{27}{2}}=\frac{3\sqrt{6}}{2}\,(\mathrm{cm})$$

따라서 원 O의 반지름의 길이는 $\dfrac{3\sqrt{6}}{4}\,\mathrm{cm}$이다.

● 원주각의 성질을 이용한 삼각비의 값

유형연습 16

오른쪽 그림의 원 O에서 $\overline{OA}=6\,\mathrm{cm}$, ∠ACB=60°일 때, $\overline{AB}$의 길이를 구하시오.

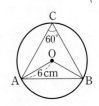

● 원주각과 중심각의 크기(2)(서술형)(2)

6
원의 성질

개념 17

(1) 한 원 또는 합동인 두 원에서

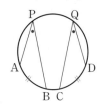

① 길이가 같은 호에 대한 원주각의 크기는 같다.
➡ $\overparen{AB}=\overparen{CD}$이면
$\quad \angle APB=\angle CQD$

② 크기가 같은 원주각에 대한 호의 길이는 같다.
➡ $\angle APB=\angle CQD$이면
$\quad \overparen{AB}=\overparen{CD}$

(2) 한 원 또는 합동인 두 원에서 호 의 길이는 그 호에 대한 원주각 의 크기에 정비례한다.

● 원주각의 크기와 호의 길이의 관계

예제 17

오른쪽 그림에서 $\overparen{PB}=\dfrac{1}{2}\overparen{PA}$일 때, $\angle PAB$의 크기를 구하시오.

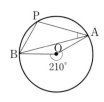

풀이 전략

한 원에서 원주각의 크기와 호의 길이는 정비례한다.

풀이

$\overparen{PB}=\dfrac{1}{2}\overparen{PA}$이므로
$\angle PBA=2\angle PAB$
$\angle PAB=\angle x$, $\angle PBA=2\angle x$라 하면
$\angle APB=\dfrac{1}{2}\times 210°=105°$이므로 $\triangle PBA$에서
$\angle x+2\angle x+105°=180°$
$3\angle x=75°$
$\angle x=25°$
따라서 $\angle PAB=25°$

● 원주각의 크기와 호의 길이의 관계

확인문제

21 다음 중 옳은 것에는 ○표, 옳지 않은 것에는 ✕표를 하시오.

(1) 합동인 두 원에서 길이가 같은 호에 대한 원주각 의 크기는 서로 같다. (　　　)

(2) 한 원에서 원주각의 크기와 호의 길이는 반비례 한다. (　　　)

유형연습 17

오른쪽 그림의 반원 O에서 $\overline{AC}\,/\!/\,\overline{OD}$, $\angle BOD=20°$, $\overparen{BD}=4$ cm일 때, $\overparen{AC}$의 길이를 구하시오.

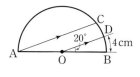

● 원주각의 크기와 호의 길이의 관계(서술형)

개념 18

두 점 C, D가 직선 AB에 대하여 같은 쪽에 있을 때, ∠ACB=∠ADB이면 네 점 A, B, C, D는 한 원 위에 있다.

● 네 점이 한 원 위에 있을 조건

확인문제

22 네 점 A, B, C, D가 원 위에 있으면 ○표, 한 원 위에 있지 않으면 ×표를 하시오.

(1)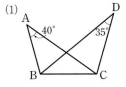

(　　)

(2)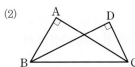

(　　)

(3)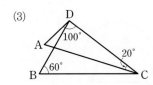

(　　)

(4)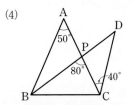

(　　)

예제 18

오른쪽 그림에서 네 점 A, B, C, D가 한 원 위에 있고, ∠CBD=15°, ∠APB=30°일 때, ∠ACB의 크기를 구하시오.

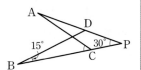

풀이 전략

□ABCD가 원에 내접하는 사각형임을 알고 삼각형의 외각의 성질을 이용한다.

풀이

네 점 A, B, C, D가 한 원 위에 있으므로
∠CAD=∠CBD=15°
△ACP에서
∠ACB=∠CAD+∠APB
　　　=15°+30°=45°

● 네 점이 한 원 위에 있을 조건

유형연습 18

다음 그림에서 ∠BFD=66°, ∠CAD=18°, ∠FDE=48°일 때, 네 점 A, B, D, E가 한 원 위에 있음을 설명하시오.

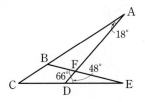

유형 **19** 원에 내접하는 사각형의 성질(1)

개념 **19**

□ABCD가 원에 내접할 때, 한 쌍의 대각의 크기의 합은 180°이다.

대각

➡ $\angle A + \angle C = \angle B + \angle D = 180°$

[참고] · 삼각형의 외접원은 반드시 존재하지만 사각형의 외접원은 존재하지 않을 수도 있다.
· 정사각형, 직사각형, 등변사다리꼴의 한 쌍의 대각의 크기의 합은 180°이므로 항상 원에 내접한다.

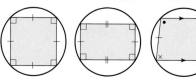

●원에 내접하는 사각형의 성질(1)

예제 **19**

□ABCD가 원에 내접할 때, $\angle A + \angle C = 180°$임을 설명하시오.

풀이 전략

중심각의 크기는 원주각의 크기의 2배이다.

풀이

호 BCD와 호 BAD에 대한 중심각의 크기를 각각 $\angle x$, $\angle y$라 하면

$\angle A = \dfrac{1}{2} \angle x$, $\angle C = \dfrac{1}{2} \angle y$

따라서

$\angle A + \angle C = \dfrac{1}{2}(\angle x + \angle y)$
$= \dfrac{1}{2} \times 360°$
$= 180°$

●원에 내접하는 사각형의 성질(1)

확인문제

23 다음 그림에서 □ABCD가 원에 내접할 때, $\angle x$의 크기를 구하시오.

(1)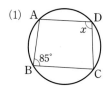

(2)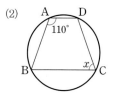

유형연습 19

다음 그림과 같이 □ABCD가 원 O에 내접할 때, $\angle x$의 크기를 구하시오.

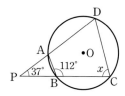

개념 20

다음 그림에서 □ABCD가 원에 내접할 때

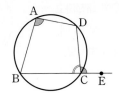

(1) $\angle DAB + \angle DCB = 180°$

(2) $\underline{\angle DAB = \angle DCE}$
   └→ (한 외각의 크기) = (그 내각의 대각의 크기)

● 원에 내접하는 사각형의 성질(2)

예제 20

오른쪽 그림과 같이
$\angle ABD = 25°$, $\angle ADB = 50°$이고,
사각형 ABCD가 원에 내접할 때,
$\angle DCE$의 크기를 구하시오.

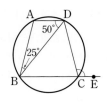

풀이 전략

원에 내접하는 사각형의 성질을 이용한다.

풀이

△ABD에서
$\angle BAD = 180° - (25° + 50°) = 105°$
□ABCD가 원에 내접하므로
$\angle DCE = \angle BAD = 105°$

● 원에 내접하는 사각형의 성질(2)

확인문제

24 다음 그림에서 □ABCD가 원에 내접할 때, $\angle x$의
크기를 구하시오.

(1)

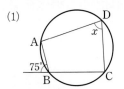

(2)

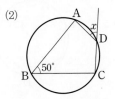

(3)

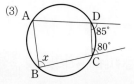

유형연습 20

오른쪽 그림과 같이 원에 내접
하는 사각형 ABCD에서 $\overline{AB}$와
$\overline{CD}$의 연장선의 교점을 P, $\overline{AD}$
와 $\overline{BC}$의 연장선의 교점을 Q라
하자. $\angle APD = 39°$, $\angle BCD = 52°$

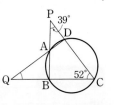

일 때, $\angle AQB$의 크기를 구하려고 한다. 다음 물음에
답하시오.

(1) $\angle QAB$의 크기를 구하시오.

(2) $\angle QBA$의 크기를 구하시오.

(3) $\angle AQB$의 크기를 구하시오.

● 원에 내접하는 사각형의 성질(1)(서술형)

6

원의 성질

유형 **21** 원에 내접하는 다각형의 응용

개념 21

원에 내접하는 다각형은 원에 내접하는 사각형의 성질을 이용할 수 있도록 보조선을 그어 사각형을 만든다.

➡ 원 O에 내접하는 오각형 ABCDE에서 $\overline{BD}$를 그으면

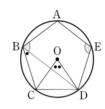

(1) □ABDE에서
$\angle ABD + \angle AED = 180°$
(2) $\angle COD = 2\angle CBD$

● 원에 내접하는 다각형 응용

예제 21

오른쪽 그림과 같이 오각형 ABCDE가 원 O에 내접하고, $\angle A = 85°$, $\angle D = 120°$일 때, $\angle BOC$의 크기를 구하시오.

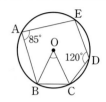

풀이 전략

$\overline{AC}$를 그어 원에 내접하는 사각형을 만든다.

풀이

$\overline{AC}$를 그으면 □ACDE는 원에 내접하므로

$\angle CAE = 180° - \angle D$
$= 180° - 120° = 60°$
$\angle BAC = \angle A - \angle CAE$
$= 85° - 60° = 25°$

따라서
$\angle BOC = 2\angle BAC$
$= 2 \times 25° = 50°$

● 원에 내접하는 다각형 응용

확인문제

25 오른쪽 그림과 같이 오각형 ABCDE가 원 O에 내접할 때, $\angle BOC$의 크기를 구하려고 한다. 다음 물음에 답하시오.

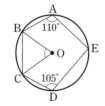

(1) $\angle BDE$의 크기를 구하시오.

(2) $\angle BDC$의 크기를 구하시오.

(3) $\angle BOC$의 크기를 구하시오.

유형연습 21

오른쪽 그림과 같이 원에 내접하는 육각형 ABCDEF에 대하여 $\angle D = 110°$, $\angle F = 120°$일 때, $\angle B$의 크기를 구하시오.

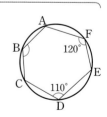

● 원에 내접하는 다각형 응용

개념 **22**

□ABQP와 □PQCD가 각각 원에 내접하면

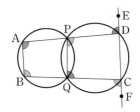

(1) ∠BAP＝∠PQC＝∠PDE
   ∠ABQ＝∠QPD＝∠QCF
(2) ∠BAP＋∠PDC＝180°
   ∠ABQ＋∠QCD＝180°
(3) $\overline{AB} \parallel \overline{CD}$

● 두 원에서의 활용

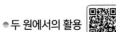

확인문제

26 다음 그림과 같이 □ABQP와 □PQCD가 각각 원에 내접할 때, 물음에 답하시오.

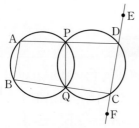

(1) ∠A와 항상 크기가 같은 각을 모두 찾으시오.

(2) ∠B와 항상 크기가 같은 각을 모두 찾으시오.

예제 **22**

다음 그림과 같이 ∠D＝85°, ∠C＝70°일 때, ∠y－∠x의 크기를 구하시오.

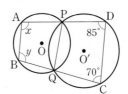

풀이 전략

원에 내접하는 사각형의 한 쌍의 대각의 크기의 합은 180°이다.

풀이

□CDPQ가 원 O′에 내접하므로
∠PQB＝∠D＝85°, ∠APQ＝∠C＝70°
□ABQP가 원 O에 내접하므로
∠x＝180°－∠PQB
　＝180°－85°＝95°
∠y＝180°－∠APQ
　＝180°－70°＝110°
따라서 ∠y－∠x＝110°－95°＝15°

유형연습 **22**

다음 그림과 같이 ∠D＝100°일 때, ∠x의 크기를 구하시오.

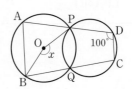

● 두 원에서의 활용

6 원의 성질

유형 23 접선과 현이 이루는 각의 성질 정당화

개념 23

직선 AT가 원 O의 접선이고 점 A가 접점일 때, 접선과 현이 이루는 각의 크기는 현에 대한 원주각의 크기와 같다.

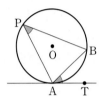

즉, ∠BAT＝∠BPA

● 접선과 현이 이루는 각

확인문제

27 오른쪽 그림에서 $\overleftrightarrow{AT}$가 원의 접선이고 점 A가 접점이다. ∠BAT가 직각일 때, ∠BAT＝∠BPA임을 설명하는 과정이다. ㈎, ㈏에 알맞은 것을 써넣으시오.

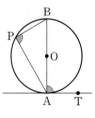

$\overline{AB}$는 원 O의 지름이므로 ∠BPA는 반원에 대한 ☐ ㈎ ☐이다.
따라서 ∠BPA＝☐ ㈏ ☐˚이므로
∠BAT＝∠BPA이다.

예제 23

오른쪽 그림에서 $\overleftrightarrow{AT}$가 원의 접선이고 점 A가 접점이다.
∠BAT가 예각일 때,
∠BAT＝∠BPA임을 설명하시오.

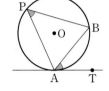

풀이 전략

점 A를 지나는 지름을 보조선으로 이용한다.

풀이

원 O의 지름 AC와 선분 PC를 그으면

∠CAT＝∠CPA＝90°
또, ∠CAB와 ∠CPB는 $\overgroup{BC}$에 대한 원주각이므로
∠CAB＝∠CPB
따라서
∠BAT＝90°－∠CAB
　　　＝90°－∠CPB＝∠BPA

● 접선과 현이 이루는 각

유형연습 23

오른쪽 그림에서 $\overleftrightarrow{AT}$가 원의 접선이고 점 A가 접점이다. ∠BAT가 둔각일 때, ∠BAT＝∠BPA임을 설명하시오.

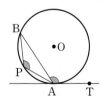

개념24

직선 AT가 원 O의 접선이고 점 A가 접점일 때, ∠BAT가 직각, 예각, 둔각인 경우에 모두 ∠BPA와 크기가 같다.

● 접선과 현이 이루는 각

확인문제

28 오른쪽 그림과 같이 사각형 ABCD는 원 O에 내접하고, 직선 TT′은 점 A에서 접하는 원 O의 접선이다.
∠BAT′=75°, ∠ABD=60° 일 때, ∠BCD의 크기를 구하려고 한다. 다음 물음에 답하시오.

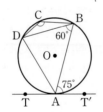

(1) ∠ADB의 크기를 구하시오.

(2) ∠BAD의 크기를 구하시오.

(3) ∠BCD의 크기를 구하시오.

● 접선과 현이 이루는 각의 활용 (서술형)(1)

예제24

오른쪽 그림에서 세 점 A, B, C는 원 O 위의 점이다. 직선 AT는 원 O의 접선이고 점 A가 접점일 때, ∠x의 크기를 구하시오.

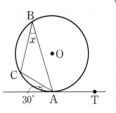

풀이 전략

접선과 현이 이루는 각이 직각, 예각, 둔각임에 상관없이 항상 현에 대한 원주각의 크기와 같다.

풀이

원의 접선과 그 접점을 지나는 현이 이루는 각의 크기는 그 현에 대한 원주각의 크기와 같으므로
∠x=30°

● 접선과 현이 이루는 각

유형연습24

오른쪽 그림과 같이 원 O에 내접하는 □ABCD가 있다. CT가 원 O의 접선일 때, ∠DCT의 크기를 구하시오.

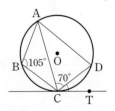

● 접선과 현이 이루는 각 (서술형)

6 원의 성질

유형 **25** 접선과 현이 이루는 각의 활용

개념 25

할선이 원의 중심을 지날 때, 다음 그림과 같이 $\overline{AT}$를 그어 크기가 같은 각을 찾는다.

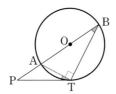

(1) $\angle ATB = 90°$

(2) $\angle ATP = \angle ABT$

● 접선과 현이 이루는 각의 활용

확인문제

29 다음 그림에서 $\overrightarrow{PT}$는 점 T를 접점으로 하는 원 O의 접선이고 $\overline{PB}$는 원 O의 중심을 지난다.
$\angle BAT = 55°$일 때, 물음에 답하시오.

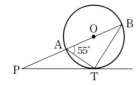

(1) $\angle ATB$의 크기를 구하시오.

(2) $\angle ATP$의 크기를 구하시오.

(3) $\angle P$의 크기를 구하시오.

예제 25

오른쪽 그림에서 $\overline{AB}$는 원 O의 지름이고 점 T는 접점이다. $\overleftrightarrow{AH} \perp \overleftrightarrow{HT}$일 때, $\overline{BT}$의 길이를 구하시오.

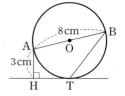

풀이 전략

$\overline{AT}$를 그어 닮음인 삼각형을 찾는다.

풀이

$\overline{AT}$를 그으면
$\triangle BAT$와 $\triangle TAH$에서
$\angle ABT = \angle ATH$
$\angle ATB = \angle AHT = 90°$
이므로
$\triangle BAT \backsim \triangle TAH$ (AA 닮음)
따라서 $\overline{BA} : \overline{AT} = \overline{AT} : \overline{AH}$이므로
$8 : \overline{AT} = \overline{AT} : 3$
$\overline{AT}^2 = 24$, $\overline{AT} = 2\sqrt{6}$(cm)
직각삼각형 ATB에서 피타고라스 정리에 의하여
$\overline{BT} = \sqrt{8^2 - 24} = 2\sqrt{10}$(cm)

● 접선과 현이 이루는 각의 활용

유형연습 25

오른쪽 그림에서 반직선 PT는 원 O와 점 T에서 접한다. $\overline{BA} = \overline{BT}$이고 $\angle BCT = 102°$일 때, $\angle APT$의 크기를 구하시오.

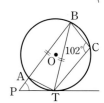

● 접선과 현이 이루는 각의 활용(서술형)(2)

개념 26

두 원이 모두 직선 PQ와 점 T에서 접할 때

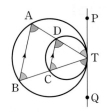

(1) ∠BAT=∠BTQ=∠CDT이므로
$\overline{AB} /\!/ \overline{DC}$

(2) ∠ABT=∠ATP=∠DCT이므로
$\overline{AB} /\!/ \overline{DC}$

⊶ 두 원에서 접선과 현이 이루는 각

예제 26

오른쪽 그림과 같이 직선 PQ는 점 T를 접점으로 하는 두 원에 공통인 접선일 때, ∠x+∠y의 값을 구하시오.

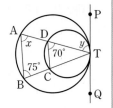

풀이 전략

접선과 현이 이루는 각의 크기는 현에 대한 원주각의 크기와 같다.

풀이

두 원이 모두 직선 PQ와 점 T에서 접하므로
∠x=∠BTQ=∠CDT=70°
∠y=∠ABT=75°
따라서 ∠x+∠y=70°+75°=145°

⊶ 두 원에서 접선과 현이 이루는 각

확인문제

30 다음 그림에서 두 원이 모두 직선 PQ와 점 T에서 접할 때, 물음에 답하시오.

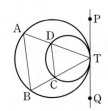

(1) ∠PTA와 항상 크기가 같은 각을 모두 찾으시오.

(2) ∠QTB와 항상 크기가 같은 각을 모두 찾으시오.

(3) $\overline{AB}$와 평행한 선분을 찾으시오.

유형연습 26

다음 그림과 같이 직선 PQ는 점 T를 접점으로 하는 두 원에 공통인 접선이고 ∠DCT=80°, ∠BAT=65°일 때, ∠ATB의 크기를 구하시오.

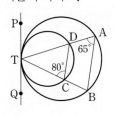

6 원의 성질

7 통계

개념 01

(1) **대푯값:** 자료 전체의 중심 경향이나 특징을 대표적으로 나타내는 값

　예 평균, 중앙값, 최빈값

(2) (평균) $= \dfrac{(변량의\ 총합)}{(변량의\ 개수)}$

　예 자료가 2, 6, 8, 4인 경우 평균은

$$\dfrac{2+6+8+4}{4}=\dfrac{20}{4}=5$$

● 대푯값 - 평균

확인문제

01 아래 자료의 평균을 구하려고 한다. 다음 물음에 답하시오.

$$5,\ 3,\ 11,\ 9,\ 8,\ 6$$

(1) 변량의 개수를 구하시오.

(2) 변량의 총합을 구하시오.

(3) 평균을 구하시오.

02 다음 자료의 평균을 구하시오.

(1) 63, 25, 10, 91, 85

(2) $-90,\ -47,\ -69,\ -17,\ -55$

(3) $-27,\ 84,\ -67,\ 72,\ -32$

예제 01

5개의 변량 a, b, c, d, e의 평균이 3일 때, 다음 5개의 변량의 평균을 구하시오.

$$a+3,\ b-4,\ c+5,\ d-2,\ e+7$$

풀이 전략

변량 a, b, c, d, e의 평균을 이용하여 합을 구한다.

풀이

변량 a, b, c, d, e의 평균이 3이므로

$$\dfrac{a+b+c+d+e}{5}=3$$

즉, $a+b+c+d+e=15$

따라서 $a+3$, $b-4$, $c+5$, $d-2$, $e+7$의 평균은

$$\dfrac{(a+3)+(b-4)+(c+5)+(d-2)+(e+7)}{5}$$

$$=\dfrac{(a+b+c+d+e)+9}{5}$$

$$=\dfrac{15+9}{5}=4.8$$

● 대푯값 - 평균

유형연습 01

6개의 변량 47, 95, 4, 75, 26, x의 평균이 55일 때, x의 값을 구하시오.

개념 02

(1) **중앙값**: 자료를 작은 값부터 순서대로 나열하였을 때 중앙에 위치한 값

(2) 변량이 N개의 자료를 작은 값부터 순서대로 나열할 때 중앙값은

① N이 홀수이면 ➡ $\dfrac{N+1}{2}$번째 수

② N이 짝수이면 ➡ $\dfrac{N}{2}$번째 수와 $\left(\dfrac{N}{2}+1\right)$번째 수의 평균

예 • 자료가 3, 4, 6, 7, 9의 5개인 경우 중앙값은 6이다.

└──➤ 3번째 변량

• 자료가 3, 4, 6, 7, 7, 9의 6개인 경우 중앙값은 $\dfrac{6+7}{2}=6.5$이다.

└──➤ 3번째와 4번째 변량의 평균

◉ 대푯값 - 중앙값

확인문제

03 다음 자료의 중앙값을 구하시오.

(1) 7, 3, 8, 5, 4

(2) 10, 1, 5, 3, 4, 7

(3) 58, 96, 80, 43, 76, 32

(4) 12, 10, 15, 13, 16, 11, 10

(5) 35, 38, 25, 21, 37, 33, 25, 28

(6) 7, 9, 1, 5, 7, 9, 1, 3, 3

예제 02

4개의 변량 9, 15, 12, x의 중앙값이 13일 때, x의 값을 구하시오.

풀이 전략

x의 값의 크기 순서에 따라 경우를 나누어 중앙값을 구한다.

풀이

4개의 변량을 작은 값부터 크기순으로 나열하면 다음과 같이 경우를 나누어 생각할 수 있다.

(ⅰ) 9, 12, 15, x인 경우

중앙값은 $\dfrac{12+15}{2}=13.5$이다.

(ⅱ) 9, 12, x, 15인 경우

중앙값이 13이므로

$\dfrac{12+x}{2}=13$, $x=14$

(ⅲ) 9, x, 12, 15인 경우

중앙값이 13이므로

$\dfrac{x+12}{2}=13$, $x=14$

그런데 자료의 크기 순서가 맞지 않는다.

(ⅳ) x, 9, 12, 15인 경우

중앙값은 $\dfrac{9+12}{2}=10.5$이다.

(ⅰ)~(ⅳ)에 의하여 $x=14$

◉ 대푯값 - 중앙값

유형연습 02

10개의 변량 7, 3, 4, 1, a, 11, 2, 3, 9, 7의 중앙값이 5일 때, 평균을 구하시오.

◉ 대푯값 - 여러 가지 대푯값(서술형)(1)

7 통계

유형 03 최빈값 구하기

개념 03

최빈값: 자료의 값 중에서 가장 많이 나타나는 값
① 자료의 값이 모두 다르거나 자료의 값의 도수가 모두 같으면 최빈값은 없다.
② 최빈값은 2개 이상일 수도 있다.
예 • 자료가 3, 5, 7, 7, 7, 8, 9인 경우에 최빈값은 7이다.
 • 자료가 1, 1, 2, 2, 3, 3, 4, 4인 경우에 최빈값은 없다.
 • 자료가 1, 1, 2, 2, 2, 3, 3, 3인 경우에 최빈값은 2, 3이다.

● 대푯값 – 최빈값

확인문제

04 다음 자료의 최빈값을 구하시오.

(1) 3, 1, 5, 2, 5, 7

(2) 4, 2, 3, 3, 4

(3) 20, 28, 25, 25, 26, 25

(4) 6, 4, 9, 6, 3, 9, 4, 6

(5) 2, 3, 11, 21, 5, 11, 8

(6) 3, 5, 7, 9, 12, 15, 19

(7) 13, 15, 13, 17, 15, 19, 13, 15

예제 03

다음은 학생 7명의 턱걸이 횟수이다. 평균과 최빈값이 같을 때, x의 값을 구하시오.

$$13, \ 9, \ x, \ 9, \ 6, \ 9, \ 8$$

풀이 전략

x의 값에 상관없이 최빈값을 구할 수 있다.

풀이

x를 제외한 자료에서 9가 세 번 나타나고 나머지의 값들은 모두 다르므로 주어진 자료에서 x의 값에 관계없이 최빈값은 9이다.
이때 평균과 최빈값이 같으므로

$$(\text{평균}) = \frac{13+9+x+9+6+9+8}{7} = 9$$

$54 + x = 63$
따라서 $x = 9$

● 대푯값 – 최빈값

유형연습 03

다음 6개의 변량의 평균이 2이고 최빈값이 4일 때, 중앙값을 구하시오. (단, $a < b$)

$$4, \ -3, 1, \ -2, \ a, \ b$$

● 대푯값 – 여러 가지 대푯값(서술형)(2)

개념 **04**

대푯값이 주어질 때, 다음과 같이 미지수 x인 변량을 구할 수 있다.

(1) 평균이 주어진 경우

➡ $(평균) = \dfrac{(변량의 \ 총합)}{(변량의 \ 개수)}$ 임을 이용한다.

(2) 중앙값이 주어진 경우

➡ 먼저 자료를 작은 값부터 크기순으로 나열한 후, 변량 x가 몇 번째 위치에 놓이는지 파악한다.

(3) 최빈값이 주어진 경우

➡ 최빈값은 자료의 값 중에서 가장 많이 나타나야 한다.

확인문제

05 다음 5개의 변량은 크기순으로 나열되어 있다.

$$1, \ 2, \ 3, \ x, \ 6$$

이 자료의 평균과 중앙값이 같을 때, 다음 물음에 답하시오.

(1) 평균을 구하시오.

(2) x의 값을 구하시오.

(3) 최빈값을 구하시오.

● 대푯값 - 여러 가지 대푯값(서술형)(5)

예제 **04**

다음 자료의 최빈값과 평균이 모두 4일 때, 중앙값을 구하시오.

$$0, \ 3, \ a, \ b, \ c$$

풀이 전략

평균을 이용하여 a, b, c 사이의 관계식을 구한다.

풀이

평균이 4이므로

$$(평균) = \dfrac{0+3+a+b+c}{5} = 4$$

$a+b+c = 17 \quad \cdots\cdots \ ㉠$

최빈값이 4이므로 a, b, c 중 적어도 2개는 4이다.

이때 ㉠에 의하여 세 수는 4, 4, 9임을 알 수 있다.

따라서 자료를 작은 값부터 크기순으로 나열하면 0, 3, 4, 4, 9이므로 중앙값은 3번째 값인 4이다.

● 대푯값 - 여러 가지 대푯값(서술형)(3)

유형연습 **04**

1, 3, 2, 1, a, b, c의 최빈값이 1과 4이고 평균이 3일 때, 중앙값을 구하시오.

● 대푯값 - 여러 가지 대푯값(서술형)(4)

유형 **05** 대푯값의 특징

개념 **05**

(1) 평균

　① 장점: 모든 자료의 값을 포함하여 계산한다.

　② 단점: 극단적인 값에 영향을 받는다.

　➡ 자료 전체의 특징을 나타내는 값으로 가장 많이 이용된다.

(2) 중앙값

　① 장점: 자료의 값 중에 극단적인 값이 있는 경우, 자료 전체의 특징을 더 잘 대표할 수 있다.

　② 단점: 자료의 모든 정보를 활용한다고 볼 수 없다.

(3) 최빈값

　① 장점: 자료의 개수가 많은 경우에 쉽게 구할 수 있고, 숫자로 나타내지 못하는 자료의 경우에도 구할 수 있다.

　② 단점: 자료의 개수가 적은 경우, 자료 전체의 특징을 반영하지 못할 수 있다.

　➡ 선호도를 조사할 때 주로 이용된다.

● 대푯값 – 혼합

예제 **05**

다음 중 옳지 <u>않은</u> 것은?

① 중앙값은 자료의 값 중에 극단적인 값에 영향을 받지 않는다.

② 평균은 자료 전체의 특징을 나타내는 값으로 가장 많이 이용된다.

③ 규격화된 자료나 등급화된 자료에서는 자료의 대푯값으로 최빈값이 적절하다.

④ 극단적인 값이 있는 자료에서는 평균을 대푯값으로 사용하는 것이 적절하다.

⑤ 자료의 개수가 적은 경우, 최빈값은 자료 전체의 특징을 반영하지 못할 수도 있다.

풀이 전략

평균, 중앙값, 대푯값의 특징을 통해 장단점을 파악한다.

풀이

④ 평균은 극단적인 값에 영향을 많이 받기 때문에 극단적인 값이 있는 자료에서 대푯값으로 부적절하다.

따라서 옳지 않은 것은 ④이다.

확인문제

06 다음 중 옳은 것에는 ○표, 옳지 <u>않은</u> 것에는 ×표를 하시오.

　(1) 평균은 극단적인 값에 영향을 받지 않는다.

　　　　　　　　　　　　　　　　（　　　）

　(2) 중앙값은 자료의 모든 정보를 활용한다.

　　　　　　　　　　　　　　　　（　　　）

　(3) 최빈값은 숫자로 나타내지 못하는 자료의 경우에도 구할 수 있다.　　　　　（　　　）

유형연습 05

다음 자료는 학생 10명의 연간 봉사 활동 시간을 조사하여 나타낸 것이다. 이 자료의 대푯값으로 적절한 것을 구하고, 그 이유를 설명하시오.

(단위: 시간)

8, 10, 9, 6, 13, 11, 7, 6, 53, 12

개념 **06**

줄기와 잎 그림에서 줄기는 변량의 큰 자리의 수, 잎은 작은 자리의 수를 의미한다.

(1) **평균:** 줄기의 큰 자리의 수와 잎의 작은 자리의 수를 통해 변량의 값들을 모두 더하고 변량의 개수로 나누어 구한다.

(2) **중앙값:** 줄기와 잎 그림에서 변량은 크기순으로 나열되어 있으므로 자료의 중앙에 위치한 값을 찾는다.

(3) **최빈값:** 같은 줄기에 대해 잎의 숫자가 같은 것이 가장 많은 변량을 찾는다.

확인문제

07 다음 줄기와 잎 그림은 창현이네 반 학생 10명의 통학 시간을 조사하여 나타낸 것이다. 물음에 답하시오.

(1|1은 11분)

줄기	잎		
1	1	9	
2	2	5	8
3	0	7	7
4	3	8	

(1) 자료의 평균을 구하시오.

(2) 자료의 중앙값을 구하시오.

(3) 자료의 최빈값을 구하시오.

예제 **06**

다음 줄기와 잎 그림은 효주네 반 학생 25명의 한 달간 SNS 사용 횟수를 조사하여 나타낸 것이다. 이 자료의 대푯값으로 적절한 것을 구하고, 그 이유를 설명하시오.

(0|5는 5회)

줄기	잎						
0	5	8	9				
1	2	2	3	6	7	8	
2	0	1	2	4	5	6	9
3	2	3	5	8	8		
4	1	4	7				
8	9						

풀이 전략

자료의 특성과 평균, 중앙값, 최빈값의 장단점을 고려한다.

풀이

자료의 값 중 89라는 극단적인 값이 있으므로 평균은 이 자료의 대푯값으로 적절하지 않다. 또한, 최빈값인 12와 38은 개수가 2개씩으로 다른 변량의 개수와 큰 차이가 없어 적절하지 않다.

따라서 극단적인 값이 있는 경우에도 자료 전체의 특징을 잘 대표할 수 있는 중앙값이 적절하고 25개의 변량 중 중앙값은 13번째 수인 24회이다.

유형연습 **06**

다음 줄기와 잎 그림은 현수네 반 학생 10명의 연간 읽은 책 권수를 조사하여 나타낸 것이다. 현수네 반 학생들의 평균 연간 읽은 책 권수를 구하시오.

(0|3은 3권)

줄기	잎			
0	3	5		
1	0	1	1	6
2	2	4	7	
3	1			

7 통계

유형 07 산포도와 편차

개념 07

(1) **산포도**: 자료가 흩어져 있는 정도를 하나의 수로 나타낸 값

(2) **편차**: 자료의 각 변량에서 평균을 뺀 값
→ (편차)=(자료의 값)-(평균)
① 편차의 총합은 항상 0이다.
② 편차의 절댓값이 클수록 그 변량은 평균에서 멀리 떨어져 있고, 편차의 절댓값이 작을수록 그 변량은 평균에 가까이 있다.

확인문제

08 다음 □ 안에 알맞은 말을 써넣으시오.

> 자료가 흩어져 있는 정도를 하나의 수로 나타낸 값을 □라 한다.

09 다음과 같이 자료의 평균이 주어질 때, 편차를 구하여 표를 완성하시오.

(1) 평균: 6

변량	5	7	6	3	9
편차					

(2) 평균: 13

변량	9	16	8	12	20
편차					

예제 07

다음 표는 다현이네 반 학생 5명의 영어 듣기평가 성적을 조사하여 나타낸 것이다. 다현이네 반 학생들의 영어 듣기평가 평균 성적과 각 자료의 편차를 구하시오.

학생	정우	중훈	다현	진규	수아
성적(점)	90	84	96	72	80

풀이 전략

편차는 자료의 값에서 평균을 뺀 값이다.

풀이

$$(\text{평균})=\frac{90+84+96+72+80}{5}$$
$$=\frac{422}{5}=84.4(\text{점})$$

이고 (편차)=(자료의 값)-(평균)이므로 다음과 같다.

학생	정우	중훈	다현	진규	수아
편차(점)	5.6	-0.4	11.6	-12.4	-4.4

유형연습 07

다음 표는 승준이가 5번 사격을 하여 맞춘 점수의 편차를 조사하여 나타낸 것이다. x의 값을 구하시오.

회차	1	2	3	4	5
편차(점)	-1	0	2	-3	x

개념 **08**

(1) **분산**: 각 편차의 제곱의 평균

$$\Rightarrow (분산) = \frac{\{(편차)^2의\ 총합\}}{(변량의\ 개수)}$$

(2) **표준편차**: 분산의 양의 제곱근

$$\Rightarrow (표준편차) = \sqrt{(분산)}$$

[참고] 분산은 단위를 붙이지 않고, 표준편차는 변량과 단위가 같다.

◦ 분산과 표준편차

확인문제

10 어떤 자료의 편차가 다음과 같을 때, 다음을 구하시오.

$$-4, \ 0, \ 3, \ 2, \ -1$$

(1) $(편차)^2$의 총합   (2) 분산

(3) 표준편차

11 다음 표는 영호네 반 학생 6명의 턱걸이 횟수를 나타낸 것이다. 물음에 답하시오.

학생	영호	준규	민수	태호	영수	재영
턱걸이 횟수(회)	10	5	13	7	8	11

(1) 턱걸이 횟수의 평균을 구하시오.

(2) 턱걸이 횟수의 분산을 구하시오.

(3) 턱걸이 횟수의 표준편차를 구하시오.

◦ 분산과 표준편차 (서술형)(2)

예제 **08**

다음 5개의 변량의 최빈값이 4일 때, 표준편차를 구하시오.

$$4, \ 3, \ 2, \ 7, \ x$$

풀이 전략
최빈값을 이용하여 x의 값을 구한다.

풀이
최빈값이 4이므로 $x = 4$

$$(평균) = \frac{4+3+2+7+4}{5} = \frac{20}{5} = 4 이므로$$

$$(분산) = \frac{0^2 + (-1)^2 + (-2)^2 + 3^2 + 0^2}{5}$$

$$= \frac{14}{5} = 2.8$$

따라서 $(표준편차) = \sqrt{2.8}$

◦ 분산과 표준편차 (서술형)(1)

유형연습 **08**

다음 4개 변량의 분산과 표준편차를 각각 구하시오.

$$a-5, \ a, \ a+2, \ a+3$$

◦ 분산과 표준편차 구하기

7 통계

유형 **09** 편차와 분산의 응용

개념 **09**

(1) 자료의 편차 구하기

편차에 미지수가 있다면 편차의 합은 항상 0임을 이용한다.

(2) 변량 구하기

(변량)＝(편차)＋(평균)임을 이용하여 변량을 구한다.

◉ 3개의 변량의 편차가 오른쪽과 같을 때, 편차의 합은 항상 0이 $\boxed{-3, \quad x, \quad 1}$ 므로

$-3+x+1=0,\ x=2$

평균이 4이면 편차가 x인 변량은

$x+4=2+4=6$

◉ 편차의 성질을 이용한 미지수 구하기

예제 **09**

다음 표는 네 학생 A, B, C, D의 중간고사 수학 성적의 편차를 나타낸 것이다. 네 학생의 수학 성적의 평균이 82점일 때, 학생 D의 성적을 구하시오.

학생	A	B	C	D
편차(점)	5	-2	4	x

풀이 전략

편차의 총합은 항상 0이다.

풀이

편차의 총합은 0이므로

$5-2+4+x=0,\ x=-7$

따라서 평균이 82점이므로 학생 D의 성적은

$82-7=75$(점)

◉ 편차의 성질을 이용한 미지수 구하기

확인문제

12 다음 표는 은성이네 반 학생 5명의 키와 편차를 나타낸 것이다. 물음에 답하시오.

학생	준규	성호	재경	은성	광섭
키(cm)		174		170	
편차(cm)	-5	$a+b$	2	a	1

(1) 상수 b의 값을 구하시오.

(2) 성호와 은성이의 키의 편차를 각각 구하시오.

(3) 5명의 키의 분산을 구하시오.

◉ 편차와 분산의 응용 (서술형) (1)

유형연습 **09**

다음 표는 정호네 반 학생 5개의 조의 배구공 토스 개수를 조사하여 만든 것이다.

	1조	2조	3조	4조	5조
토스 개수(개)	12	18			
편차(개)	-2		0	1	

5개의 조의 배구공 토스 개수의 분산을 구하시오.

◉ 분산과 표준편차 구하기 – 편차가 비워진 표 (서술형)

개념 **10**

평균과 분산을 이용한 식의 값 구하기

(1) 평균을 이용하여 미지수 2개의 합을 구한다.

(2) 분산을 이용하여 미지수 2개의 제곱의 합을 구한다.

⑩ 4개의 변량 1, 3, x, y의 평균이 4이고 분산이 5일 때, x^2+y^2의 값을 구해 보자.

평균이 4이므로

$$\frac{1+3+x+y}{4}=4$$

$$x+y=12 \qquad \cdots\cdots ㉠$$

분산이 5이므로

$$\frac{(1-4)^2+(3-4)^2+(x-4)^2+(y-4)^2}{4}=5$$

$$x^2+y^2-8(x+y)+22=0 \qquad \cdots\cdots ㉡$$

㉠을 ㉡에 대입하면

$$x^2+y^2-8\times12+22=0$$

따라서 $x^2+y^2=74$

[참고] 곱셈 공식의 변형을 이용하여 식의 값을 구한다.

● 평균과 분산을 이용한 식의 값 구하기

예제 **10**

5개의 변량 7, x, 6, y, 4의 평균이 5이고 분산이 2일 때, x^2+y^2의 값을 구하시오.

풀이 전략

평균을 이용하여 $x+y$의 값을 구한 후, 분산을 이용하여 세운 식에 대입하여 x^2+y^2의 값을 구한다.

풀이

평균이 5이므로

$$\frac{7+x+6+y+4}{5}=5$$

$$x+y+17=25$$

$$x+y=8 \qquad \cdots\cdots ㉠$$

분산이 2이므로

$$\frac{2^2+(x-5)^2+1^2+(y-5)^2+(-1)^2}{5}=2$$

$$x^2+y^2-10(x+y)+56=10$$

$$x^2+y^2-10(x+y)+46=0 \qquad \cdots\cdots ㉡$$

㉠을 ㉡에 대입하면

$$x^2+y^2-10\times8+46=0$$

따라서 $x^2+y^2=34$

확인문제

13 4개의 변량 5, 7, x, y의 평균이 6이고 분산이 2.5일 때, 다음 값을 구하시오.

(1) $x+y$

(2) x^2+y^2

유형연습 **10**

6개의 변량 2, x, 4, y, 8, 3의 평균이 4이고 분산이 $\frac{11}{3}$일 때, xy의 값을 구하시오.

7 통계

유형 11 변화된 변량의 평균과 표준편차

개념 11

n개의 변량 x_1, x_2, x_3, $\cdots$, x_n의 평균이 m이고 표준편차가 s일 때, 변량 ax_1+b, ax_2+b, ax_3+b, $\cdots$, ax_n+b에 대하여 (단, a, b는 상수)

(1) 평균 ➡ $am+b$

(2) 표준편차 ➡ $|a|s$

[참고] $\{m(x-a)\}^2=m^2(x-a)^2$은 이 유형에서 자주 쓰이는 지수법칙이다.

● 변화된 변량의 평균과 표준편차

확인문제

14 10개의 변량 x_1, x_2, x_3, $\cdots$, x_{10}의 평균이 3일 때, $4x_1+3$, $4x_2+3$, $4x_3+3$, $\cdots$, $4x_{10}+3$의 평균을 구하시오.

15 5개의 변량 x_1, x_2, x_3, x_4, x_5의 표준편차가 5일 때, $-2x_1+4$, $-2x_2+4$, $-2x_3+4$, $-2x_4+4$, $-2x_5+4$의 표준편차를 구하시오.

예제 11

변량 x_1, x_2, x_3, $\cdots$, x_n의 평균이 2, 표준편차가 3일 때, 변량 $2x_1+1$, $2x_2+1$, $2x_3+1$, $\cdots$, $2x_n+1$의 평균과 표준편차를 구하시오.

풀이 전략

평균과 표준편차의 식을 전개하면 $2x_1+1$, $\cdots$, $2x_n+1$의 평균과 표준편차를 구할 수 있다.

풀이

변량 x_1, x_2, x_3, $\cdots$, x_n의 평균이 2이므로

$2x_1+1$, $2x_2+1$, $2x_3+1$, $\cdots$, $2x_n+1$의 평균은

$2\times2+1=5$

변량 x_1, x_2, x_3, $\cdots$, x_n의 표준편차가 3이므로

$2x_1+1$, $2x_2+1$, $2x_3+1$, $\cdots$, $2x_n+1$의 표준편차는

$|2|\times3=6$

● 변화된 변량의 평균과 표준편차

유형연습 11

$a+b+c+d=8$이고 $a^2+b^2+c^2+d^2=36$일 때, 네 변량 $3a-2$, $3b-2$, $3c-2$, $3d-2$의 표준편차를 구하시오.

● 변화된 변량의 평균과 표준편차 (서술형)

개념 **12**

평균이 같은 두 집단 A, B의 도수가 각각 a, b이고 표준편차가 각각 x, y일 때, A, B 두 집단 전체의 표준편차

➡ $\sqrt{\dfrac{\{(편차)^2의 \ 총합\}}{\{(변량)의 \ 개수\}}} = \sqrt{\dfrac{ax^2+by^2}{a+b}}$

[참고] 두 집단 전체의 평균이 각 집단의 평균과 같으므로 두 집단 전체의 편차도 각 집단에서 구한 편차와 같다.

● 두 집단 전체의 평균과 표준편차

확인문제

16 두 집단 A, B에 대하여 몸무게의 평균은 같고 표준편차는 각각 2, 3이었다. A 집단은 10명, B 집단은 15명일 때, 두 집단의 표준편차를 구하려고 한다. 다음 물음에 답하시오.

⑴ A 집단의 (편차)^{2}의 총합을 구하시오.

⑵ B 집단의 (편차)^{2}의 총합을 구하시오.

⑶ 두 집단 전체의 분산을 구하시오.

⑷ 두 집단 전체의 표준편차를 구하시오.

예제 **12**

평균이 같은 두 집단 A, B의 도수가 각각 a, b이고 표준편차가 각각 x, y일 때, A, B 두 집단 전체의 표준편차는 $\sqrt{\dfrac{ax^2+by^2}{a+b}}$임을 설명하시오.

풀이 전략

두 집단의 평균이 같으면 두 집단 전체의 평균도 동일하다.

풀이

두 집단 A, B는 평균이 같으므로 두 집단 전체의 평균도 이와 같다.

따라서 두 집단 전체의 분산은

$\dfrac{\{전체 \ (편차)^2의 \ 총합\}}{(전체 \ 변량의 \ 개수)}$

$= \dfrac{\{A \ 집단의 \ (편차)^2의 \ 총합\}+\{B \ 집단의 \ (편차)^2의 \ 총합\}}{(A \ 집단의 \ 변량의 \ 개수)+(B \ 집단의 \ 변량의 \ 개수)}$

$= \dfrac{ax^2+by^2}{a+b}$

이므로 표준편차는 $\sqrt{\dfrac{ax^2+by^2}{a+b}}$이다.

● 두 집단 전체의 평균과 표준편차

유형연습 **12**

다음 표는 A, B 두 반 자료의 평균과 분산을 나타낸 것이다. 물음에 답하시오.

반	학생 수(명)	평균(점)	분산
A	5	3	2
B	7	3	6

A, B 두 반을 섞은 전체 자료의 분산을 구하시오.

● 두 집단 전체의 평균과 표준편차

7 통계

7 통계

유형 13 자료의 직관적 분석

개념 13

(1) **산포도가 작다.**
- ➡ 변량이 평균 가까이에 밀집되어 있다.
- ➡ 변량 간의 격차가 작다.
- ➡ 변량이 평균을 중심으로 고르게 분포되어 있다.

(2) **산포도가 크다.**
- ➡ 변량이 평균에서 멀리 떨어져 있다.
- ➡ 변량 간의 격차가 크다.

●자료의 직관적 분석

확인문제

17 다음 중 옳은 것에는 ○표, 옳지 <u>않은</u> 것에는 ✕표를 하시오.
(1) 분산이 클수록 산포도가 크다.   (   )

(2) 자료의 값이 평균을 중심으로 고르게 분포되어 있을수록 산포도가 크다.   (   )

18 아래 표는 A, B 두 반의 수학 성적의 평균과 표준편차를 나타낸 것이다. 다음 중 옳은 것에는 ○표, 옳지 <u>않은</u> 것에는 ✕표를 하시오.

반	A	B
평균(점)	75	75
표준편차(점)	3.6	3.1

(1) A반의 성적이 B반의 성적보다 우수하다.
                    (   )

(2) B반의 성적이 A반의 성적보다 고르다. (   )

(3) A반의 성적의 산포도가 B반의 성적의 산포도보다 작다.   (   )

예제 13

두 학생 A, B가 각각 20회씩 과녁판에 활을 쏘아 얻은 점수를 막대그래프로 나타내면 다음과 같다. 세로칸의 비율은 동일할 때, 두 학생 중 산포도가 더 작은 학생은 누구인지 구하시오.

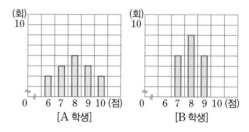

풀이 전략

산포도가 작으면 변량이 평균에 가까이에 밀집되어 있다.

풀이

두 막대그래프 모두 8점에 대칭되므로 두 학생의 평균 점수는 모두 8점임을 알 수 있다.
학생 A보다 학생 B의 점수가 8점에 더 고르게 분포되어 있으므로 학생 B의 산포도가 더 작다.

유형연습 13

다음 두 자료 A, B에 대한 설명으로 옳은 것은?

> A: 2, 5, 7, 6, 9, 3, 3, 6, 4, 5
> B: 6, 6, 7, 4, 6, 5, 5, 3, 3, 5

① A 자료의 평균과 B 자료의 평균은 다르다.
② A 자료의 표준편차는 4이다.
③ B 자료의 분산은 16이다.
④ A 자료의 산포도가 B 자료의 산포도보다 작다.
⑤ B 자료가 A 자료보다 평균을 중심으로 더 고르게 분포되어 있다.

●자료의 직관적 분석

개념 **14**

두 변량 x, y의 순서쌍 (x, y)를 좌표평면 위에 나타낸 그림을 두 변량 x, y의 산점도라 한다.

⦿ 4명의 학생 A, B, C, D의 국어와 과학 성적을 조사하여 나타낸 표가 다음과 같을 때, 국어 성적을 x점, 과학 성적을 y점이라 하자.

[자료]

학생	A	B	C	D
국어(점)	80	85	90	95
과학(점)	75	90	85	90

순서쌍 (x, y)로 나타내기 $(80, 75)$, $(85, 90)$ $(90, 85)$, $(95, 90)$

[산점도]

점 (x, y)를 좌표평면 위에 나타내기

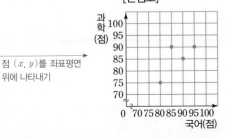

[주의] 두 변량의 순서쌍의 값이 같을 때, 산점도를 그리면 여러 개의 점이 한 점으로 나타나게 되어 점의 개수는 주어진 자료의 순서쌍의 개수보다 작거나 같아진다. 따라서 산점도만 보고 자료의 개수를 판단할 수 없다.

확인문제

19 다음 □ 안에 알맞은 말을 써넣으시오.

> 두 변량의 순서쌍을 좌표평면 위에 나타낸 그림을 두 변량의 □라 한다.

예제 **14**

다음은 어느 중학교 3학년 학생 10명의 수면 시간과 학습 시간을 조사하여 나타낸 표이다. 학생들의 수면 시간과 학습 시간에 대한 산점도를 그리시오.

(단위: 시간)

번호	수면 시간	학습 시간	번호	수면 시간	학습 시간
1	7	4	6	8.5	3
2	8	2	7	6	5
3	9	1	8	7.5	2
4	7	6	9	5.5	7
5	5.5	6	10	8	4

(풀이 전략)

x축은 수면 시간, y축은 학습 시간으로 나타낸다.

(풀이)

수면 시간과 학습 시간을 각각 x시간, y시간이라 할 때, 순서쌍 (x, y)를 좌표로 하는 점을 좌표평면 위에 찍어서 산점도를 그리면 다음과 같다.

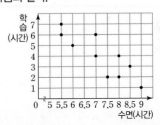

유형연습 **14**

다음은 수민이네 반 여학생 8명의 키와 몸무게를 조사하여 나타낸 표이다. 학생들의 키와 몸무게에 대한 산점도를 그리시오.

번호	키(cm)	몸무게(kg)	번호	키(cm)	몸무게(kg)
1	160	52	5	163	47
2	164	50	6	159	51
3	162	56	7	161	49
4	165	55	8	157	49

유형 15 산점도의 이해

개념 15

(1) 산점도를 통해 각 점들의 두 변량의 값을 파악할 수 있다.

(2) 산점도를 통해 각 변량의 특성과 특이값을 알 수 있다.

(3) 산점도를 통해 한 변량의 변화에 따른 다른 변량의 변화 경향을 직관적으로 확인할 수 있다.

[참고] ・두 변량의 비교   ・이상, 이하
　　　 ➡ 대각선 긋기   ➡ 가로선, 세로선 긋기

확인문제

20 다음 그림은 학생 10명의 수학 점수와 과학 점수에 대한 산점도이다. 물음에 답하시오.

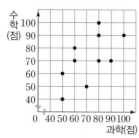

(1) 수학 점수가 가장 높은 학생의 과학 점수를 구하시오.

(2) 수학 점수가 가장 낮은 학생의 과학 점수를 구하시오.

예제 15

다음 그림은 민재네 반 학생 15명이 일주일 동안 운동한 시간과 체육 점수에 대한 산점도이다. 이 산점도에 대한 설명으로 옳지 않은 것은?

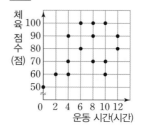

① 체육 점수가 100점인 학생은 3명이다.

② 일주일 동안 운동을 전혀 하지 않은 학생이 있다.

③ 운동 시간이 가장 적은 학생이 체육 점수도 가장 낮다.

④ 운동 시간이 가장 많은 학생이 체육 점수도 가장 높다.

⑤ 일주일 동안 운동 시간이 5시간 이하인 학생은 5명이다.

풀이 전략

산점도의 각 점들의 두 변량의 값을 파악한다.

풀이

④ 운동 시간이 가장 많은 학생의 체육 점수는 90점과 80점이지만 이보다 적은 시간 운동하고 100점을 맞은 학생이 있다.
따라서 옳지 않은 것은 ④이다.

유형연습 15

다음 그림은 학생 10명의 IQ와 EQ에 대한 산점도이다. IQ보다 EQ가 더 높은 학생은 모두 몇 명인지 구하시오.

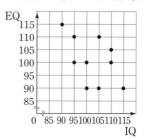

개념 16

(1) **상관관계:** 두 변량 x, y 사이에 x의 값이 증가함에 따라 y의 값이 증가하거나 감소하는 경향이 있을 때, 이 두 변량 x, y 사이의 관계를 상관관계라 한다.

(2) **상관관계의 종류:** 두 변량 x, y에 대하여

① 양의 상관관계: x의 값이 커짐에 따라 y의 값도 대체로 커지는 관계

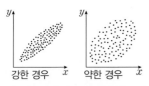

강한 경우   약한 경우

② 음의 상관관계: x의 값이 커짐에 따라 y의 값은 대체로 작아지는 관계

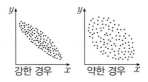

강한 경우   약한 경우

③ 상관관계가 없다: x의 값이 커짐에 따라 y의 값이 커지는지 작아지는지 그 관계가 분명하지 않은 경우, 즉 양의 상관관계도 아니고 음의 상관관계도 아닌 경우

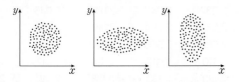

확인문제

21 다음 두 변량 사이에 어떤 상관관계가 있는지 구하시오.

(1) 하루 동안의 낮의 길이와 밤의 길이

(2) 키와 몸무게

예제 16

기온이 올라갈수록 아이스크림의 판매량은 늘어난다고 한다. 기온을 x°C, 아이스크림의 판매량을 y원이라 할 때, 다음 중 x와 y 사이의 상관관계를 나타낸 산점도로 알맞은 것은?

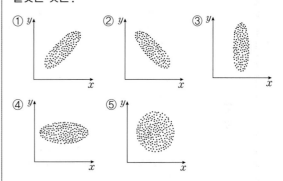

풀이 전략

x의 값이 증가함에 따라 y의 값도 증가하는 상관관계이다.

풀이

기온이 올라갈수록 아이스크림의 판매량은 늘어나므로 기온과 아이스크림의 판매량 사이에는 양의 상관관계가 있다.
따라서 x와 y 사이의 상관관계를 나타낸 산점도는 양의 상관관계를 나타낸 ①이다.

유형연습 16

다음은 한 달간 서울의 미세 먼지와 초미세 먼지 농도를 조사하여 그린 산점도이다. 이를 통해 미세 먼지 농도와 초미세 먼지 농도 사이의 상관관계를 말하시오.

제곱근표 ❶

수	0	1	2	3	4	5	6	7	8	9
1.0	1.000	1.005	1.010	1.015	1.020	1.025	1.030	1.034	1.039	1.044
1.1	1.049	1.054	1.058	1.063	1.068	1.072	1.077	1.082	1.086	1.091
1.2	1.095	1.100	1.105	1.109	1.114	1.118	1.122	1.127	1.131	1.136
1.3	1.140	1.145	1.149	1.153	1.158	1.162	1.166	1.170	1.175	1.179
1.4	1.183	1.187	1.192	1.196	1.200	1.204	1.208	1.212	1.217	1.221
1.5	1.225	1.229	1.233	1.237	1.241	1.245	1.249	1.253	1.257	1.261
1.6	1.265	1.269	1.273	1.277	1.281	1.285	1.288	1.292	1.296	1.300
1.7	1.304	1.308	1.311	1.315	1.319	1.323	1.327	1.330	1.334	1.338
1.8	1.342	1.345	1.349	1.353	1.356	1.360	1.364	1.367	1.371	1.375
1.9	1.378	1.382	1.386	1.389	1.393	1.396	1.400	1.404	1.407	1.411
2.0	1.414	1.418	1.421	1.425	1.428	1.432	1.435	1.439	1.442	1.446
2.1	1.449	1.453	1.456	1.459	1.463	1.466	1.470	1.473	1.476	1.480
2.2	1.483	1.487	1.490	1.493	1.497	1.500	1.503	1.507	1.510	1.513
2.3	1.517	1.520	1.523	1.526	1.530	1.533	1.536	1.539	1.543	1.546
2.4	1.549	1.552	1.556	1.559	1.562	1.565	1.568	1.572	1.575	1.578
2.5	1.581	1.584	1.587	1.591	1.594	1.597	1.600	1.603	1.606	1.609
2.6	1.612	1.616	1.619	1.622	1.625	1.628	1.631	1.634	1.637	1.640
2.7	1.643	1.646	1.649	1.652	1.655	1.658	1.661	1.664	1.667	1.670
2.8	1.673	1.676	1.679	1.682	1.685	1.688	1.691	1.694	1.697	1.700
2.9	1.703	1.706	1.709	1.712	1.715	1.718	1.720	1.723	1.726	1.729
3.0	1.732	1.735	1.738	1.741	1.744	1.746	1.749	1.752	1.755	1.758
3.1	1.761	1.764	1.766	1.769	1.772	1.775	1.778	1.780	1.783	1.786
3.2	1.789	1.792	1.794	1.797	1.800	1.803	1.806	1.808	1.811	1.814
3.3	1.817	1.819	1.822	1.825	1.828	1.830	1.833	1.836	1.838	1.841
3.4	1.844	1.847	1.849	1.852	1.855	1.857	1.860	1.863	1.865	1.868
3.5	1.871	1.873	1.876	1.879	1.881	1.884	1.887	1.889	1.892	1.895
3.6	1.897	1.900	1.903	1.905	1.908	1.910	1.913	1.916	1.918	1.921
3.7	1.924	1.926	1.929	1.931	1.934	1.936	1.939	1.942	1.944	1.947
3.8	1.949	1.952	1.954	1.957	1.960	1.962	1.965	1.967	1.970	1.972
3.9	1.975	1.977	1.980	1.982	1.985	1.987	1.990	1.992	1.995	1.997
4.0	2.000	2.002	2.005	2.007	2.010	2.012	2.015	2.017	2.020	2.022
4.1	2.025	2.027	2.030	2.032	2.035	2.037	2.040	2.042	2.045	2.047
4.2	2.049	2.052	2.054	2.057	2.059	2.062	2.064	2.066	2.069	2.071
4.3	2.074	2.076	2.078	2.081	2.083	2.086	2.088	2.090	2.093	2.095
4.4	2.098	2.100	2.102	2.105	2.107	2.110	2.112	2.114	2.117	2.119
4.5	2.121	2.124	2.126	2.128	2.131	2.133	2.135	2.138	2.140	2.142
4.6	2.145	2.147	2.149	2.152	2.154	2.156	2.159	2.161	2.163	2.166
4.7	2.168	2.170	2.173	2.175	2.177	2.179	2.182	2.184	2.186	2.189
4.8	2.191	2.193	2.195	2.198	2.200	2.202	2.205	2.207	2.209	2.211
4.9	2.214	2.216	2.218	2.220	2.223	2.225	2.227	2.229	2.232	2.234
5.0	2.236	2.238	2.241	2.243	2.245	2.247	2.249	2.252	2.254	2.256
5.1	2.258	2.261	2.263	2.265	2.267	2.269	2.272	2.274	2.276	2.278
5.2	2.280	2.283	2.285	2.287	2.289	2.291	2.293	2.296	2.298	2.300
5.3	2.302	2.304	2.307	2.309	2.311	2.313	2.315	2.317	2.319	2.322
5.4	2.324	2.326	2.328	2.330	2.332	2.335	2.337	2.339	2.341	2.343

수	0	1	2	3	4	5	6	7	8	9
5.5	2.345	2.347	2.349	2.352	2.354	2.356	2.358	2.360	2.362	2.364
5.6	2.366	2.369	2.371	2.373	2.375	2.377	2.379	2.381	2.383	2.385
5.7	2.387	2.390	2.392	2.394	2.396	2.398	2.400	2.402	2.404	2.406
5.8	2.408	2.410	2.412	2.415	2.417	2.419	2.421	2.423	2.425	2.427
5.9	2.429	2.431	2.433	2.435	2.437	2.439	2.441	2.443	2.445	2.447
6.0	2.449	2.452	2.454	2.456	2.458	2.460	2.462	2.464	2.466	2.468
6.1	2.470	2.472	2.474	2.476	2.478	2.480	2.482	2.484	2.486	2.488
6.2	2.490	2.492	2.494	2.496	2.498	2.500	2.502	2.504	2.506	2.508
6.3	2.510	2.512	2.514	2.516	2.518	2.520	2.522	2.524	2.526	2.528
6.4	2.530	2.532	2.534	2.536	2.538	2.540	2.542	2.544	2.546	2.548
6.5	2.550	2.551	2.553	2.555	2.557	2.559	2.561	2.563	2.565	2.567
6.6	2.569	2.571	2.573	2.575	2.577	2.579	2.581	2.583	2.585	2.587
6.7	2.588	2.590	2.592	2.594	2.596	2.598	2.600	2.602	2.604	2.606
6.8	2.608	2.610	2.612	2.613	2.615	2.617	2.619	2.621	2.623	2.625
6.9	2.627	2.629	2.631	2.632	2.634	2.636	2.638	2.640	2.642	2.644
7.0	2.646	2.648	2.650	2.651	2.653	2.655	2.657	2.659	2.661	2.663
7.1	2.665	2.666	2.668	2.670	2.672	2.674	2.676	2.678	2.680	2.681
7.2	2.683	2.685	2.687	2.689	2.691	2.693	2.694	2.696	2.698	2.700
7.3	2.702	2.704	2.706	2.707	2.709	2.711	2.713	2.715	2.717	2.718
7.4	2.720	2.722	2.724	2.726	2.728	2.729	2.731	2.733	2.735	2.737
7.5	2.739	2.740	2.742	2.744	2.746	2.748	2.750	2.751	2.753	2.755
7.6	2.757	2.759	2.760	2.762	2.764	2.766	2.768	2.769	2.771	2.773
7.7	2.775	2.777	2.778	2.780	2.782	2.784	2.786	2.787	2.789	2.791
7.8	2.793	2.795	2.796	2.798	2.800	2.802	2.804	2.805	2.807	2.809
7.9	2.811	2.812	2.814	2.816	2.818	2.820	2.821	2.823	2.825	2.827
8.0	2.828	2.830	2.832	2.834	2.835	2.837	2.839	2.841	2.843	2.844
8.1	2.846	2.848	2.850	2.851	2.853	2.855	2.857	2.858	2.860	2.862
8.2	2.864	2.865	2.867	2.869	2.871	2.872	2.874	2.876	2.877	2.879
8.3	2.881	2.883	2.884	2.886	2.888	2.890	2.891	2.893	2.895	2.897
8.4	2.898	2.900	2.902	2.903	2.905	2.907	2.909	2.910	2.912	2.914
8.5	2.915	2.917	2.919	2.921	2.922	2.924	2.926	2.927	2.929	2.931
8.6	2.933	2.934	2.936	2.938	2.939	2.941	2.943	2.944	2.946	2.948
8.7	2.950	2.951	2.953	2.955	2.956	2.958	2.960	2.961	2.963	2.965
8.8	2.966	2.968	2.970	2.972	2.973	2.975	2.977	2.978	2.980	2.982
8.9	2.983	2.985	2.987	2.988	2.990	2.992	2.993	2.995	2.997	2.998
9.0	3.000	3.002	3.003	3.005	3.007	3.008	3.010	3.012	3.013	3.015
9.1	3.017	3.018	3.020	3.022	3.023	3.025	3.027	3.028	3.030	3.032
9.2	3.033	3.035	3.036	3.038	3.040	3.041	3.043	3.045	3.046	3.048
9.3	3.050	3.051	3.053	3.055	3.056	3.058	3.059	3.061	3.063	3.064
9.4	3.066	3.068	3.069	3.071	3.072	3.074	3.076	3.077	3.079	3.081
9.5	3.082	3.084	3.085	3.087	3.089	3.090	3.092	3.094	3.095	3.097
9.6	3.098	3.100	3.102	3.103	3.105	3.106	3.108	3.110	3.111	3.113
9.7	3.114	3.116	3.118	3.119	3.121	3.122	3.124	3.126	3.127	3.129
9.8	3.130	3.132	3.134	3.135	3.137	3.138	3.140	3.142	3.143	3.145
9.9	3.146	3.148	3.150	3.151	3.153	3.154	3.156	3.158	3.159	3.161

수	0	1	2	3	4	5	6	7	8	9
10	3.162	3.178	3.194	3.209	3.225	3.240	3.256	3.271	3.286	3.302
11	3.317	3.332	3.347	3.362	3.376	3.391	3.406	3.421	3.435	3.450
12	3.464	3.479	3.493	3.507	3.521	3.536	3.550	3.564	3.578	3.592
13	3.606	3.619	3.633	3.647	3.661	3.674	3.688	3.701	3.715	3.728
14	3.742	3.755	3.768	3.782	3.795	3.808	3.821	3.834	3.847	3.860
15	3.873	3.886	3.899	3.912	3.924	3.937	3.950	3.962	3.975	3.987
16	4.000	4.012	4.025	4.037	4.050	4.062	4.074	4.087	4.099	4.111
17	4.123	4.135	4.147	4.159	4.171	4.183	4.195	4.207	4.219	4.231
18	4.243	4.254	4.266	4.278	4.290	4.301	4.313	4.324	4.336	4.347
19	4.359	4.370	4.382	4.393	4.405	4.416	4.427	4.438	4.450	4.461
20	4.472	4.483	4.494	4.506	4.517	4.528	4.539	4.550	4.561	4.572
21	4.583	4.593	4.604	4.615	4.626	4.637	4.648	4.658	4.669	4.680
22	4.690	4.701	4.712	4.722	4.733	4.743	4.754	4.764	4.775	4.785
23	4.796	4.806	4.817	4.827	4.837	4.848	4.858	4.868	4.879	4.889
24	4.899	4.909	4.919	4.930	4.940	4.950	4.960	4.970	4.980	4.990
25	5.000	5.010	5.020	5.030	5.040	5.050	5.060	5.070	5.079	5.089
26	5.099	5.109	5.119	5.128	5.138	5.148	5.158	5.167	5.177	5.187
27	5.196	5.206	5.215	5.225	5.235	5.244	5.254	5.263	5.273	5.282
28	5.292	5.301	5.310	5.320	5.329	5.339	5.348	5.357	5.367	5.376
29	5.385	5.394	5.404	5.413	5.422	5.431	5.441	5.450	5.459	5.468
30	5.477	5.486	5.495	5.505	5.514	5.523	5.532	5.541	5.550	5.559
31	5.568	5.577	5.586	5.595	5.604	5.612	5.621	5.630	5.639	5.648
32	5.657	5.666	5.675	5.683	5.692	5.701	5.710	5.718	5.727	5.736
33	5.745	5.753	5.762	5.771	5.779	5.788	5.797	5.805	5.814	5.822
34	5.831	5.840	5.848	5.857	5.865	5.874	5.882	5.891	5.899	5.908
35	5.916	5.925	5.933	5.941	5.950	5.958	5.967	5.975	5.983	5.992
36	6.000	6.008	6.017	6.025	6.033	6.042	6.050	6.058	6.066	6.075
37	6.083	6.091	6.099	6.107	6.116	6.124	6.132	6.140	6.148	6.156
38	6.164	6.173	6.181	6.189	6.197	6.205	6.213	6.221	6.229	6.237
39	6.245	6.253	6.261	6.269	6.277	6.285	6.293	6.301	6.309	6.317
40	6.325	6.332	6.340	6.348	6.356	6.364	6.372	6.380	6.387	6.395
41	6.403	6.411	6.419	6.427	6.434	6.442	6.450	6.458	6.465	6.473
42	6.481	6.488	6.496	6.504	6.512	6.519	6.527	6.535	6.542	6.550
43	6.557	6.565	6.573	6.580	6.588	6.595	6.603	6.611	6.618	6.626
44	6.633	6.641	6.648	6.656	6.663	6.671	6.678	6.686	6.693	6.701
45	6.708	6.716	6.723	6.731	6.738	6.745	6.753	6.760	6.768	6.775
46	6.782	6.790	6.797	6.804	6.812	6.819	6.826	6.834	6.841	6.848
47	6.856	6.863	6.870	6.877	6.885	6.892	6.899	6.907	6.914	6.921
48	6.928	6.935	6.943	6.950	6.957	6.964	6.971	6.979	6.986	6.993
49	7.000	7.007	7.014	7.021	7.029	7.036	7.043	7.050	7.057	7.064
50	7.071	7.078	7.085	7.092	7.099	7.106	7.113	7.120	7.127	7.134
51	7.141	7.148	7.155	7.162	7.169	7.176	7.183	7.190	7.197	7.204
52	7.211	7.218	7.225	7.232	7.239	7.246	7.253	7.259	7.266	7.273
53	7.280	7.287	7.294	7.301	7.308	7.314	7.321	7.328	7.335	7.342
54	7.348	7.355	7.362	7.369	7.376	7.382	7.389	7.396	7.403	7.409

수	0	1	2	3	4	5	6	7	8	9
55	7.416	7.423	7.430	7.436	7.443	7.450	7.457	7.463	7.470	7.477
56	7.483	7.490	7.497	7.503	7.510	7.517	7.523	7.530	7.537	7.543
57	7.550	7.556	7.563	7.570	7.576	7.583	7.589	7.596	7.603	7.609
58	7.616	7.622	7.629	7.635	7.642	7.649	7.655	7.662	7.668	7.675
59	7.681	7.688	7.694	7.701	7.707	7.714	7.720	7.727	7.733	7.740
60	7.746	7.752	7.759	7.765	7.772	7.778	7.785	7.791	7.797	7.804
61	7.810	7.817	7.823	7.829	7.836	7.842	7.849	7.855	7.861	7.868
62	7.874	7.880	7.887	7.893	7.899	7.906	7.912	7.918	7.925	7.931
63	7.937	7.944	7.950	7.956	7.962	7.969	7.975	7.981	7.987	7.994
64	8.000	8.006	8.012	8.019	8.025	8.031	8.037	8.044	8.050	8.056
65	8.062	8.068	8.075	8.081	8.087	8.093	8.099	8.106	8.112	8.118
66	8.124	8.130	8.136	8.142	8.149	8.155	8.161	8.167	8.173	8.179
67	8.185	8.191	8.198	8.204	8.210	8.216	8.222	8.228	8.234	8.240
68	8.246	8.252	8.258	8.264	8.270	8.276	8.283	8.289	8.295	8.301
69	8.307	8.313	8.319	8.325	8.331	8.337	8.343	8.349	8.355	8.361
70	8.367	8.373	8.379	8.385	8.390	8.396	8.402	8.408	8.414	8.420
71	8.426	8.432	8.438	8.444	8.450	8.456	8.462	8.468	8.473	8.479
72	8.485	8.491	8.497	8.503	8.509	8.515	8.521	8.526	8.532	8.538
73	8.544	8.550	8.556	8.562	8.567	8.573	8.579	8.585	8.591	8.597
74	8.602	8.608	8.614	8.620	8.626	8.631	8.637	8.643	8.649	8.654
75	8.660	8.666	8.672	8.678	8.683	8.689	8.695	8.701	8.706	8.712
76	8.718	8.724	8.729	8.735	8.741	8.746	8.752	8.758	8.764	8.769
77	8.775	8.781	8.786	8.792	8.798	8.803	8.809	8.815	8.820	8.826
78	8.832	8.837	8.843	8.849	8.854	8.860	8.866	8.871	8.877	8.883
79	8.888	8.894	8.899	8.905	8.911	8.916	8.922	8.927	8.933	8.939
80	8.944	8.950	8.955	8.961	8.967	8.972	8.978	8.983	8.989	8.994
81	9.000	9.006	9.011	9.017	9.022	9.028	9.033	9.039	9.044	9.050
82	9.055	9.061	9.066	9.072	9.077	9.083	9.088	9.094	9.099	9.105
83	9.110	9.116	9.121	9.127	9.132	9.138	9.143	9.149	9.154	9.160
84	9.165	9.171	9.176	9.182	9.187	9.192	9.198	9.203	9.209	9.214
85	9.220	9.225	9.230	9.236	9.241	9.247	9.252	9.257	9.263	9.268
86	9.274	9.279	9.284	9.290	9.295	9.301	9.306	9.311	9.317	9.322
87	9.327	9.333	9.338	9.343	9.349	9.354	9.359	9.365	9.370	9.375
88	9.381	9.386	9.391	9.397	9.402	9.407	9.413	9.418	9.423	9.429
89	9.434	9.439	9.445	9.450	9.455	9.460	9.466	9.471	9.476	9.482
90	9.487	9.492	9.497	9.503	9.508	9.513	9.518	9.524	9.529	9.534
91	9.539	9.545	9.550	9.555	9.560	9.566	9.571	9.576	9.581	9.586
92	9.592	9.597	9.602	9.607	9.612	9.618	9.623	9.628	9.633	9.638
93	9.644	9.649	9.654	9.659	9.664	9.670	9.675	9.680	9.685	9.690
94	9.695	9.701	9.706	9.711	9.716	9.721	9.726	9.731	9.737	9.742
95	9.747	9.752	9.757	9.762	9.767	9.772	9.778	9.783	9.788	9.793
96	9.798	9.803	9.808	9.813	9.818	9.823	9.829	9.834	9.839	9.844
97	9.849	9.854	9.859	9.864	9.869	9.874	9.879	9.884	9.889	9.894
98	9.899	9.905	9.910	9.915	9.920	9.925	9.930	9.935	9.940	9.945
99	9.950	9.955	9.960	9.965	9.970	9.975	9.980	9.985	9.990	9.995

삼각비의 표

각도	사인(sin)	코사인(cos)	탄젠트(tan)	각도	사인(sin)	코사인(cos)	탄젠트(tan)
0°	0.0000	1.0000	0.0000	45°	0.7071	0.7071	1.0000
1°	0.0175	0.9998	0.0175	46°	0.7193	0.6947	1.0355
2°	0.0349	0.9994	0.0349	47°	0.7314	0.6820	1.0724
3°	0.0523	0.9986	0.0524	48°	0.7431	0.6691	1.1106
4°	0.0698	0.9976	0.0699	49°	0.7547	0.6561	1.1504
5°	0.0872	0.9962	0.0875	50°	0.7660	0.6428	1.1918
6°	0.1045	0.9945	0.1051	51°	0.7771	0.6293	1.2349
7°	0.1219	0.9925	0.1228	52°	0.7880	0.6157	1.2799
8°	0.1392	0.9903	0.1405	53°	0.7986	0.6018	1.3270
9°	0.1564	0.9877	0.1584	54°	0.8090	0.5878	1.3764
10°	0.1736	0.9848	0.1763	55°	0.8192	0.5736	1.4281
11°	0.1908	0.9816	0.1944	56°	0.8290	0.5592	1.4826
12°	0.2079	0.9781	0.2126	57°	0.8387	0.5446	1.5399
13°	0.2250	0.9744	0.2309	58°	0.8480	0.5299	1.6003
14°	0.2419	0.9703	0.2493	59°	0.8572	0.5150	1.6643
15°	0.2588	0.9659	0.2679	60°	0.8660	0.5000	1.7321
16°	0.2756	0.9613	0.2867	61°	0.8746	0.4848	1.8040
17°	0.2924	0.9563	0.3057	62°	0.8829	0.4695	1.8807
18°	0.3090	0.9511	0.3249	63°	0.8910	0.4540	1.9626
19°	0.3256	0.9455	0.3443	64°	0.8988	0.4384	2.0503
20°	0.3420	0.9397	0.3640	65°	0.9063	0.4226	2.1445
21°	0.3584	0.9336	0.3839	66°	0.9135	0.4067	2.2460
22°	0.3746	0.9272	0.4040	67°	0.9205	0.3907	2.3559
23°	0.3907	0.9205	0.4245	68°	0.9272	0.3746	2.4751
24°	0.4067	0.9135	0.4452	69°	0.9336	0.3584	2.6051
25°	0.4226	0.9063	0.4663	70°	0.9397	0.3420	2.7475
26°	0.4384	0.8988	0.4877	71°	0.9455	0.3256	2.9042
27°	0.4540	0.8910	0.5095	72°	0.9511	0.3090	3.0777
28°	0.4695	0.8829	0.5317	73°	0.9563	0.2924	3.2709
29°	0.4848	0.8746	0.5543	74°	0.9613	0.2756	3.4874
30°	0.5000	0.8660	0.5774	75°	0.9659	0.2588	3.7321
31°	0.5150	0.8572	0.6009	76°	0.9703	0.2419	4.0108
32°	0.5299	0.8480	0.6249	77°	0.9744	0.2250	4.3315
33°	0.5446	0.8387	0.6494	78°	0.9781	0.2079	4.7046
34°	0.5592	0.8290	0.6745	79°	0.9816	0.1908	5.1446
35°	0.5736	0.8192	0.7002	80°	0.9848	0.1736	5.6713
36°	0.5878	0.8090	0.7265	81°	0.9877	0.1564	6.3138
37°	0.6018	0.7986	0.7536	82°	0.9903	0.1392	7.1154
38°	0.6157	0.7880	0.7813	83°	0.9925	0.1219	8.1443
39°	0.6293	0.7771	0.8098	84°	0.9945	0.1045	9.5144
40°	0.6428	0.7660	0.8391	85°	0.9962	0.0872	11.4301
41°	0.6561	0.7547	0.8693	86°	0.9976	0.0698	14.3007
42°	0.6691	0.7431	0.9004	87°	0.9986	0.0523	19.0811
43°	0.6820	0.7314	0.9325	88°	0.9994	0.0349	28.6363
44°	0.6947	0.7193	0.9657	89°	0.9998	0.0175	57.2900
45°	0.7071	0.7071	1.0000	90°	1.0000	0.0000	

예비 고등학생을 위한 **기본 수학 개념서**

50일
수학 상 하

50일 수학 상 하 |2책|

- 중학 수학과 고교 1학년 수학 총정리

- 수학의 **영역별 핵심 개념을** 완벽 정리

- 주제별 개념 정리로 **모르는 개념과 공식만** 집중 연습

"고등학교 수학, 더 이상의 걱정은 없다!"

사뿐

중학 사회
중학 역사

사회를 한 권으로
가뿐하게!

중학 사회

①-1 　　②-1 　　①-2 　　②-2

중학 역사

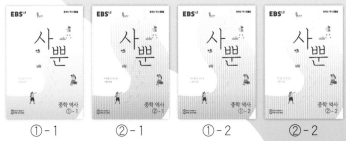

①-1 　　②-1 　　①-2 　　②-2

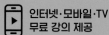

중|학|도|역|시 **EBS**

정답과
풀이

EBS 중학 강의 **다운로드 1위·스트리밍 1위**
1,300개 강의에서 선별한 중학 **3학년 핵심 유형**

진짜
수학의 답을
찾아서!

[QR 코드로 연결하는 유형별 강의]

수학의 답

중학 수학 3

수학의 답
정답과 풀이

중학 수학 3

정답과 풀이

1 실수와 그 연산 본문 6~35쪽

확인문제

01 25, 25, 5

02 (1) 4, -4 (2) 10, -10 (3) $\frac{1}{2}$, $-\frac{1}{2}$ (4) 0.9, -0.9

03 (1) × (2) ○ (3) × (4) ×

04 $\sqrt{10}$ **05** $\sqrt{5}$ **06** $\sqrt{29}$

07 (1) ○ (2) × (3) × (4) ○ (5) ×

08 (1) × (2) × (3) ○ (4) ○ (5) ×

09 (1) < (2) > (3) > (4) < (5) <

10 4 **11** 4 **12** (1) ○ (2) × **13** 2 **14** 90

15 6, 54 **16** 6 **17** 39 **18** 46 **19** 1, 2, 3

20 (1) 1 (2) 3 (3) 3 (4) 4

21 (1) 무 (2) 유 (3) 무 (4) 유 (5) 유 (6) 무

22 (1) × (2) ○ (3) × (4) ○ (5) ○ (6) ○ **23** $\sqrt{3}$

24 (1) $-\sqrt{5}$ (2) $-2+\sqrt{13}$

25 (1) < (2) > (3) < (4) > (5) >

26 (1) × (2) × (3) ○ (4) × (5) ○ (6) ○

27 (1) ○ (2) ○ (3) ○ (4) ○ (5) ×

28 (1) 7, 21 (2) 5, 3, 10, 6

29 (1) $\sqrt{10}$ (2) $2\sqrt{14}$ (3) $20\sqrt{33}$ (4) 3 (5) $-12\sqrt{3}$

30 (1) $2\sqrt{2}$ (2) $2\sqrt{5}$ (3) $2\sqrt{15}$

31 (1) $\sqrt{27}$ (2) $\sqrt{48}$

32 (1) 3, 3, 5 (2) 4, 2, 2, 3 (3) $\frac{10}{3}$, $\frac{10}{3}$, 14

33 (1) $\sqrt{6}$ (2) 5 (3) 3 (4) $3\sqrt{2}$

34 (1) $\frac{\sqrt{7}}{4}$ (2) $\frac{\sqrt{17}}{10}$ (3) $\frac{\sqrt{19}}{10}$

35 (1) $\sqrt{\frac{5}{4}}$ (2) $\sqrt{\frac{2}{3}}$ **36** 3, $\sqrt{2}$, $\sqrt{2}$, 2

37 (1) $\frac{\sqrt{5}}{5}$ (2) $2\sqrt{13}$ (3) $\frac{2\sqrt{10}}{5}$ (4) $\frac{5\sqrt{3}}{6}$

38 (1) 3 (2) 3 (3) $\frac{3\sqrt{6}}{2}$ (4) $2\sqrt{2}$ (5) 4 (6) $\frac{4\sqrt{3}}{3}$ (7) $\frac{9}{2}$ (8) $\frac{\sqrt{30}}{2}$

39 (가) $2\sqrt{3}$ (나) $4\sqrt{6}$ (다) $5\sqrt{6}$

40 (1) $9\sqrt{3}$ (2) $2\sqrt{2}$ (3) $-7\sqrt{5}$ (4) $-\frac{2\sqrt{7}}{3}$ (5) $-2\sqrt{2}-4\sqrt{6}$ (6) $-11\sqrt{3}+11\sqrt{5}$ (7) $\frac{\sqrt{2}}{4}-\sqrt{3}$

41 (1) 5, 8 (2) 2, 4, -2

42 (1) $8\sqrt{2}$ (2) $9\sqrt{5}$ (3) $4\sqrt{3}$ (4) $8\sqrt{3}-4\sqrt{2}$ (5) $5\sqrt{3}+2\sqrt{6}$

43 (1) 정수 부분: 1, 소수 부분: $\sqrt{2}-1$ (2) 정수 부분: 2, 소수 부분: $\sqrt{5}-2$ (3) 정수 부분: 2, 소수 부분: $\sqrt{3}-1$

44 (1) $2+2\sqrt{2}$ (2) $\sqrt{3}-\frac{\sqrt{6}}{3}$ (3) 10

45 (가) 4 (나) $6\sqrt{2}$ (다) 8 (라) $\frac{7\sqrt{2}}{3}$ (마) $\frac{28\sqrt{2}}{3}$

46 7 **47** 4 **48** $a=2$, $b=0$

유형연습

01 ④ **02** ④ **03** $\sqrt{6}$ cm **04** 5 **05** 3

06 6 **07** 20 **08** 280 **09** $x=14$, $y=9$

10 18 **11** 90 **12** ①, ③ **13** $-2+\sqrt{10}$

14 P: $3-\sqrt{13}$, Q: $3+\sqrt{13}$ **15** ④ **16** ③

17 14 **18** 2 **19** 110 **20** 8배 **21** 101

22 $a=8$, $b=7$, $c=\frac{7}{16}$ **23** $\frac{11}{56}$ **24** $12\sqrt{2}\pi$ cm³

25 35 **26** $17\sqrt{2}-3\sqrt{3}$ **27** ③ **28** $p=14$, $q=2$

29 $6\sqrt{2}-3$ **30** $a=1$, $b=2$

01

④ 0의 제곱근은 0으로 1개뿐이고, 음수의 제곱근은 생각하지 않으므로 모든 정수의 제곱근이 2개인 것은 아니다.

답 ④

02

①, ②, ③, ⑤ $\sqrt{3}$ ④ $\pm\sqrt{3}$

따라서 그 값이 나머지 넷과 다른 하나는 ④이다.

답 ④

[참고] ③ 제곱근 3은 3의 양의 제곱근으로, 3의 제곱근과 다르다.

03

단계를 한 번 거칠 때마다 정사각형의 넓이가 $\dfrac{1}{2}$이 된다.

[5단계]에서 만들어지는 정사각형의 넓이는

$$96 \times \left(\dfrac{1}{2}\right)^5 = 3\,(\mathrm{cm}^2)$$

[5단계]에서 만들어지는 정사각형의 대각선의 길이를 $x\,\mathrm{cm}$라 하면 $\dfrac{x^2}{2}=3$이므로

$$x^2=6, \ x=\sqrt{6}$$

따라서 구하는 대각선의 길이는 $\sqrt{6}\,\mathrm{cm}$이다.

답 $\sqrt{6}\,\mathrm{cm}$

[다른 풀이]

정사각형의 대각선의 길이는 그 전 단계의 정사각형의 한 변의 길이와 같으므로 [5단계]의 정사각형의 대각선의 길이는 [4단계]의 정사각형의 한 변의 길이와 같다.

이때 [4단계]의 정사각형의 넓이가 $96 \times \left(\dfrac{1}{2}\right)^4 = 6\,(\mathrm{cm}^2)$이므로 그 한 변의 길이는 $\sqrt{6}\,\mathrm{cm}$이다.

따라서 [5단계]의 정사각형의 대각선의 길이는 $\sqrt{6}\,\mathrm{cm}$이다.

04

$$A = (\sqrt{0.2})^2 \div \left(-\sqrt{\dfrac{1}{4}}\right)^2 \times \sqrt{25}$$
$$= 0.2 \div \dfrac{1}{4} \times 5$$
$$= 0.2 \times 4 \times 5 = 4$$
$$B = \sqrt{(-0.6)^2} \div \sqrt{0.04} - \sqrt{49} \times \sqrt{\left(\dfrac{2}{7}\right)^2}$$
$$= 0.6 \div 0.2 - 7 \times \dfrac{2}{7}$$
$$= \dfrac{3}{5} \div \dfrac{1}{5} - 7 \times \dfrac{2}{7}$$
$$= 3 - 2 = 1$$

따라서 $A+B=4+1=5$

답 5

05

$-1<a<2$에서

$-2<-a<1, \ -3<-1-a<0$

또한, $-3<a-2<0$

따라서

$$\sqrt{(-1-a)^2} + \sqrt{(a-2)^2} = |-1-a| + |a-2|$$
$$= -(-1-a) - (a-2)$$
$$= 1 + a - a + 2$$
$$= 3$$

답 3

06

$3 = \sqrt{9} > \sqrt{7}$이므로 $3-\sqrt{7}>0$

$2 = \sqrt{4} < \sqrt{5}$이므로 $2-\sqrt{5}<0$

$\sqrt{5} < \sqrt{7}$이므로 $\sqrt{5}-\sqrt{7}<0$

따라서

$$\sqrt{(3-\sqrt{7})^2} + \sqrt{(2-\sqrt{5})^2} + \sqrt{(\sqrt{5}-\sqrt{7})^2} + \sqrt{(-5)^2}$$
$$= |3-\sqrt{7}| + |2-\sqrt{5}| + |\sqrt{5}-\sqrt{7}| + |-5|$$
$$= (3-\sqrt{7}) - (2-\sqrt{5}) - (\sqrt{5}-\sqrt{7}) - (-5)$$
$$= 3 - \sqrt{7} - 2 + \sqrt{5} - \sqrt{5} + \sqrt{7} + 5 = 6$$

답 6

07

$3 < \sqrt{x+2}-1 \leq 5$의 각 변에 1을 더하면

$4 < \sqrt{x+2} \leq 6$

각 변을 제곱하면

$16 < x+2 \leq 36$

각 변에서 2를 빼면

$14 < x \leq 34$

따라서 자연수 x는 15, 16, 17, $\cdots$, 34이므로 그 개수는 20이다.

답 20

08

$\sqrt{288x}$가 자연수가 되려면 $288x$는 어떤 자연수의 제곱이어야 하고, $288x$를 소인수분해했을 때 모든 소인수의 지수가 짝수이어야 한다.

$288x=2^5 \times 3^2 \times x$이므로 $x=2 \times k^2$ (k는 자연수)의 꼴이어야 한다.

$k=1$이면 $x=2$

$k=2$이면 $x=8$

$k=3$이면 $x=18$

$k=4$이면 $x=32$

$k=5$이면 $x=50$

$k=6$이면 $x=72$

$k=7$이면 $x=98$

따라서 모든 자연수 x의 합은

$2+8+18+32+50+72+98=280$

目 280

09

$\sqrt{x+50}-\sqrt{90-y}$가 정수가 되려면 $\sqrt{x+50}=\sqrt{90-y}$이거나 $\sqrt{x+50}$, $\sqrt{90-y}$가 모두 정수이어야 한다.

(i) $\sqrt{x+50}=\sqrt{90-y}$일 때

$\sqrt{x+50}-\sqrt{90-y}=0$

(ii) $\sqrt{x+50}$, $\sqrt{90-y}$가 모두 정수일 때

$x+50$, $90-y$가 모두 제곱수이다.

$\sqrt{x+50}-\sqrt{90-y}$가 가장 작은 정수가 되려면 $x+50$은 가장 작은 제곱수이어야 하고, $90-y$는 가장 큰 제곱수이어야 한다.

50보다 큰 제곱수 중 가장 작은 수는 64이므로

$x=14$

90보다 작은 제곱수 중 가장 큰 수는 81이므로

$y=9$

따라서

$\sqrt{x+50}-\sqrt{90-y}=\sqrt{64}-\sqrt{81}=-1$

(i), (ii)에 의하여 $\sqrt{x+50}-\sqrt{90-y}$가 가장 작은 정수는 -1이므로

$x=14$, $y=9$

目 $x=14$, $y=9$

10

$1=\sqrt{1}$, $2=\sqrt{4}$, $3=\sqrt{9}$, $4=\sqrt{16}$이므로

$f(1)=0$

$f(2)=f(3)=f(4)=1$

$f(5)=f(6)=f(7)=f(8)=f(9)=2$

$f(10)=f(11)=\cdots=f(16)=3$

$f(17)=f(18)=\cdots=f(25)=4$

$f(1)+f(2)+f(3)+\cdots+f(16)$

$=0+1\times3+2\times5+3\times7=34$

이므로

$f(1)+f(2)+f(3)+\cdots+f(16)+f(17)+f(18)$

$=34+f(17)+f(18)$

$=34+4+4=42$

따라서 $n=18$

目 18

11

$\sqrt{n}$이 유리수가 되려면 n이 제곱수이어야 하므로 이 중 100 이하의 자연수 n은 1, 4, 9, 16, 25, 36, 49, 64, 81, 100의 10개이다.

따라서 $\sqrt{n}$이 무리수가 되도록 하는 100 이하의 자연수 n의 개수는

$100-10=90$

目 90

12

① $\sqrt{0.\dot{1}}=\sqrt{\dfrac{1}{9}}=\dfrac{1}{3}$로 유리수이다.

② 무한소수 $0.\dot{1}$은 $0.\dot{1}=\dfrac{1}{9}$이므로 유리수이다.

③ 순환소수는 모두 유리수이다.

④ $\sqrt{4}=2$로 근호를 사용하여 나타낸 수 중 유리수도 있다.

⑤ $\sqrt{2}$, $2-\sqrt{2}$는 서로 다른 두 무리수이지만

$\sqrt{2}+(2-\sqrt{2})=2$로 두 수의 합은 유리수이다.

따라서 서로 다른 두 무리수를 더한 수는 유리수일 수 있다.

따라서 옳은 것은 ①, ③이다.

目 ①, ③

13

사각형 ABCD의 넓이는 모눈종이 16칸에서 6칸을 빼면 되므로 10이다.

즉, □ABCD의 한 변의 길이는 $\sqrt{10}$이므로
$\overline{CP}=\overline{CQ}=\sqrt{10}$
점 P에 대응하는 수가 $-2-\sqrt{10}$이므로
점 C에 대응하는 수는 $(-2-\sqrt{10})+\sqrt{10}=-2$
따라서 점 Q에 대응하는 수는 $-2+\sqrt{10}$이다.

$\boxed{답}\ -2+\sqrt{10}$

14

$\overline{AB}$의 중점을 M이라 하면 점 M에 대응하는 수는
$\dfrac{1+5}{2}=3$이고, 점 M은 주어진 반원의 중심이다.
직각삼각형 MBC에서 $\overline{MB}=2$, $\overline{BC}=3$이므로 피타고라스
정리에 의하여
$\overline{MC}=\sqrt{2^2+3^2}=\sqrt{13}$
$\overline{MC}$가 반원의 반지름이므로
$\overline{PM}=\overline{QM}=\sqrt{13}$
따라서 점 P에 대응하는 수는 $3-\sqrt{13}$이고
점 Q에 대응하는 수는 $3+\sqrt{13}$이다.

$\boxed{답}\ P: 3-\sqrt{13},\ Q: 3+\sqrt{13}$

15

$A-B=-\dfrac{5}{2}-(-\sqrt{6})=-\dfrac{5}{2}+\sqrt{6}=-\sqrt{\dfrac{25}{4}}+\sqrt{6}<0$
이므로 $A<B$
$A-C=-\dfrac{5}{2}-\left(-\dfrac{1}{2}-\sqrt{5}\right)=-2+\sqrt{5}>0$
이므로 $A>C$
따라서 $C<A<B$

$\boxed{답}\ ④$

[다른 풀이]
$2=\sqrt{4}<\sqrt{5}$이므로 $-2>-\sqrt{5}$
$A=-\dfrac{5}{2}=-\dfrac{1}{2}-2>-\dfrac{1}{2}-\sqrt{5}=C$, 즉 $A>C$
$A=-\dfrac{5}{2}=-\sqrt{\dfrac{25}{4}}<-\sqrt{6}=B$, 즉 $A<B$
따라서 $C<A<B$

16

① $\sqrt{2}$보다 $\dfrac{1+\sqrt{2}}{2}$가 1에 더 가까운 무리수이므로 $\sqrt{2}$는 1에
가장 가까운 무리수가 아니다.

② 서로 다른 두 무리수 사이에는 무수히 많은 유리수와 무리
수가 있다.
③ $a<b$인 두 무리수 a, b에 대하여 $n<a<n+1$,
$m<b<m+1$ (n, m은 정수)이라 하면 a와 b 사이에는
정수가 $(m-n)$개 존재한다. 즉, 서로 다른 두 무리수 사
이에는 유한개의 정수가 있다.
④ 모든 실수는 수직선 위의 한 점에 대응하므로 π에도 대응
하는 점이 있다.
⑤ 0과 어떤 무리수 사이에는 무수히 많은 무리수가 존재하
므로 0에 가장 가까운 무리수를 찾을 수 없다.
따라서 옳은 것은 ③이다.

$\boxed{답}\ ③$

17

$\dfrac{50}{3}=16.\cdots$이므로 $\sqrt{\dfrac{50}{3}}=4.\cdots$
$\sqrt{\dfrac{50}{3}}+2=6.\cdots$
$\dfrac{20}{3}=6.\cdots$이므로 $\sqrt{\dfrac{20}{3}}=2.\cdots$
$-5-\sqrt{\dfrac{20}{3}}=-7.\cdots$
따라서 $\sqrt{\dfrac{50}{3}}+2$와 $-5-\sqrt{\dfrac{20}{3}}$ 사이에 있는 정수는
$-7, -6, -5, \cdots, 5, 6$으로 그 개수는 14이다.

$\boxed{답}\ 14$

18

$A=\sqrt{\dfrac{9}{2}}\times\sqrt{\dfrac{20}{3}}\times\sqrt{(-0.5)^2}=\sqrt{\dfrac{9}{2}\times\dfrac{20}{3}}\times 0.5$
$=\sqrt{30}\times 0.5=\dfrac{1}{2}\sqrt{30}$
$B=\sqrt{\dfrac{6}{5}}\times\sqrt{\dfrac{20}{3}}\times\sqrt{\dfrac{1}{15}}=\sqrt{\dfrac{6}{5}\times\dfrac{20}{3}\times\dfrac{1}{15}}=\sqrt{\dfrac{8}{15}}$
따라서
$AB=\dfrac{1}{2}\sqrt{30}\times\sqrt{\dfrac{8}{15}}=\dfrac{1}{2}\sqrt{30\times\dfrac{8}{15}}$
$=\dfrac{1}{2}\sqrt{16}=2$

$\boxed{답}\ 2$

19

$\sqrt{17000}=\sqrt{1.7\times100^2}=100\sqrt{1.7}=100a$

$\sqrt{1700}=\sqrt{17\times10^2}=10\sqrt{17}=10b$

이므로

$\sqrt{17000}+\sqrt{1700}=100a+10b$

따라서 $x=100$, $y=10$이므로

$x+y=110$

답 110

20

$\sqrt{20}$이 $\dfrac{\sqrt{5}}{4}$의 몇 배인지 알기 위해서는 $\sqrt{20}\div\dfrac{\sqrt{5}}{4}$를 계산하면 된다.

$\sqrt{20}\div\dfrac{\sqrt{5}}{4}=\sqrt{20}\times\dfrac{4}{\sqrt{5}}=\sqrt{\dfrac{20}{5}}\times4$

$=\sqrt{4}\times4=8$

따라서 $\sqrt{20}$은 $\dfrac{\sqrt{5}}{4}$의 8배이다.

답 8배

21

$\sqrt{670}=\sqrt{6.7\times10^2}=10\sqrt{6.7}=10a$

$\sqrt{6700}=\sqrt{67\times10^2}=10\sqrt{67}=10b$

$\sqrt{0.67}=\sqrt{\dfrac{67}{10^2}}=\dfrac{\sqrt{67}}{10}=\dfrac{b}{10}$

이므로

$\sqrt{670}+\sqrt{6700}+\sqrt{0.67}=10a+10b+\dfrac{b}{10}$

$=10a+\dfrac{101}{10}b$

따라서 $x=10$, $y=\dfrac{101}{10}$이므로

$xy=101$

답 101

22

$\sqrt{\dfrac{147}{128}}=\sqrt{\dfrac{7^2\times3}{8^2\times2}}=\dfrac{7\sqrt{3}}{8\sqrt{2}}$이므로

$a=8$, $b=7$

$\dfrac{7\sqrt{3}}{8\sqrt{2}}=\dfrac{7\sqrt{3}\times\sqrt{2}}{8\sqrt{2}\times\sqrt{2}}=\dfrac{7\sqrt{6}}{16}$이므로

$c=\dfrac{7}{16}$

답 $a=8$, $b=7$, $c=\dfrac{7}{16}$

23

$\dfrac{\sqrt{12a}}{\sqrt{8b}}\times\dfrac{\sqrt{11a}}{\sqrt{7b}}\div\dfrac{\sqrt{10a}}{\sqrt{6b}}\div\dfrac{\sqrt{9a}}{\sqrt{5b}}$

$=\dfrac{\sqrt{12a}}{\sqrt{8b}}\times\dfrac{\sqrt{11a}}{\sqrt{7b}}\times\dfrac{\sqrt{6b}}{\sqrt{10a}}\times\dfrac{\sqrt{5b}}{\sqrt{9a}}$

$=\sqrt{\dfrac{12a\times11a\times6b\times5b}{8b\times7b\times10a\times9a}}=\sqrt{\dfrac{11}{14}}$

$=\sqrt{\dfrac{11\times2^2}{14\times2^2}}=2\sqrt{\dfrac{11}{56}}$

따라서 $p=\dfrac{11}{56}$

답 $\dfrac{11}{56}$

24

밑면의 반지름의 길이를 r cm라 하면 밑면인 원의 둘레의 길이는 $2\sqrt{6}\pi$ cm이므로

$2\pi r=2\sqrt{6}\pi$, $r=\sqrt{6}$

따라서 (밑넓이)$=\pi\times(\sqrt{6})^2=6\pi(\text{cm}^2)$이므로

(원뿔의 부피)$=\dfrac{1}{3}\times($밑넓이$)\times($높이$)$

$=\dfrac{1}{3}\times6\pi\times6\sqrt{2}$

$=12\sqrt{2}\pi(\text{cm}^3)$

답 $12\sqrt{2}\pi$ cm³

25

$A+B=\dfrac{\sqrt{7}+\sqrt{5}+\sqrt{7}-\sqrt{5}}{2}=\dfrac{2\sqrt{7}}{2}=\sqrt{7}$

$A-B=\dfrac{\sqrt{7}+\sqrt{5}-\sqrt{7}+\sqrt{5}}{2}=\dfrac{2\sqrt{5}}{2}=\sqrt{5}$

따라서 $\dfrac{A+B}{A-B}=\dfrac{\sqrt{7}}{\sqrt{5}}=\dfrac{\sqrt{7}\times\sqrt{5}}{\sqrt{5}\times\sqrt{5}}=\dfrac{\sqrt{35}}{5}$이므로

$a=35$

답 35

26

$2c=4a-3b$에서

$$c=2a-\frac{3}{2}b=2(\sqrt{27}+\sqrt{32})-\frac{3}{2}(\sqrt{108}-\sqrt{72})$$

$$=2(3\sqrt{3}+4\sqrt{2})-\frac{3}{2}(6\sqrt{3}-6\sqrt{2})$$

$$=6\sqrt{3}+8\sqrt{2}-9\sqrt{3}+9\sqrt{2}$$

$$=17\sqrt{2}-3\sqrt{3}$$

🔲 $17\sqrt{2}-3\sqrt{3}$

27

$\sqrt{4}<\sqrt{5}<\sqrt{9}$에서 $2<\sqrt{5}<3$이므로

$\sqrt{5}=2.\cdots$

이때 $\sqrt{5}$의 정수 부분은 2, 소수 부분은 $\sqrt{5}-2$이므로

$a=\sqrt{5}-2$

$\sqrt{169}<\sqrt{180}<\sqrt{196}$에서 $13<\sqrt{180}<14$이므로

$\sqrt{180}=13.\cdots$

이때 $\sqrt{180}$의 정수 부분은 13, 소수 부분은 $\sqrt{180}-13$이다.

따라서 $\sqrt{180}-13=6\sqrt{5}-13$이고 $\sqrt{5}=a+2$이므로

$6\sqrt{5}-13=6(a+2)-13=6a-1$

🔲 ③

28

$\sqrt{3}(\sqrt{6}-2\sqrt{5})=\sqrt{18}-2\sqrt{15}=3\sqrt{2}-2\sqrt{15}$이고

$\dfrac{3}{\sqrt{5}}(5+\sqrt{45})=\dfrac{15}{\sqrt{5}}+\dfrac{3\sqrt{45}}{\sqrt{5}}=\dfrac{15\sqrt{5}}{5}+3\sqrt{9}=3\sqrt{5}+9$

이므로

$A=3\sqrt{2}-2\sqrt{15}+3\sqrt{5}+9$

$\sqrt{135}=3\sqrt{15}$, $\dfrac{15}{\sqrt{5}}=\dfrac{15\times\sqrt{5}}{\sqrt{5}\times\sqrt{5}}=3\sqrt{5}$이고

$\sqrt{5}(\sqrt{5}-\sqrt{3})=\sqrt{25}-\sqrt{15}=5-\sqrt{15}$

이므로

$B=3\sqrt{15}-3\sqrt{5}+5-\sqrt{15}=2\sqrt{15}-3\sqrt{5}+5$

따라서

$A+B=(3\sqrt{2}-2\sqrt{15}+3\sqrt{5}+9)+(2\sqrt{15}-3\sqrt{5}+5)$

$\qquad=14+3\sqrt{2}$

이므로

$p=14$, $q=2$

🔲 $p=14$, $q=2$

29

(사다리꼴의 넓이)

$=\dfrac{1}{2}\times\{($윗변의 길이$)+($아랫변의 길이$)\}\times($높이$)$

$=\dfrac{1}{2}\times\{(3\sqrt{3}-\sqrt{2})+(\sqrt{3}+\sqrt{2})\}\times h$

$=\dfrac{1}{2}\times 4\sqrt{3}\times h=2\sqrt{3}\times h$

이므로

$2\sqrt{3}\times h=12\sqrt{6}-6\sqrt{3}$

따라서

$h=\dfrac{12\sqrt{6}-6\sqrt{3}}{2\sqrt{3}}$

$\quad=\dfrac{12\sqrt{6}}{2\sqrt{3}}-\dfrac{6\sqrt{3}}{2\sqrt{3}}$

$\quad=6\sqrt{2}-3$

🔲 $6\sqrt{2}-3$

30

$(2a\odot b)-a=b\odot 3$에서

$\dfrac{2a}{\sqrt{3}}-b-a=\dfrac{b}{\sqrt{3}}-3$

$\dfrac{2a\sqrt{3}}{3}-b-a=\dfrac{b\sqrt{3}}{3}-3$

$\left(\dfrac{2a}{3}-\dfrac{b}{3}\right)\sqrt{3}=a+b-3$ ······ ㉠

㉠의 우변 $a+b-3$이 유리수이므로

㉠의 좌변 $\left(\dfrac{2a}{3}-\dfrac{b}{3}\right)\sqrt{3}$도 유리수가 되어야 한다.

따라서 $\dfrac{2a}{3}=\dfrac{b}{3}$이므로

$b=2a$ ······ ㉡

㉡을 ㉠에 대입하면

$0=a+2a-3$

$3a=3$, $a=1$

$a=1$을 ㉡에 대입하면

$b=2\times 1=2$

🔲 $a=1$, $b=2$

2 다항식의 곱셈과 인수분해 본문 36~63쪽

확인문제

01 (1) $2x^2+3x-2$ (2) $ab+a-2b-2$
(3) $3x^2+6xy-2x+2y-1$

02 (1) $a^2+8a+16$ (2) $9x^2-6x+1$
(3) $4x^2+12xy+9y^2$ (4) $\frac{1}{4}a^2+\frac{1}{5}a+\frac{1}{25}$
(5) $x^2-x+\frac{1}{4}$

03 (1) 4, 16, 10816 (2) 2, 400, 9604 (3) $\sqrt{3}$, $7+4\sqrt{3}$

04 (1) x^2-4 (2) a^2-25 (3) b^2-9a^2
(4) y^2-x^2 (5) $16-49a^2$ (6) $4x^2-\frac{1}{9}$

05 (1) 60, 60, 3600, 3596 (2) 7, 7, 49, 48.91
(3) $\sqrt{7}$, $\sqrt{3}$, 7, 4 (4) $2\sqrt{2}$, $\sqrt{5}$, 8, 3

06 (1) $\sqrt{5}-2$ (2) $4-2\sqrt{3}$ (3) $-3-2\sqrt{2}$

07 (1) x^2-3x+2 (2) x^2-x-2
(3) $x^2-8x+15$ (4) $a^2+\frac{1}{6}a-\frac{1}{6}$

08 (1) $2x^2+9x+4$ (2) $6a^2-a-15$ (3) $6x^2-11x+3$
(4) $-4x^2+7xy-3y^2$ (5) $\frac{1}{6}a^2+4a+18$

09 $2x^2+6x+4$ **10** $16x^2+56x-18$

11 $9x^2+18x+9$ **12** 13 **13** 4 **14** $2\sqrt{5}$ **15** 1

16 $2+4\sqrt{5}-2\sqrt{10}$ **17** -5

18 (1) 6, 9, 6, 9, 6, 6, 9
(2) 2, 4, 4, 2, 4
(3) 3, 4, 3, 4, 3, 4, 8, 3

19 (가) 2 (나) 5 (다) 6 (라) 10 (마) 24
(바) 10 (사) 35 (아) 50 (자) 24

20 (1) $ab(a+b)$ (2) $3x(y+2a-1)$
(3) $2x^2y(1-2xy)$ (4) $a^2(a-b+c)$
(5) $5xy^2(-x+2y)$

21 (1) $(x+6)^2$ (2) $\left(a-\frac{1}{3}\right)^2$
(3) $(5a-2)^2$ (4) $(4x+3y)^2$

22 (1) ±10 (2) ±12 (3) ±1

23 (1) 9 (2) 16 (3) 49 (4) $\frac{1}{4}$ (5) $\frac{1}{25}$ (6) 9

24 (1) 8, 8 (2) $9y$, $5x$

25 (1) $(x+2)(x-2)$ (2) $(3a+b)(3a-b)$
(3) $(7x+4y)(7x-4y)$
(4) $\left(\frac{1}{2}x+\frac{3}{5}y\right)\left(\frac{1}{2}x-\frac{3}{5}y\right)$ (5) $2(a+6b)(a-6b)$

26 (1) 2, 3 (2) -6, -2 (3) -3, 5

27 (1) $(x+2)(x+1)$ (2) $(x-2)(x-4)$
(3) $(x+8)(x-3)$ (4) $(x-3)(x-4)$

28 3, 4, 3, -1, -1, 4, 12

29 (1) $(3x-1)(x+2)$ (2) $(5x-2)(x+4)$
(3) $(2x-3)(3x-2)$ (4) $(4x+3)(2x-5)$

30 (1) $a-2$ (2) $x+3$ (3) $x+2$ **31** 3 **32** 7

33 (가) 7 (나) -18 (다) -18 (라) 3 (마) 2
(바) 3 (사) 3 (아) -18

34 $(3x-7)$ cm **35** $(2x+3)$ cm

36 $(5x-12)$ cm^2

37 (1) 5, 5, 4 (2) 2, 2, 5
(3) 2, 1, 1, 1 (4) 3, 3, 3, 3, 3, 4, 1, 2, 5

38 (1) $(x+2)(x-2)(y+3)$
(2) $(x+3)(x-3)(x-5)$
(3) $(x+y+3)(x+y-3)$

39 (가) 1 (나) 2 (다) $y-2$

40 (1) 1900 (2) 10000 (3) 1 (4) 10 (5) $8\sqrt{2}$

41 (1) 100 (2) 5 (3) 20 (4) 225 (5) 140

유형연습

01 36 **02** $25x^2+2xy+\frac{5}{4}y^2$ **03** $35-2\sqrt{5}$

04 $a=25$, $b=8$ **05** 30010 **06** $-\frac{14}{3}$

07 $\frac{3}{2}$ **08** $-6x^2+23xy-20y^2$

09 $(35a^2-12a+1)$ m^2 **10** 21 **11** 14 **12** 0

13 -54 **14** $3a-6$ **15** $\sqrt{2}-\sqrt{2}b$ **16** -2

17 25 **18** $\frac{21}{40}$ **19** $2x+4$ **20** 11

21 -4 **22** $(x+2)(x-5)$ **23** $b(a+b)\pi$

24 $3(2x+1)(2x+3)$ **25** 0

26 $(a+1)(b-1)(c-1)$ **27** -276 **28** 7

01

큰 직사각형의 가로의 길이가 $x+2y+A$, 큰 직사각형의 세로의 길이가 $2x+3A$이므로 직사각형의 넓이는

$(x+2y+A)(2x+3A)$

$=2x^2+3Ax+4xy+6Ay+2Ax+3A^2$

$=2x^2+4xy+5Ax+6Ay+3A^2$

$=2x^2+4xy+Bx+Cy+27$

따라서 $5A=B$, $6A=C$, $3A^2=27$이고

A는 양수이므로

$A=3$, $B=15$, $C=18$

따라서 $A+B+C=36$

답 36

02

한 변의 길이가 각각 $4x-\dfrac{1}{2}y$, $3x+y$인 두 정사각형의 넓이는 각각

$\left(4x-\dfrac{1}{2}y\right)^2=16x^2-4xy+\dfrac{1}{4}y^2$

$(3x+y)^2=9x^2+6xy+y^2$

따라서 두 정사각형의 넓이의 합은

$16x^2-4xy+\dfrac{1}{4}y^2+9x^2+6xy+y^2$

$=25x^2+2xy+\dfrac{5}{4}y^2$

답 $25x^2+2xy+\dfrac{5}{4}y^2$

03

$A=(\sqrt{5}-3)^2=5-6\sqrt{5}+9$

$\quad=14-6\sqrt{5}$

$B=(1+2\sqrt{5})^2=1+4\sqrt{5}+20$

$\quad=21+4\sqrt{5}$

따라서

$A+B=(14-6\sqrt{5})+(21+4\sqrt{5})$

$\quad\quad=35-2\sqrt{5}$

답 $35-2\sqrt{5}$

04

$(x+y)^2(x^2+y^2)^2(x^4+y^4)^2$에 $(x-y)^2$을 곱하면

$(x-y)^2(x+y)^2(x^2+y^2)^2(x^4+y^4)^2$

$=\{(x-y)(x+y)(x^2+y^2)(x^4+y^4)\}^2$

$=\{(x^2-y^2)(x^2+y^2)(x^4+y^4)\}^2$

$=\{(x^4-y^4)(x^4+y^4)\}^2$

$=(x^8-y^8)^2$

즉, $(x-y)^2(x+y)^2(x^2+y^2)^2(x^4+y^4)^2=(x^8-y^8)^2$이고

$x-y=5$이므로

$25(x+y)^2(x^2+y^2)^2(x^4+y^4)^2=(x^8-y^8)^2$

$(x+y)^2(x^2+y^2)^2(x^4+y^4)^2=\dfrac{1}{25}(x^8-y^8)^2$

따라서 $a=25$, $b=8$

답 $a=25$, $b=8$

05

$30010=x$로 놓으면

$\dfrac{30007\times30013+9}{30010}=\dfrac{(x-3)(x+3)+9}{x}$

$\quad\quad\quad\quad\quad\quad\quad\quad=\dfrac{x^2-9+9}{x}$

$\quad\quad\quad\quad\quad\quad\quad\quad=x=30010$

답 30010

06

피타고라스 정리에 의하여 정사각형 ABCD의 한 변의 길이는 $\sqrt{3^2+1^2}=\sqrt{10}$이므로

$a=-2+\sqrt{10}$, $b=-2-\sqrt{10}$

따라서

$\dfrac{b}{a}+\dfrac{a}{b}=\dfrac{a^2+b^2}{ab}=\dfrac{(-2+\sqrt{10})^2+(-2-\sqrt{10})^2}{(-2+\sqrt{10})(-2-\sqrt{10})}$

$\quad\quad\quad\quad\quad=\dfrac{(4-4\sqrt{10}+10)+(4+4\sqrt{10}+10)}{4-10}$

$\quad\quad\quad\quad\quad=\dfrac{28}{-6}$

$\quad\quad\quad\quad\quad=-\dfrac{14}{3}$

답 $-\dfrac{14}{3}$

07

$$\left(x+\frac{3}{2}\right)(x-4a)=x^2+\left(\frac{3}{2}-4a\right)x-6a$$

상수항이 x의 계수의 2배이므로

$$-6a=2\left(\frac{3}{2}-4a\right), \ -6a=3-8a$$

$$2a=3$$

따라서 $a=\frac{3}{2}$

$\quad\blacksquare \ \dfrac{3}{2}$

08

(잘못 계산한 식)$=(3x-ay)(2x+5y)$
$$=6x^2+(-2a+15)xy-5ay^2$$

잘못 계산한 식의 xy의 계수가 7이므로

$$-2a+15=7, \ -2a=-8, \ a=4$$

따라서 바르게 계산한 답은

$$(3x-4y)(-2x+5y)=-6x^2+23xy-20y^2$$

$\quad\blacksquare \ -6x^2+23xy-20y^2$

09

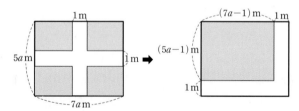

위의 그림과 같이 산책로를 제외한 꽃밭의 네 부분을 모으면 하나의 직사각형이 되고, 그 가로의 길이는 $(7a-1)$ m, 세로의 길이는 $(5a-1)$ m이다.

따라서 산책로를 제외한 꽃밭 부분의 넓이는

$$(7a-1)(5a-1)=35a^2-12a+1 \, (\text{m}^2)$$

$\quad\blacksquare \ (35a^2-12a+1) \ \text{m}^2$

10

$a\neq0$이므로 $a^2-5a+2=0$의 양변을 a로 나누면

$$a-5+\frac{2}{a}=0$$

$$a+\frac{2}{a}=5$$

양변을 제곱하면

$$a^2+4+\frac{4}{a^2}=25$$

따라서

$$a^2+\frac{4}{a^2}=\left(a+\frac{2}{a}\right)^2-4$$
$$=25-4=21$$

$\quad\blacksquare \ 21$

11

$$x=\frac{2-\sqrt{2}}{2+\sqrt{2}}=\frac{(2-\sqrt{2})^2}{(2+\sqrt{2})(2-\sqrt{2})}$$
$$=\frac{4-4\sqrt{2}+2}{2^2-(\sqrt{2})^2}$$
$$=\frac{6-4\sqrt{2}}{2}$$
$$=3-2\sqrt{2}$$

이므로 $x-3=-2\sqrt{2}$

양변을 제곱하면

$$(x-3)^2=(-2\sqrt{2})^2$$

$$x^2-6x+9=8$$

$$x^2-6x=-1$$

따라서

$$x^2-6x+15=-1+15=14$$

$\quad\blacksquare \ 14$

12

$2y-3=A$로 치환하면

$$(-x+2y-3)(-x-2y+3)$$
$$=(-x+A)(-x-A)$$
$$=x^2-A^2$$
$$=x^2-(2y-3)^2$$
$$=x^2-4y^2+12y-9$$

따라서 상수항을 포함한 모든 항의 계수의 합은

$$1-4+12-9=0$$

$\quad\blacksquare \ 0$

13

$x^2-4x-3=0$에서

$x^2-4x=3$

따라서

$(x+2)(x-3)(x-1)(x-6)$

$=\{(x+2)(x-6)\}\{(x-3)(x-1)\}$

$=(x^2-4x-12)(x^2-4x+3)$

$=(3-12)(3+3)$

$=-54$

답 -54

14

$a(a-3)(a+2)-5(a^2+2a)$

$=a(a-3)(a+2)-5a(a+2)$

$=a(a+2)(a-3-5)$

$=a(a+2)(a-8)$

따라서 a의 계수가 1인 세 일차식은 각각 a, $a+2$, $a-8$이므로 세 일차식의 합은

$a+(a+2)+(a-8)=3a-6$

답 $3a-6$

15

$\sqrt{2a^2-4a+2}-\sqrt{2a^2-4ab+2b^2}$

$=\sqrt{2(a^2-2a+1)}-\sqrt{2(a^2-2ab+b^2)}$

$=\sqrt{2(a-1)^2}-\sqrt{2(a-b)^2}$

$=\sqrt{2}|a-1|-\sqrt{2}|a-b|$

이때 $a-1<0$, $a-b<0$이므로

(주어진 식)$=\sqrt{2}(-a+1)-\sqrt{2}(-a+b)$

$\qquad\qquad=-\sqrt{2}a+\sqrt{2}+\sqrt{2}a-\sqrt{2}b$

$\qquad\qquad=\sqrt{2}-\sqrt{2}b$

답 $\sqrt{2}-\sqrt{2}b$

16

$x^2+(2-3A)xy+4A^2y^2$이 완전제곱식이 되려면

$x^2+(2-3A)xy+4A^2y^2=(x\pm2Ay)^2$이어야 하므로

$2-3A=\pm4A$

이때 A가 음수이므로 $2-3A$는 양수이다.

따라서 $2-3A=-4A$이므로

$A=-2$

답 -2

17

$(x+7)(x-3)+k=x^2+4x-21+k$가 완전제곱식이 되려면

$-21+k=\left(\dfrac{4}{2}\right)^2$

$-21+k=4$

따라서 $k=25$

답 25

18

$\left(1-\dfrac{1}{2^2}\right)\times\left(1-\dfrac{1}{3^2}\right)\times\left(1-\dfrac{1}{4^2}\right)\times\cdots\times\left(1-\dfrac{1}{20^2}\right)$

$=\left\{1-\left(\dfrac{1}{2}\right)^2\right\}\times\left\{1-\left(\dfrac{1}{3}\right)^2\right\}\times\left\{1-\left(\dfrac{1}{4}\right)^2\right\}$

$\qquad\qquad\qquad\qquad\times\cdots\times\left\{1-\left(\dfrac{1}{20}\right)^2\right\}$

$=\left(1+\dfrac{1}{2}\right)\left(1-\dfrac{1}{2}\right)\left(1+\dfrac{1}{3}\right)\left(1-\dfrac{1}{3}\right)$

$\qquad\qquad\qquad\qquad\times\cdots\times\left(1+\dfrac{1}{20}\right)\left(1-\dfrac{1}{20}\right)$

$=\left\{\left(1+\dfrac{1}{2}\right)\left(1+\dfrac{1}{3}\right)\times\cdots\times\left(1+\dfrac{1}{20}\right)\right\}$

$\qquad\qquad\times\left\{\left(1-\dfrac{1}{2}\right)\left(1-\dfrac{1}{3}\right)\times\cdots\times\left(1-\dfrac{1}{20}\right)\right\}$

$=\left(\dfrac{3}{2}\times\dfrac{4}{3}\times\cdots\times\dfrac{21}{20}\right)\times\left(\dfrac{1}{2}\times\dfrac{2}{3}\times\cdots\times\dfrac{19}{20}\right)$

$=\dfrac{21}{2}\times\dfrac{1}{20}$

$=\dfrac{21}{40}$

답 $\dfrac{21}{40}$

19

$(x-2)(x+6)-9=x^2+4x-12-9$
$\qquad\qquad\qquad\quad=x^2+4x-21$

곱이 -21, 합이 4인 두 수는 7, -3이므로
$x^2+4x-21=(x+7)(x-3)$
따라서 x의 계수가 1인 두 일차식은 $x+7$과 $x-3$이므로
두 일차식의 합은
$(x+7)+(x-3)=2x+4$

답 $2x+4$

20

$(2x+3y)(3x+5y)-12y^2$
$=6x^2+19xy+15y^2-12y^2$
$=6x^2+19xy+3y^2$

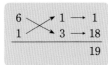

$6x^2+19xy+3y^2=(6x+y)(x+3y)$
따라서 $a=6$, $b=1$, $c=1$, $d=3$ 또는
$a=1$, $b=3$, $c=6$, $d=1$이므로
$a+b+c+d=11$

답 11

21

$2x^2-3x-2=(2x+1)(x-2)$
$2x^2-5x+2=(2x-1)(x-2)$
두 일차식의 공통인수가 $x-2$이므로
$3x^2+ax-4$도 $x-2$를 공통인수로 갖는다.
$3x^2+ax-4=(x-2)(\boxed{})$에서
x^2의 계수가 3이고 상수항이 -4이므로
$\boxed{}$ 안에 들어갈 일차식은 $3x+2$이다.
따라서 $(x-2)(3x+2)=3x^2-4x-4$이므로
$a=-4$

답 -4

22

재석이가 인수분해한 이차식을 전개하면
$(x+10)(x-1)=x^2+9x-10$
재석이는 x의 계수를 잘못 보았으므로 처음의 주어진 이차식
의 x^2의 계수는 1, 상수항은 -10이다.
호동이가 인수분해한 이차식을 전개하면
$(x-1)(x-2)=x^2-3x+2$
호동이는 상수항을 잘못 보았으므로 처음의 주어진 이차식의
x^2의 계수는 1, x의 계수는 -3이다.
따라서 처음의 주어진 이차식을 인수분해하면
$x^2-3x-10=(x+2)(x-5)$

답 $(x+2)(x-5)$

23

색칠한 부분은 지름의 길이가 $2a+2b$인 반원에서 지름의 길
이가 $2a$인 반원을 빼고 지름의 길이가 $2b$인 반원을 더해서
만들 수 있다.
따라서 색칠한 부분의 넓이는
$\dfrac{\pi}{2}(a+b)^2-\dfrac{\pi}{2}a^2+\dfrac{\pi}{2}b^2$
$=\dfrac{\pi}{2}\{(a+b)^2-a^2+b^2\}$
$=\dfrac{\pi}{2}(a^2+2ab+b^2-a^2+b^2)$
$=\dfrac{\pi}{2}(2b^2+2ab)$
$=b(a+b)\pi$

답 $b(a+b)\pi$

24

$x-1=A$, $x+2=B$로 치환하면
$(x-1)^2+6(x+2)(x-1)+5(x+2)^2$
$=A^2+6AB+5B^2$
$=(A+B)(A+5B)$
$=\{(x-1)+(x+2)\}\{(x-1)+(5x+10)\}$
$=(2x+1)(6x+9)$
$=3(2x+1)(2x+3)$

답 $3(2x+1)(2x+3)$

[주의] 일차식 $6x+9$에서 6과 9가 공약수 3을 가지므로
$\quad\quad 6x+9=3(2x+3)$으로 만들어야 한다.

25

$9x^2-16+6xy+y^2$
$=(9x^2+6xy+y^2)-16$
$=(3x+y)^2-4^2$
$=(3x+y+4)(3x+y-4)$
따라서 $a=3$, $b=1$, $c=-4$이므로
$a+b+c=0$

🄐 0

26

$abc-ab+bc-ca+a-b-c+1$을 a에 대한 내림차순으로
정리하면
$abc-ab+bc-ca+a-b-c+1$
$=abc-ab-ca+a+bc-b-c+1$
$=(bc-b-c+1)a+(bc-b-c+1)$
$=(a+1)(bc-b-c+1)$
$=(a+1)(b-1)(c-1)$

🄐 $(a+1)(b-1)(c-1)$

27

$1+7^2+13^2+19^2-(4^2+10^2+16^2+22^2)$
$=(1^2-4^2)+(7^2-10^2)+(13^2-16^2)+(19^2-22^2)$
$=(1-4)(1+4)+(7-10)(7+10)$
$\quad\quad\quad +(13-16)(13+16)+(19-22)(19+22)$
$=-3\times5-3\times17-3\times29-3\times41$
$=-3(5+17+29+41)$
$=-3\times92$
$=-276$

🄐 -276

28

$x=\dfrac{1}{3+2\sqrt{2}}\times\dfrac{3-2\sqrt{2}}{3-2\sqrt{2}}$

$\quad=\dfrac{3-2\sqrt{2}}{3^2-(2\sqrt{2})^2}$

$\quad=3-2\sqrt{2}$

따라서 주어진 식을 인수분해하여 식의 값을 구하면
$x^2-6x+8=(x-2)(x-4)$
$\quad\quad\quad\quad\quad =(3-2\sqrt{2}-2)(3-2\sqrt{2}-4)$
$\quad\quad\quad\quad\quad =(1-2\sqrt{2})(-1-2\sqrt{2})$
$\quad\quad\quad\quad\quad =(-2\sqrt{2})^2-1^2$
$\quad\quad\quad\quad\quad =8-1=7$

🄐 7

[다른 풀이]
$x=3-2\sqrt{2}$이므로
$x-3=-2\sqrt{2}$
양변을 제곱하면
$x^2-6x+9=8$
$x^2-6x=-1$
따라서 $x^2-6x=-1$을 대입하여 식의 값을 구하면
$x^2-6x+8=-1+8=7$

3 이차방정식 본문 64~87쪽

확인문제

01 (1) ○ (2) × (3) ○ (4) ○ (5) × (6) ○

02 (1) ○ (2) × (3) ○ (4) × (5) ○ (6) ○

03 (1) 4 (2) 16 (3) -5 (4) 3 (5) $-\dfrac{4}{7}$ (6) 1

04 (1) ○ (2) × (3) ○ (4) ○ (5) ○

05 (1) $x=0$ 또는 $x=4$ (2) $x=-2$ 또는 $x=5$

(3) $x=-1$ 또는 $x=\dfrac{2}{3}$

06 $x+6$, $x+6$, -6

07 (1) $x=1$(중근) (2) $x=-2$(중근)

08 (1) $x+2$, -2 (2) $x-3$, 3 (3) $x-\dfrac{1}{2}$, $\dfrac{1}{2}$

09 (1) 9 (2) 14

10 (1) 3, -3, $\dfrac{9}{4}$ (2) 4, 4, 4, 8

11 (1) -4 (2) $x=-3$ (3) $x=-4$ 또는 $x=3$

12 (1) 20 (2) $x=\dfrac{5}{2}$

13 (1) $x=2$ (2) $x=-1$ (3) $x=-\dfrac{1}{2}$

14 (1) $a=-1$, $b=1$ (2) $a=1$, $b=2$

15 (1) $x=\pm\sqrt{3}$ (2) $x=\pm\dfrac{3}{2}$

(3) $x=-2\pm\sqrt{3}$ (4) $x=2\pm\sqrt{2}$

16 (1) ○ (2) ○

17 (1) 9, 9, 3, 5, -3, 5

(2) 4, 2, 4, 2, 4, 4, 6, 2, 6, 2, 6

18 1, 5, 3, -5, 3, -5, 13

19 (1) $x=\dfrac{-7\pm\sqrt{33}}{2}$ (2) $x=-2\pm\sqrt{7}$

(3) $x=\dfrac{5\pm\sqrt{33}}{4}$

20 10, 20, 21, 7, 2, $\dfrac{3}{2}\left(\text{또는}\ \dfrac{7}{2}\right)$, $\dfrac{7}{2}\left(\text{또는}\ \dfrac{3}{2}\right)$

21 (1) $x=-5$(중근) (2) $x=-5$ 또는 $x=3$

(3) $x=\dfrac{1\pm\sqrt{19}}{3}$

22 (1) $x=5$(중근) (2) $x=-\dfrac{4}{3}$ 또는 $x=1$

(3) $x=1$ 또는 $x=10$ (4) $x=-2$ 또는 $x=1$

(5) $x=-4$ 또는 $x=3$

23 (1) × (2) ○ (3) ○ **24** (1) $\dfrac{9}{8}$ (2) 40

25 (1) 1, -3, -4, 25, 2 (2) 2, -5, 6, -23, 0

26 (1) $k<9$ (2) $k=9$ (3) $k>9$

27 (1) 2, 4, 2, 4, 48 (2) -4, -4, 4, 1

28 (1) $x^2-8x+15=0$ (2) $x^2-x-2=0$

(3) $x^2-14x+49=0$

29 (가) $2a$ (나) $3a$ (다) $2a^2$ (라) 2 (마) 8

30 (1) $x^2-5x+6=0$ (2) 6

(3) $x^2-7x+12=0$ (4) -7

31 (1) $2-\sqrt{3}$ (2) $5+\sqrt{7}$

(3) $1-2\sqrt{2}$ (4) $-4+3\sqrt{5}$

32 (1) × (2) ×

33 (1) 2, 9, 18, 2, 9, 18, 5, 14

(2) $x=-2$ 또는 $x=7$ (3) 7

34 (1) 0, 4, 4, 4, 4 (2) 2초 후

35 (1) 26, 26, 26, 165

(2) $x=11$ 또는 $x=15$ (3) 15 cm

36 (1) $(10-x)$ cm (2) 50π cm^2 (3) $x^2-10x+24=0$

(4) $x=4$ 또는 $x=6$ (5) 4 cm

유형연습

01 ② **02** $x=-4$ 또는 $x=2$ **03** -4

04 13 **05** $x=\dfrac{1}{2}$ 또는 $x=3$ **06** 20

07 $x=-\dfrac{3}{2}$ 또는 $x=\dfrac{1}{3}$ **08** $x=-1$ 또는 $x=\dfrac{4}{3}$

09 13 **10** -4 **11** 5 **12** $x=\dfrac{-3\pm\sqrt{13}}{2}$

13 (1) $x=\dfrac{9\pm\sqrt{21}}{6}$ (2) 12 **14** 1

15 -10 **16** $-\dfrac{5}{2}<k<-2$ 또는 $-2<k<1$

17 $a=15$, $b=-3$ **18** 2

19 $x=-4$ 또는 $x=2$ **20** 8 **21** 24

22 12초 후 **23** 4 cm **24** 2 m

01

$(a-1)x^2+ax=x(2ax-3)$에서

$(a-1)x^2+ax=2ax^2-3x$

$(-a-1)x^2+(3+a)x=0$

이 등식이 이차방정식이 되려면 x^2의 계수인 $-a-1$이 0이

아니어야 하므로

$-a-1 \neq 0$, 즉 $a \neq -1$

따라서 x에 대한 이차방정식이 되도록 하는 상수 a의 값이

아닌 것은 ②이다.

답 ②

02

$x^2+2x-8=0$에

$x=-4$를 대입하면 $16-8-8=0$ (참)

$x=2$를 대입하면 $4+4-8=0$ (참)

-4부터 4까지의 정수 중 -4와 2 이외의 값을 대입하면 이

차방정식 $x^2+2x-8=0$은 거짓이 된다.

따라서 이차방정식 $x^2+2x-8=0$의 해는

$x=-4$ 또는 $x=2$

답 $x=-4$ 또는 $x=2$

03

$ax^2+bx+24=0$에 $x=-3$을 대입하면

$9a-3b+24=0$

양변을 3으로 나누면

$3a-b+8=0$, 즉 $b=3a+8$ ...... ㉠

$ax^2+bx+24=0$에 $x=4$를 대입하면

$16a+4b+24=0$

양변을 4로 나누면

$4a+b+6=0$ ...... ㉡

㉠을 ㉡에 대입하면

$7a+14=0$, $a=-2$

$a=-2$를 ㉠에 대입하면

$b=3 \times (-2)+8=2$

따라서 $ab=(-2) \times 2=-4$

답 -4

04

$x^2-3x+1=0$에 $x=a$를 대입하면

$a^2-3a+1=0$

$a \neq 0$이므로 양변을 a로 나누면

$a-3+\dfrac{1}{a}=0$

$a+\dfrac{1}{a}=3$

양변을 제곱하면

$a^2+2+\dfrac{1}{a^2}=9$

$a^2+\dfrac{1}{a^2}=7$

따라서

$a^2+2a+\dfrac{1}{a^2}+\dfrac{2}{a}=\left(a^2+\dfrac{1}{a^2}\right)+2\left(a+\dfrac{1}{a}\right)$

$=7+2 \times 3$

$=13$

답 13

05

이차방정식 $x^2-5x+6=0$의 해를 구하면

$(x-2)(x-3)=0$

$x=2$ 또는 $x=3$

$a<b$이므로 $a=2$, $b=3$

$ax^2-7x+b=0$에 $a=2$, $b=3$을 대입하면

$2x^2-7x+3=0$

$(2x-1)(x-3)=0$

따라서 구하는 해는

$x=\dfrac{1}{2}$ 또는 $x=3$

답 $x=\dfrac{1}{2}$ 또는 $x=3$

06

이차방정식 $x^2-8x+a=0$이 중근을 가지므로 좌변을 인수

분해하였을 때 $(x-4)^2=0$임을 알 수 있다.

즉, $a=16$

$x^2+(a-4)x+b=0$에 $a=16$을 대입하면

$x^2+12x+b=0$이고, 중근을 가지므로 좌변을 인수분해하였을 때 $(x+6)^2=0$임을 알 수 있다.

즉, $b=36$

따라서 $b-a=36-16=20$

답 20

07

이차방정식 $x^2-4x+k+1=0$이 중근을 가지므로

$k+1=\left(\dfrac{-4}{2}\right)^2$

$k+1=4$, $k=3$

$6x^2+(2k+1)x-3=0$에 $k=3$을 대입하면

$6x^2+7x-3=0$

$(2x+3)(3x-1)=0$

따라서 $x=-\dfrac{3}{2}$ 또는 $x=\dfrac{1}{3}$

답 $x=-\dfrac{3}{2}$ 또는 $x=\dfrac{1}{3}$

08

$x^2+ax-6=0$에 $x=-2$를 대입하면

$4-2a-6=0$, $a=-1$

$x^2+ax-6=0$에 $a=-1$을 대입하면

$x^2-x-6=0$

$(x+2)(x-3)=0$

$x=-2$ 또는 $x=3$이므로

$b=3$

$bx^2+ax-4=0$에 $a=-1$, $b=3$을 대입하면

$3x^2-x-4=0$

$(x+1)(3x-4)=0$

따라서 구하는 두 근은

$x=-1$ 또는 $x=\dfrac{4}{3}$

답 $x=-1$ 또는 $x=\dfrac{4}{3}$

09

$3x^2+4x-4=0$에서 $(x+2)(3x-2)=0$이므로

$x=-2$ 또는 $x=\dfrac{2}{3}$

$6x^2+11x-10=0$에서 $(2x+5)(3x-2)=0$이므로

$x=-\dfrac{5}{2}$ 또는 $x=\dfrac{2}{3}$

따라서 두 이차방정식의 공통인 근은 $x=\dfrac{2}{3}$이다.

$3x^2+ax-10=0$에 $x=\dfrac{2}{3}$를 대입하면

$\dfrac{4}{3}+\dfrac{2}{3}a-10=0$, $\dfrac{2}{3}a=\dfrac{26}{3}$

따라서 $a=13$

답 13

10

$3(x-1)^2=48$에서 $(x-1)^2=16$

$x-1=\pm4$, $x=5$ 또는 $x=-3$

이 두 근 중 큰 근 $x=5$는 이차방정식

$(a+1)x^2-3ax-2a+7=0$의 한 근이다.

$(a+1)x^2-3ax-2a+7=0$에 $x=5$를 대입하면

$25(a+1)-15a-2a+7=0$

$8a=-32$

따라서 $a=-4$

답 -4

11

$3x^2+6x-1=0$의 양변을 3으로 나누면

$x^2+2x-\dfrac{1}{3}=0$

상수항을 우변으로 이항하면

$x^2+2x=\dfrac{1}{3}$

양변에 1을 더하면

$x^2+2x+1=\dfrac{1}{3}+1$

$(x+1)^2=\dfrac{4}{3}$

따라서 $a=1$, $b=\dfrac{4}{3}$이므로

$a+3b=1+4=5$

답 5

12

$2x^2+3x-2=0$에서

$(x+2)(2x-1)=0$

$x=-2$ 또는 $x=\dfrac{1}{2}$

$\alpha>\beta$이므로 $\alpha=\dfrac{1}{2}$, $\beta=-2$

$x^2+2(\alpha+1)x+\beta+1=0$에 $\alpha=\dfrac{1}{2}$, $\beta=-2$를 대입하면

$x^2+3x-1=0$

근의 공식에 의하여

$x=\dfrac{-3\pm\sqrt{3^2-4\times1\times(-1)}}{2\times1}$

$=\dfrac{-3\pm\sqrt{13}}{2}$

$\boxed{\text{답}}\ x=\dfrac{-3\pm\sqrt{13}}{2}$

13

(1) $\dfrac{3}{5}x^2+1=1.8x$의 양변에 5를 곱하면

$3x^2+5=9x$

$3x^2-9x+5=0$

근의 공식에 의하여

$x=\dfrac{-(-9)\pm\sqrt{(-9)^2-4\times3\times5}}{2\times3}$

$=\dfrac{9\pm\sqrt{21}}{6}$

(2) $a=9$, $b=21$이므로

$b-a=21-9=12$

$\boxed{\text{답}}$ (1) $x=\dfrac{9\pm\sqrt{21}}{6}$ (2) 12

14

$x+a=A$로 치환하면 주어진 이차방정식은

$A(A+2)+3+k=0$

$A^2+2A+3+k=0$

근의 공식에 의하여

$A=-1\pm\sqrt{1^2-(3+k)}=-1\pm\sqrt{-2-k}$

$x=A-a$이므로

$x=-1-a\pm\sqrt{-2-k}$

주어진 이차방정식이 중근 $x=a$를 가지므로

$-2-k=0$, $k=-2$

즉, $x=-1-a=a$이므로

$a=-\dfrac{1}{2}$

따라서 $ak=\left(-\dfrac{1}{2}\right)\times(-2)=1$

$\boxed{\text{답}}\ 1$

[다른 풀이]

이차방정식이 중근을 가지려면 식이 (완전제곱식)$^2=0$의 꼴이어야 하므로

$(x+a)(x+a+2)+3+k=(x-a)^2$

양변을 전개하여 식을 정리하면

$x^2+(2a+2)x+a^2+2a+3+k=x^2-2ax+a^2$

$2a+2=-2a$, $2a+3+k=0$이므로

$a=-\dfrac{1}{2}$, $k=-2$

따라서 $ak=\left(-\dfrac{1}{2}\right)\times(-2)=1$

15

이차방정식 $2x^2+kx-k+\dfrac{5}{2}=0$이 중근을 가지려면

$k^2-4\times2\times\left(-k+\dfrac{5}{2}\right)=0$

$k^2+8k-20=0$

$(k+10)(k-2)=0$

따라서 $k=-10$ 또는 $k=2$일 때 이차방정식

$2x^2+kx-k+\dfrac{5}{2}=0$이 중근을 갖는다.

(i) $k=2$일 때

주어진 이차방정식은 $2x^2+2x+\dfrac{1}{2}=0$이고, 이 이차방정식의 해는 $x=-\dfrac{1}{2}$(중근)이므로 양수인 중근이 아니다.

(ii) $k=-10$일 때

주어진 이차방정식은 $2x^2-10x+\dfrac{25}{2}=0$이고, 이 이차방정식의 해는 $x=\dfrac{5}{2}$(중근)이므로 양수인 중근을 갖는다.

(i), (ii)에 의하여

$k=-10$

$\boxed{\text{답}}\ -10$

16

이차방정식 $x^2-6x+k+8=0$이 서로 다른 두 근을 가지므로

$(-6)^2-4\times1\times(k+8)>0$

$4-4k>0$

$k<1$ ...... ㉠

이차방정식 $(k^2-4)x^2+2(k+1)x+1=0$이 서로 다른 두 근을 가지므로

$\{2(k+1)\}^2-4\times(k^2-4)\times1>0$

$8k+20>0$

$k>-\dfrac{5}{2}$ ...... ㉡

㉠, ㉡에서 $-\dfrac{5}{2}<k<1$

한편, $(k^2-4)x^2+2(k+1)x+1=0$이 이차방정식이므로

$k^2-4\neq0$, 즉 $k\neq-2$이고 $k\neq2$

따라서 상수 k의 값의 범위는

$-\dfrac{5}{2}<k<-2$ 또는 $-2<k<1$

$\blacksquare\ -\dfrac{5}{2}<k<-2$ 또는 $-2<k<1$

17

x^2의 계수가 2이고 $x=-3$을 중근으로 갖는 이차방정식은

$2(x+3)^2=0$, 즉 $2x^2+12x+18=0$

따라서 $a+b=12$, $a-b=18$이고, 두 식을 변끼리 더하면

$2a=30$, $a=15$

$a+b=12$에 $a=15$를 대입하면

$b=-3$

$\blacksquare\ a=15,\ b=-3$

18

이차방정식의 두 근의 비가 1:3이므로 두 근을 각각 a, $3a$로 놓고 이차방정식을 세우면

$(x-a)(x-3a)=0$

$x^2-4ax+3a^2=0$

이 식은 $x^2-2(k+2)x+6k=0$과 같으므로

x의 계수를 비교하면

$2(k+2)=4a$, $k+2=2a$

$a=\dfrac{k}{2}+1$ ...... ㉠

상수항을 비교하면

$6k=3a^2$

$a^2=2k$ ...... ㉡

㉠을 ㉡에 대입하면

$\left(\dfrac{k}{2}+1\right)^2=2k$, $\dfrac{k^2}{4}+k+1=2k$

$k^2-4k+4=0$

$(k-2)^2=0$

따라서 $k=2$

$\blacksquare\ 2$

19

지영이가 푼 이차방정식은

$(x+2)(x-4)=0$, 즉 $x^2-2x-8=0$

지영이는 x의 계수를 잘못 보고 풀었으므로 처음 이차방정식의 상수항은 -8이다.

동규가 푼 이차방정식은

$(x+1)^2=0$, 즉 $x^2+2x+1=0$

동규는 상수항를 잘못 보고 풀었으므로 처음 이차방정식의 x의 계수는 2이다.

따라서 처음 이차방정식은

$x^2+2x-8=0$, $(x+4)(x-2)=0$

이므로

$x=-4$ 또는 $x=2$

$\blacksquare\ x=-4$ 또는 $x=2$

20

한 근이 $4-2\sqrt{3}$이므로 다른 한 근은 $4+2\sqrt{3}$이다.

두 근이 $4-2\sqrt{3}$, $4+2\sqrt{3}$이고 x^2의 계수가 -2인 이차방정식은

$-2\{x-(4-2\sqrt{3})\}\{x-(4+2\sqrt{3})\}=0$

$-2(x^2-8x+4)=0$

$-2x^2+16x-8=0$

따라서 $a=16$, $b=-8$이므로
$a+b=8$

📖 8

21

연속하는 세 짝수를 $x-2$, x, $x+2$라 하면
$(x-2)^2=2(x+x+2)$
$x^2-4x+4=4x+4$
$x^2-8x=0$
$x(x-8)=0$
$x=0$ 또는 $x=8$
x는 자연수이므로 $x=8$
따라서 세 짝수는 6, 8, 10이므로 그 합은 24이다.

📖 24

22

물체가 지면에 떨어질 때의 높이는 0 m이므로
$h=0$을 대입하면
$0=-5t^2+40t+240$
$5t^2-40t-240=0$
$t^2-8t-48=0$
$(t+4)(t-12)=0$
$t=-4$ 또는 $t=12$
$t>0$이므로 $t=12$
따라서 물체가 지면에 떨어지는 것은 던져 올린 지 12초 후이다.

📖 12초 후

23

$\overline{DF}=x$ cm라 하면

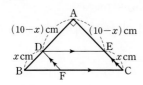

△DBF가 직각이등변삼각형이므로
$\overline{DB}=\overline{DF}=x$ cm

또한, $\square DFCE$가 평행사변형이므로
$\overline{CE}=\overline{DF}=x$ cm
평행사변형 DFCE의 넓이가 24 cm²이므로
$\triangle ABC-\triangle DBF-\triangle ADE=24$
$50-\dfrac{1}{2}x^2-\dfrac{1}{2}(10-x)^2=24$
$100-x^2-(10-x)^2=48$
$-2x^2+20x-48=0$
$x^2-10x+24=0$
$(x-4)(x-6)=0$
$x=4$ 또는 $x=6$
$\overline{AD}>\overline{DB}$이므로 $10-x>x$
즉, $x<5$이어야 하므로 $x=4$
따라서 $\overline{DF}$의 길이는 4 cm이다.

📖 4 cm

24

길의 폭을 x m라 하면 길을 제외한 나머지 네 부분으로 나뉘어진 잔디밭의 넓이의 합은 다음 그림의 색칠한 부분의 넓이와 같다.

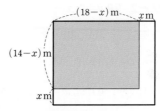

잔디밭의 넓이는 192 m²이므로
$(18-x)(14-x)=192$
$x^2-32x+60=0$
$(x-2)(x-30)=0$
$x=2$ 또는 $x=30$
$0<x<14$이므로 $x=2$
따라서 길의 폭은 2 m이다.

📖 2 m

4 이차함수
본문 88~117쪽

확인문제

01 (1)× (2)○ (3)○ (4)× (5)○ (6)× (7)○

02 $y=3x^2-6x$ **03** (1)○ (2)×

04 (1) 2 (2) −2 (3) 7 (4) $\dfrac{1}{4}$ **05** 12 **06** 3

07 (1)○ (2)× **08** (1) 포물선 (2) 선, 축 (3) 축

09 (1)○ (2)× **10** 12 **11** (0, 0)

12 $x=0$ **13** (1) 0 (2) 아래 (3) 20 (4) 1, 2

14 (1)× (2)○ **15** −2 **16** (0, 0)

17 $x=0$ **18** (1) 0 (2) 위 (3) −36 (4) 3, 4

19 ① **20** ③

21 (1) ㄴ, ㄷ, ㅁ (2) ㄱ, ㄹ, ㅂ (3) ㄴ (4) ㅂ (5) ㄱ과 ㅁ

22 $y=3x^2+2$ **23** $y=\dfrac{3}{2}x^2-1$ **24** −4

25 (1) $x=0$, (0, 3) (2) $x=0$, (0, −2)

(3) $x=0$, (0, 4) (4) $x=0$, $\left(0, -\dfrac{7}{2}\right)$

(5) $x=0$, $\left(0, \dfrac{3}{4}\right)$

26 2 **27** −2 **28** $y=2(x-1)^2$

29 $y=\dfrac{1}{3}(x+5)^2$ **30** −3

31 (1) $x=-6$, (−6, 0) (2) $x=3$, (3, 0)

(3) $x=-1$, (−1, 0) (4) $x=\dfrac{1}{3}$, $\left(\dfrac{1}{3}, 0\right)$

(4) $x=-\dfrac{5}{2}$, $\left(-\dfrac{5}{2}, 0\right)$

32 2 **33** −2 **34** $y=5(x-3)^2-1$

35 $y=\dfrac{1}{2}(x+4)^2+7$ **36** −1, −3

37 (1) $x=1$, (1, 7)   (2) $x=-4$, (−4, 1)

(3) $x=-3$, (−3, −4) (4) $x=\dfrac{1}{2}$, $\left(\dfrac{1}{2}, -\dfrac{1}{5}\right)$

(5) $x=-\dfrac{4}{3}$, $\left(-\dfrac{4}{3}, 2\right)$

38 9 **39** −6

40 (1) $y=3(x-7)^2+1$ (2) $y=-4\left(x+\dfrac{3}{2}\right)^2-2$

41 (1) $y=-(x-6)^2+1$ (2) (6, 1) (3) 7

42 (1) >, >, < (2) <, <, >

43 (1) 제3, 4사분면 (2) 제1, 2사분면

44 $x>-2$ **45** $x>\dfrac{1}{3}$

46 (1) 9, 9, 3, 8 (2) 8, 8, 16, 16, 4, 17

47 $y=3(x-2)^2-5$ **48** 0, 0, 4, 0, −4, −4

49 (0, −4) **50** >, <, >

51 (1) 3 (2) −2 (3) 1 **52** (1) 3 (2) 2 (3) −3

53 (1) −2 (2) 3 (3) −6 **54** 3 **55** 30

유형연습

01 $a\neq1$ **02** $y=\dfrac{1}{2}x^2-\dfrac{3}{2}x$, 이차함수이다.

03 −4 **04** 풀이 참조

05 축의 방정식: $x=0$, 꼭짓점의 좌표: (0, 0)

06 풀이 참조 **07** ⑤ **08** 풀이 참조

09 −4 **10** $\dfrac{1}{8}$ **11** $a=-2$, $b=-18$

12 풀이 참조 **13** 0 **14** 0 **15** 풀이 참조

16 $-\dfrac{11}{4}$ **17** $-\dfrac{1}{2}$ **18** 풀이 참조

19 −1 **20** 5 **21** −6 **22** 제4사분면

23 $p\geq4$ **24** $-\dfrac{5}{2}$ **25** 8 **26** $a-b+c<0$ **27** −4

28 $y=-2(x+3)^2-5$ **29** 0 **30** 27

01

주어진 함수를 $y=ax^2+bx+c$의 꼴로 나타내어 보면

$y=(x+3)^2-ax^2+1$

$=x^2+6x+9-ax^2+1$

$=(1-a)x^2+6x+10$

이차함수가 되기 위해서는 이차항의 계수가 0이 되면 안 되므로

$1-a\neq0$

따라서 $a\neq1$

답 $a\neq1$

02

다각형의 각 꼭짓점마다 자신과 양 옆의 꼭짓점을 제외한 $(x-3)$개의 꼭짓점과 대각선을 이루며 한 대각선은 두 개의 꼭짓점을 포함하므로 대각선의 개수 y는 다음과 같이 식을 세울 수 있다.

$$y=\frac{x(x-3)}{2}$$
$$=\frac{1}{2}x^2-\frac{3}{2}x$$

이때 y는 x에 대한 이차식이므로 이차함수이다.

답 $y=\frac{1}{2}x^2-\frac{3}{2}x$, 이차함수이다.

03

$f(5)=25a+10-4=-19$에서
$25a=-25$, $a=-1$
그러므로 $f(x)=-x^2+2x-4$
$f(1)=-1+2-4=-3$이므로
$b=-3$
따라서 $a+b=-1+(-3)=-4$

답 -4

04

$y=-x^2$에서 x에 -3, -2, $\cdots$, 3을 차례로 대입하여 표를 완성하면 다음과 같다.

x	$\cdots$	-3	-2	-1	0	1	2	3	$\cdots$
y	$\cdots$	-9	-4	-1	0	-1	-4	-9	$\cdots$

좌표평면에 위의 표에서 구한 순서쌍 (x, y)를 나타낸 후 x의 값의 범위를 실수 전체로 확장하면 이차함수 $y=-x^2$의 그래프는 오른쪽과 같이 원점을 지나는 매끄러운 곡선이 된다.

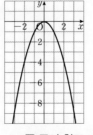

답 풀이 참조

05

이차함수 $y=-x^2$의 그래프는 y축을 축으로 하며 y축의 방정식은 $x=0$이다.
이차함수 $y=-x^2$의 그래프의 꼭짓점은 이차함수 $y=-x^2$의 그래프와 이 포물선의 축인 y축, 즉 $x=0$과의 교점이므로 꼭짓점의 좌표는 원점의 좌표인 $(0, 0)$이다.

답 축의 방정식: $x=0$, 꼭짓점의 좌표: $(0, 0)$

06

이차함수 $y=\frac{1}{3}x^2$의 그래프는 이차함수 $y=x^2$의 그래프 위의 각 점의 y좌표를 $\frac{1}{3}$배로 하는 점을 연결하여 다음과 같이 그릴 수 있다.

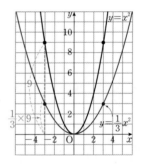

답 풀이 참조

07

① $x=2$일 때 $y=\frac{1}{2}\times 2^2=2$이므로 점 $(2, 2)$를 지난다.
② y축에 대하여 대칭이다.
③ 아래로 볼록한 포물선이다.
④ 축의 방정식은 $x=0$이다.
⑤ 이차함수 $y=\frac{1}{2}x^2$의 그래프는 제1사분면과 제2사분면을 지난다.
따라서 옳은 것은 ⑤이다.

답 ⑤

08

이차함수 $y=-\frac{1}{2}x^2$의 그래프는 이차함수 $y=\frac{1}{2}x^2$의 그래프와 x축에 대하여 서로 대칭이므로 이차함수 $y=\frac{1}{2}x^2$의 그래프 위의 각 점과 x축에 대하여 대칭인 점을 연결하여 다음과 같이 그릴 수 있다.

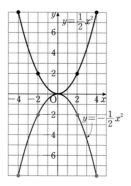

🔁 풀이 참조

09

이차함수 $y=\dfrac{3}{4}x^2$의 그래프와 x축에 대하여 서로 대칭인 그래프는 이차함수 $y=-\dfrac{3}{4}x^2$의 그래프이다.

이차함수 $y=-\dfrac{3}{4}x^2$의 그래프가 점 $(a,\ -12)$를 지나므로

$y=-\dfrac{3}{4}x^2$에 $x=a$, $y=-12$를 대입하면

$-12=-\dfrac{3}{4}a^2$

$a^2=16$

$a<0$이므로 $a=-4$

🔁 -4

10

이차함수 $y=\dfrac{1}{2}x^2$의 그래프와 직선 $y=8$의 교점 B, C의 x좌표를 구해 보면

$8=\dfrac{1}{2}x^2$, $x^2=16$, $x=\pm4$이므로

$B(-4,\ 8)$, $C(4,\ 8)$

이때 $\overline{PC}=\overline{CD}=4$이므로 $D(8,\ 8)$

점 D는 이차함수 $y=ax^2$의 그래프 위의 점이므로

$y=ax^2$에 $x=8$, $y=8$을 대입하면

$8=64a$

따라서 $a=\dfrac{1}{8}$

🔁 $\dfrac{1}{8}$

11

이차함수 $y=ax^2$의 그래프는 이차함수 $y=2x^2$의 그래프와 x축에 대하여 서로 대칭이므로

$a=-2$

이차함수 $y=-2x^2$의 그래프가 점 $(-3,\ b)$를 지나므로

$y=-2x^2$에 $x=-3$, $y=b$를 대입하면

$b=-2\times(-3)^2=-18$

🔁 $a=-2$, $b=-18$

12

이차함수 $y=-\dfrac{1}{3}x^2+2$의 그래프는 이차함수 $y=-\dfrac{1}{3}x^2$의 그래프를 y축의 방향으로 2만큼 평행이동한 것이므로 다음 그림과 같다.

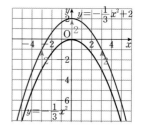

🔁 풀이 참조

13

이차함수 $y=ax^2$의 그래프를 y축의 방향으로 -1만큼 평행이동한 그래프의 식은

$y=ax^2-1$

$y=ax^2-1$에 $x=2$, $y=3$을 대입하면

$3=a\times2^2-1$, $4a=4$, $a=1$

즉, 이차함수 $y=x^2-1$의 그래프의 꼭짓점의 좌표는 $(0,\ -1)$이므로

$b=0$, $c=-1$

따라서 $a+b+c=1+0-1=0$

🔁 0

14

이차함수 $y=ax^2+q$의 그래프를 y축의 방향으로 -2만큼 평행이동한 그래프의 식은

$y=ax^2+q-2$

이 그래프는 이차함수 $y=ax^2+4$의 그래프와 일치하므로
$q-2=4$, $q=6$
$y=ax^2+6$에 $x=2$, $y=-6$을 대입하면
$-6=a\times 2^2+6$, $4a=-12$, $a=-3$
따라서 $2a+q=2\times(-3)+6=0$

$\mathbf{탑}$ 0

15

이차함수 $y=-3(x+2)^2$의 그래프는 이차함수 $y=-3x^2$의 그래프를 x축의 방향으로 -2만큼 평행이동하므로 다음 그림과 같다.

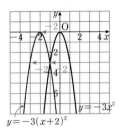

$\mathbf{탑}$ 풀이 참조

16

이차함수 $y=ax^2$의 그래프를 x축의 방향으로 -3만큼 평행이동한 그래프의 식은
$y=a(x+3)^2$
$y=a(x+3)^2$에 $x=1$, $y=4$를 대입하면
$4=a(1+3)^2$, $4=16a$, $a=\dfrac{1}{4}$
이차함수 $y=\dfrac{1}{4}(x+3)^2$의 그래프의 꼭짓점의 좌표는
$(-3, 0)$이므로
$b=-3$, $c=0$
따라서 $a+b+c=\dfrac{1}{4}-3+0=-\dfrac{11}{4}$

$\mathbf{탑}$ $-\dfrac{11}{4}$

17

이차함수 $y=a(x-p)^2$의 그래프를 x축의 방향으로 -1만큼 평행이동한 그래프의 식은
$y=a(x-p+1)^2$

이 그래프는 $y=a(x+2)^2$의 그래프와 일치하므로
$-p+1=2$, $p=-1$
$y=a(x+1)^2$에 $x=3$, $y=2$를 대입하면
$2=a(3+1)^2$, $2=16a$, $a=\dfrac{1}{8}$
따라서 $4a+p=4\times\dfrac{1}{8}-1=-\dfrac{1}{2}$

$\mathbf{탑}$ $-\dfrac{1}{2}$

18

이차함수 $y=-\dfrac{3}{4}(x+2)^2-4$의 그래프는 이차함수 $y=-\dfrac{3}{4}x^2$의 그래프를 x축의 방향으로 -2만큼, y축의 방향으로 -4만큼 평행이동한 것과 같으므로 다음 그림과 같다.

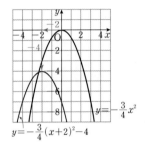

$\mathbf{탑}$ 풀이 참조

19

이차함수 $y=ax^2$의 그래프를 x축의 방향으로 -2만큼, y축의 방향으로 $\dfrac{1}{2}$만큼 평행이동한 그래프의 식은
$y=a(x+2)^2+\dfrac{1}{2}$
$y=a(x+2)^2+\dfrac{1}{2}$에 $x=-3$, $y=1$을 대입하면
$1=a\times(-3+2)^2+\dfrac{1}{2}$, $1=a+\dfrac{1}{2}$, $a=\dfrac{1}{2}$
이차함수 $y=\dfrac{1}{2}(x+2)^2+\dfrac{1}{2}$의 그래프의 꼭짓점의 좌표는
$\left(-2, \dfrac{1}{2}\right)$이므로
$b=-2$, $c=\dfrac{1}{2}$
따라서 $a+b+c=\dfrac{1}{2}-2+\dfrac{1}{2}=-1$

$\mathbf{탑}$ -1

20

이차함수 $y=ax^2+q$의 그래프를 x축의 방향으로 -1만큼 평행이동한 그래프의 식은

$y=a(x+1)^2+q$

이 그래프는 이차함수 $y=a(x+p)^2+5$의 그래프와 일치하므로

$p=1$, $q=5$

$y=ax^2+5$에 $x=-1$, $y=4$를 대입하면

$4=a+5$, $a=-1$

따라서 $a+p+q=-1+1+5=5$

답 5

21

이차함수 $y=2(x-3)^2+2$의 그래프를 x축의 방향으로 -2만큼, y축의 방향으로 p만큼 평행이동한 그래프의 식은

$y=2(x-3+2)^2+2+p$

$\quad=2(x-1)^2+2+p$

$y=2(x-1)^2+2+p$에 $x=3$, $y=4$를 대입하면

$4=2\times(3-1)^2+2+p$

$4=10+p$

따라서 $p=-6$

답 -6

22

이차함수 $y=a(x-p)^2+q$의 그래프가 아래로 볼록하므로 $a>0$이고 꼭짓점의 좌표는 (p, q)이며 $p<0$, $q>0$이다.

일차함수 $y=a(x-p)+q$의 그래프는 점 (p, q)를 지나고 기울기 a가 양수인 직선이므로 다음 그림과 같다.

따라서 그래프는 제4사분면을 지나지 않는다.

답 제4사분면

23

이차함수 $y=-4(x-p)^2+2$의 그래프를 x축의 방향으로 1만큼 평행이동한 그래프의 식은

$y=-4(x-p-1)^2+2$

축의 방정식은 $x=p+1$이고, 그래프는 위로 볼록하므로

$x<p+1$에서 x의 값이 증가할 때 y의 값도 증가한다.

따라서 $5\leq p+1$이어야 하므로

$p\geq 4$

답 $p\geq 4$

24

이차함수 $y=x^2+ax+a+11$의 그래프가 점 $(1, 2)$를 지나므로 $y=x^2+ax+a+11$에 $x=1$, $y=2$를 대입하면

$2=1+a+a+11$, $2a=-10$, $a=-5$

$y=x^2-5x+6$

$\quad=\left(x^2-5x+\dfrac{25}{4}-\dfrac{25}{4}\right)+6$

$\quad=\left(x-\dfrac{5}{2}\right)^2-\dfrac{1}{4}$

이므로 축의 방정식은 $x=\dfrac{5}{2}$

즉, $p=\dfrac{5}{2}$

따라서 $a+p=-5+\dfrac{5}{2}=-\dfrac{5}{2}$

답 $-\dfrac{5}{2}$

25

$y=x^2+2x-3$

$\quad=(x^2+2x+1-1)-3$

$\quad=(x+1)^2-4$

이므로 $C(-1, -4)$

$y=x^2+2x-3$에 $y=0$을 대입하면

$x^2+2x-3=0$, $(x+3)(x-1)=0$

$x=-3$ 또는 $x=1$

즉, $A(-3, 0)$, $B(1, 0)$

따라서 $\overline{AB}=4$이고 $\triangle ABC$의 높이는 4이므로

$\triangle ABC=\dfrac{1}{2}\times 4\times 4=8$

답 8

26

이차함수 $y=ax^2+bx+c$는 $x=-1$일 때 함숫값이 음수이
므로 $a-b+c<0$이다.

팁 $a-b+c<0$

27

주어진 그래프의 꼭짓점의 좌표가 $(-1,\ -1)$이므로 이차함
수의 식을 $y=k(x+1)^2-1$로 놓는다.
이 그래프가 점 $(0,\ -2)$를 지나므로
$y=k(x+1)^2-1$에 $x=0,\ y=-2$를 대입하면
$-2=k-1,\ k=-1$
즉, 주어진 그래프가 나타내는 이차함수의 식은
$y=-(x+1)^2-1$
이차함수 $y=-m(x-1)^2+2$의 그래프를 x축의 방향으로
a만큼, y축의 방향으로 b만큼 평행이동한 그래프의 식은
$y=-m(x-1-a)^2+2+b$
이 식은 $y=-(x+1)^2-1$과 같으므로
$m=1$
$-1-a=1$에서 $a=-2$
$2+b=-1$에서 $b=-3$
따라서 $a+b+m=-2-3+1=-4$

팁 -4

28

축의 방정식이 $x=-3$이고, 축과 포물선의 교점인 꼭짓점의
y좌표가 -5이므로 이차함수의 그래프의 꼭짓점의 좌표가
$(-3,\ -5)$임을 알 수 있다.
구하는 이차함수의 식을 $y=a(x+3)^2-5$로 놓으면 이 그래
프가 점 $(-4,\ -7)$을 지나므로
$y=a(x+3)^2-5$에 $x=-4,\ y=-7$을 대입하면
$-7=a(-4+3)^2-5$
$-7=a-5,\ a=-2$
따라서 구하는 이차함수의 식은
$y=-2(x+3)^2-5$

팁 $y=-2(x+3)^2-5$

29

이차함수 $y=ax^2+bx+c$의 그래프가 x축과 두 점
$(-2,\ 0),\ (1,\ 0)$에서 만나므로 이차함수의 식을
$y=a(x+2)(x-1)$로 놓는다.
이 그래프가 점 $(0,\ 6)$을 지나므로
$y=a(x+2)(x-1)$에 $x=0,\ y=6$을 대입하면
$6=a(0+2)(0-1)$
$6=-2a,\ a=-3$
$y=ax^2+bx+c$
$\quad=-3(x+2)(x-1)$
$\quad=-3x^2-3x+6$
따라서 $a=-3,\ b=-3,\ c=6$이므로
$a+b+c=(-3)+(-3)+6=0$

팁 0

30

이차함수 $y=-(x-3)^2+9$의 그래프의 꼭짓점 B의 좌표는
$(3,\ 9)$이다.
$y=-(x-3)^2+9$에 $y=0$을 대입하면
$0=-(x-3)^2+9$
$(x-3)^2=9$
$x-3=\pm3$
$x=0$ 또는 $x=6$
즉, A$(6,\ 0)$
따라서 $\overline{OA}=6$이고 $\triangle OAB$의 높이는 9이므로
$\triangle OAB=\dfrac{1}{2}\times6\times9=27$

팁 27

5 삼각비

본문 118~137쪽

확인문제

01 (1) $\sin A=\dfrac{15}{17}$, $\cos A=\dfrac{8}{17}$, $\tan A=\dfrac{15}{8}$

    (2) $\sin C=\dfrac{8}{17}$, $\cos C=\dfrac{15}{17}$, $\tan C=\dfrac{8}{15}$

02 (1) $\sqrt{5}$

    (2) $\sin A=\dfrac{2\sqrt{5}}{5}$, $\cos A=\dfrac{\sqrt{5}}{5}$, $\tan A=2$

03 (1) 10 (2) 6   **04** $\cos A=\dfrac{4}{5}$, $\tan A=\dfrac{3}{4}$

05 $\dfrac{2\sqrt{6}}{7}$ **06** $\dfrac{5\sqrt{13}}{13}$

07 (1) 4 (2) $\sin x=\dfrac{4}{5}$, $\cos x=\dfrac{3}{5}$, $\tan x=\dfrac{4}{3}$

    (3) $\dfrac{12}{5}$ (4) $\dfrac{16}{5}$

08 (1) $\dfrac{5\sqrt{3}}{6}$ (2) 1 (3) 0   **09** (1) 45 (2) 30

10 (1) $2\sqrt{2}$ cm (2) $2\sqrt{3}$ cm (3) $\dfrac{\sqrt{6}}{3}$

11 (1) $\dfrac{3}{5}$ (2) $\dfrac{4}{5}$ (3) $\dfrac{3}{4}$

12 (1) 0.643 (2) 0.766 (3) 0.839 (4) 0.766 (5) 0.643

13 (1) < (2) < (3) > (4) < (5) <

    (6) = (7) < (8) > (9) <

14 (1) 0.4695 (2) 0.8829 (3) 4.695 (4) 8.829

15 (1) $b \sin A$ (2) $\dfrac{c}{b}$, $b \cos A$ (3) $\dfrac{a}{c}$, $c \tan A$

16 (1) 4, 2 (2) 4, $2\sqrt{3}$ **17** (1) 4 (2) $4\sqrt{3}$ (3) $80\sqrt{3}$

18 1.8, 1.8, $\sqrt{3}$, 30, $0.6\sqrt{3}$, $1.8+0.6\sqrt{3}$

19 3, $\dfrac{3\sqrt{3}}{2}$, 3, $\dfrac{3}{2}$, $\dfrac{7}{2}$, $\sqrt{19}$

20 $6\sqrt{3}$, 9, $6\sqrt{3}$, $3\sqrt{3}$, 9, $9+3\sqrt{3}$

21 (가) 45 (나) h (다) 60 (라) $\sqrt{3}h$ (마) $2\sqrt{3}-2$

22 $\sqrt{3}$, $\dfrac{\sqrt{3}}{3}$, $\sqrt{3}$

23 (1) $5\sqrt{3}$ cm² (2) $3\sqrt{2}$ cm² (3) 15 cm²

24 60, 45, $\sqrt{3}$, $\sqrt{2}$

25 (1) $6\sqrt{2}$ cm² (2) $55\sqrt{3}$ cm² (3) $6\sqrt{2}$ cm²

26 (가) b (나) a (다) 2 (라) $\dfrac{ab}{2}$

유형연습

01 $\sqrt{2}+1$ **02** $\dfrac{2\sqrt{13}}{13}$ **03** $\dfrac{2}{5}$ **04** $\dfrac{3}{5}$

05 $\sqrt{3}$ **06** $\dfrac{\sqrt{10}}{4}$ **07** $\dfrac{19}{20}$

08 2.854   **09** 60°   **10** 13.928

11 $3(\sqrt{3}+1)$ **12** $72\sqrt{6}+108$

13 (1) $\overline{BH}=\overline{AH}$, $\overline{CH}=\dfrac{\sqrt{3}}{3}\overline{AH}$ (2) $10(3-\sqrt{3})$ m

14 $2\sqrt{7}$ cm   **15** $6\sqrt{2}$ cm   **16** $12+4\sqrt{3}$

17 135°   **18** $16\sqrt{3}$ **19** $\dfrac{45\sqrt{3}}{4}$

20 24 cm²

01

$\angle BDC=45°$이고 $\angle BDC$는 $\triangle ABD$에서 $\angle D$의 외각이므로

$\angle DAB+\angle DBA=45°$

이때 $\angle DAB=\angle DBA$이므로

$\angle DBA=22.5°$

$\angle ABC=22.5°+45°=67.5°$

$\triangle DBC$가 직각이등변삼각형이므로

$\overline{DC}=\overline{BC}=5$

직각삼각형 DBC에서 피타고라스 정리에 의하여

$\overline{BD}=\sqrt{5^2+5^2}=5\sqrt{2}$

이때 $\overline{AD}=\overline{BD}$이므로 $\overline{AD}=5\sqrt{2}$

$\overline{AC}=\overline{AD}+\overline{DC}$

    $=5\sqrt{2}+5$

따라서

$\tan 67.5°=\dfrac{\overline{AC}}{\overline{BC}}$

    $=\dfrac{5\sqrt{2}+5}{5}=\sqrt{2}+1$

답 $\sqrt{2}+1$

02

$\cos A=\dfrac{2}{\overline{AB}}=\dfrac{2\sqrt{13}}{13}$에서

$\overline{AB}=\sqrt{13}$

피타고라스 정리에 의하여

$\overline{BC}=\sqrt{(\sqrt{13})^2-2^2}=3$

따라서 $\sin A=\dfrac{\overline{BC}}{\overline{AB}}=\dfrac{3}{\sqrt{13}}$, $\tan B=\dfrac{\overline{CA}}{\overline{BC}}=\dfrac{2}{3}$이므로

$\sin A\times\tan B=\dfrac{3}{\sqrt{13}}\times\dfrac{2}{3}$

$\qquad\qquad=\dfrac{2}{\sqrt{13}}=\dfrac{2\sqrt{13}}{13}$

답 $\dfrac{2\sqrt{13}}{13}$

03

$2\tan A-1=0$에서 $\tan A=\dfrac{1}{2}$이므로 다음 그림과 같이 직각삼각형 ABC를 그릴 수 있다.

피타고라스 정리에 의하여

$\overline{AC}=\sqrt{2^2+1^2}=\sqrt{5}$

따라서 $\sin A=\dfrac{1}{\sqrt{5}}$, $\cos A=\dfrac{2}{\sqrt{5}}$이므로

$\sin A\times\cos A=\dfrac{1}{\sqrt{5}}\times\dfrac{2}{\sqrt{5}}=\dfrac{2}{5}$

답 $\dfrac{2}{5}$

04

두 직각삼각형 ABC와 DEC에서 ∠C는 공통이므로 나머지 한 예각의 크기가 같다. 즉, ∠B=∠x이다.

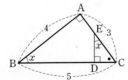

직각삼각형 ABC에서 피타고라스의 정리에 의하여

$\overline{BC}=\sqrt{4^2+3^2}=5$

따라서 $\sin x=\dfrac{\overline{AC}}{\overline{BC}}=\dfrac{3}{5}$

답 $\dfrac{3}{5}$

05

$\sin 45°=\dfrac{\sqrt{2}}{2}$이므로

$3x°+15°=45°$, $3x°=30°$

$x°=10°$

따라서

$\sin 6x°+\cos(x°+20°)=\sin 60°+\cos 30°$

$\qquad\qquad\qquad\qquad\qquad=\dfrac{\sqrt{3}}{2}+\dfrac{\sqrt{3}}{2}=\sqrt{3}$

답 $\sqrt{3}$

06

△DGH에서 $\tan 60°=\dfrac{\overline{DH}}{4}$

$\tan 60°=\sqrt{3}$이므로 $\overline{DH}=4\sqrt{3}$

$\overline{DG}=\sqrt{4^2+(4\sqrt{3})^2}=8$

△BFG에서 $\overline{BF}=\overline{DH}=4\sqrt{3}$이고

△BFG는 직각이등변삼각형이므로

$\overline{BG}=\sqrt{(4\sqrt{3})^2+(4\sqrt{3})^2}=4\sqrt{6}$

△ABD에서 $\overline{AB}=\overline{GH}=4$이고

$\overline{AD}=\overline{FG}=4\sqrt{3}$이므로 $\overline{DB}=\sqrt{4^2+(4\sqrt{3})^2}=8$

△DBG는 $\overline{DB}=\overline{DG}$인 이등변삼각형이므로 점 D에서 $\overline{BG}$에 내린 수선의 발을 M이라 하자.

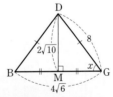

점 M은 $\overline{BG}$의 중점이므로

$\overline{MG}=\dfrac{1}{2}\overline{BG}=2\sqrt{6}$

직각삼각형 DMG에서 피타고라스 정리에 의하여

$\overline{DM}=\sqrt{8^2-(2\sqrt{6})^2}=2\sqrt{10}$

따라서

$\sin x=\dfrac{\overline{DM}}{\overline{DG}}$

$\qquad=\dfrac{2\sqrt{10}}{8}=\dfrac{\sqrt{10}}{4}$

답 $\dfrac{\sqrt{10}}{4}$

07

일차함수 $y=\dfrac{3}{4}x+6$의 그래프가 x축과 만나는 점을 A, y축과 만나는 점을 B라 하자.

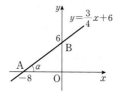

$\overline{AB}=\sqrt{8^2+6^2}=10$이므로

$\cos\alpha=\dfrac{\overline{AO}}{\overline{AB}}=\dfrac{8}{10}=\dfrac{4}{5}$

$\sin\alpha=\dfrac{\overline{BO}}{\overline{AB}}=\dfrac{6}{10}=\dfrac{3}{5}$

$\tan\alpha=\dfrac{\overline{BO}}{\overline{AO}}=\dfrac{6}{8}=\dfrac{3}{4}$

따라서

$\cos\alpha-\sin\alpha+\tan\alpha=\dfrac{4}{5}-\dfrac{3}{5}+\dfrac{3}{4}$

$=\dfrac{19}{20}$

🔲 $\dfrac{19}{20}$

08

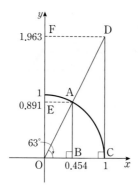

$\angle AOE=27°$이므로

$\cos 27°=\dfrac{\overline{OE}}{\overline{OA}}=0.891$

$\tan 63°=\dfrac{\overline{DC}}{\overline{OC}}=1.963$

따라서 $\cos 27°+\tan 63°=2.854$

🔲 2.854

09

$45°<\angle x<90°$이므로

$\sin x<1$, $\cos x<\sin x$

$1-\sin x>0$, $\cos x-\sin x<0$이므로

$\sqrt{(1-\sin x)^2}+\sqrt{(\cos x-\sin x)^2}=\dfrac{1}{2}$에서

$|1-\sin x|+|\cos x-\sin x|$

$=(1-\sin x)-(\cos x-\sin x)$

$=1-\sin x-\cos x+\sin x$

$=1-\cos x=\dfrac{1}{2}$

따라서 $\cos x=\dfrac{1}{2}$

이때 $45°<\angle x<90°$이므로

$\angle x=60°$

🔲 60°

10

$\cos 35°=\dfrac{\overline{BC}}{10}=0.8192$에서

$\overline{BC}=8.192$

$\sin 35°=\dfrac{\overline{AC}}{10}=0.5736$에서

$\overline{AC}=5.736$

따라서

$\overline{AC}+\overline{BC}=5.736+8.192=13.928$

🔲 13.928

11

$\angle BAC=\angle ABC=45°$이므로

$\overline{AC}=\overline{BC}$

즉, $\overline{DE}=\overline{AC}=\overline{BC}=x$ cm

$\triangle BED$에서

$\tan 30°=\dfrac{x}{x+6}=\dfrac{1}{\sqrt{3}}$

$\sqrt{3}x=x+6$, $(\sqrt{3}-1)x=6$

따라서

$x=\dfrac{6}{\sqrt{3}-1}=\dfrac{6(\sqrt{3}+1)}{2}$

$=3(\sqrt{3}+1)$

🔲 $3(\sqrt{3}+1)$

12

△ABG에서

$\overline{AB}=\overline{AG}\cos 60°=12\times\dfrac{1}{2}=6$

$\overline{BG}=\overline{AG}\sin 60°=12\times\dfrac{\sqrt3}{2}=6\sqrt3$

△BFG에서

$\overline{BF}=\overline{BG}\sin 45°=6\sqrt3\times\dfrac{\sqrt2}{2}=3\sqrt6$

$\overline{FG}=\overline{BG}\cos 45°=6\sqrt3\times\dfrac{\sqrt2}{2}=3\sqrt6$

따라서 직육면체의 겉넓이는

$2(6\times3\sqrt6+6\times3\sqrt6+3\sqrt6\times3\sqrt6)$

$=2(36\sqrt6+54)$

$=72\sqrt6+108$

🖪 $72\sqrt6+108$

13

(1) △ABH가 직각이등변삼각형
이므로

$\overline{BH}=\overline{AH}$

△AHC에서

$\overline{CH}=\dfrac{\overline{AH}}{\tan 60°}$

$=\dfrac{\sqrt3}{3}\overline{AH}$

(2) $\overline{BC}=\overline{BH}+\overline{CH}$

$=\overline{AH}+\dfrac{\sqrt3}{3}\overline{AH}=20$

$\left(1+\dfrac{\sqrt3}{3}\right)\overline{AH}=20$

$(3+\sqrt3)\overline{AH}=60$

따라서

$\overline{AH}=\dfrac{60}{3+\sqrt3}=\dfrac{60(3-\sqrt3)}{6}$

$=10(3-\sqrt3)\,(m)$

🖪 (1) $\overline{BH}=\overline{AH}$, $\overline{CH}=\dfrac{\sqrt3}{3}\overline{AH}$

(2) $10(3-\sqrt3)$ m

14

점 A에서 $\overline{BC}$에 내린 수선의 발을 H라 하자.

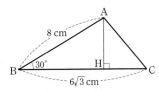

$\overline{AH}=8\sin 30°=8\times\dfrac{1}{2}=4\,(cm)$

$\overline{BH}=8\cos 30°=8\times\dfrac{\sqrt3}{2}=4\sqrt3\,(cm)$

직각삼각형 ACH에서 피타고라스의 정리에 의하여

$\overline{AC}=\sqrt{4^2+(2\sqrt3)^2}=2\sqrt7\,(cm)$

🖪 $2\sqrt7$ cm

15

점 C에서 $\overline{AB}$에 내린 수선의 발을 H라 하자.

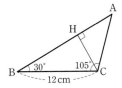

△BCH에서

$\overline{CH}=\overline{BC}\sin 30°=12\times\dfrac{1}{2}=6\,(cm)$

△ABC의 세 내각의 크기의 합이 180°이므로

$\angle A=180°-(30°+105°)=45°$

따라서 △ACH가 직각이등변삼각형이므로

$\overline{AC}=\sqrt2\times\overline{CH}=6\sqrt2\,(cm)$

🖪 $6\sqrt2$ cm

16

점 A에서 $\overline{BC}$의 연장선에 내린 수선의 발을 H라 하고, 삼각형의 높이 $\overline{AH}$를 h라 하자.

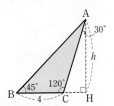

직각삼각형 ACH에서 $\angle CAH = 30°$이므로

$\overline{CH} = h \tan 30° = \dfrac{1}{\sqrt{3}} h$

그러므로

$\overline{BH} = \overline{BC} + \overline{CH}$

$\qquad = 4 + \dfrac{1}{\sqrt{3}} h \qquad \cdots\cdots \ \bigcirc$

또한, $\triangle ABH$는 직각이등변삼각형이므로

$\overline{BH} = \overline{AH} = h \qquad \cdots\cdots \ \bigcirc$

$\bigcirc$, $\bigcirc$에서 $4 + \dfrac{1}{\sqrt{3}} h = h$이므로

$4\sqrt{3} + h = \sqrt{3} h$

$h = \dfrac{4\sqrt{3}}{\sqrt{3}-1} = 2\sqrt{3}(\sqrt{3}+1) = 6 + 2\sqrt{3}$

따라서

$\triangle ABC = \dfrac{1}{2} \times 4 \times (6 + 2\sqrt{3}) = 12 + 4\sqrt{3}$

답 $12 + 4\sqrt{3}$

17

$\triangle ABC = \dfrac{1}{2} \times 8 \times 5 \times \sin(180° - B) = 10\sqrt{2}$이므로

$20 \sin(180° - B) = 10\sqrt{2}$

$\sin(180° - B) = \dfrac{\sqrt{2}}{2}$

따라서 $180° - \angle B = 45°$이므로

$\angle B = 135°$

답 $135°$

18

$\overline{AC}$를 그으면

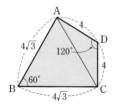

따라서

$\square ABCD$

$= \triangle ABC + \triangle ACD$

$= \dfrac{1}{2} \times 4\sqrt{3} \times 4\sqrt{3} \times \sin 60° + \dfrac{1}{2} \times 4 \times 4 \times \sin(180° - 120°)$

$= \dfrac{1}{2} \times 4\sqrt{3} \times 4\sqrt{3} \times \dfrac{\sqrt{3}}{2} + \dfrac{1}{2} \times 4 \times 4 \times \dfrac{\sqrt{3}}{2}$

$= 12\sqrt{3} + 4\sqrt{3}$

$= 16\sqrt{3}$

답 $16\sqrt{3}$

19

$\overline{AD} = \overline{BC} = 6$이므로

$\square BCDM = \square ABCD - \triangle ABM$

$\qquad = 5 \times 6 \times \sin 60° - \dfrac{1}{2} \times 5 \times 3 \times \sin(180° - 120°)$

$\qquad = 5 \times 6 \times \dfrac{\sqrt{3}}{2} - \dfrac{1}{2} \times 5 \times 3 \times \dfrac{\sqrt{3}}{2}$

$\qquad = 15\sqrt{3} - \dfrac{15\sqrt{3}}{4}$

$\qquad = \dfrac{45\sqrt{3}}{4}$

답 $\dfrac{45\sqrt{3}}{4}$

20

두 대각선 AC와 BD가 이루는 각의 크기를 $\angle x$라 하면

$\square ABCD = \dfrac{1}{2} \times \overline{AC} \times \overline{BD} \times \sin x$

$\qquad = \dfrac{1}{2} \times 6 \times 8 \times \sin x$

$\qquad = 24 \sin x$

$0 \le \sin x \le 1$이므로 $\sin x = 1$, 즉 $\angle x = 90°$일 때,

$\square ABCD$의 넓이는 최대가 된다.

따라서 $\square ABCD$의 넓이의 최댓값은 24 cm^2이다.

답 24 cm^2

확인문제

01 (1) 수직이등분 (2) 중심

02 (1) 8 cm (2) 4 cm (3) $4\sqrt{5}$ cm **03** (1) ○ (2) ○

04 70° **05** 56° **06** (1) ○ (2) ✕

07 (1) $\overline{BF}$ (2) $\overline{CE}$ (3) 20 **08** (1) 70° (2) △PBO

09 9 **10** 18 **11** 49 **12** (1) 10 (2) 8

13 (1) 7 (2) 13 **14** (1) 4 cm (2) 9 cm (3) 18 cm

15 (1) ✕ (2) ✕ **16** (1) 50° (2) 150° (3) 100° (4) 25°

17 (1) 30° (2) 42° (3) 20° **18** (1) 35° (2) 90° (3) 55°

19 $\dfrac{15}{2}$ cm **20** $3\sqrt{2}$ cm **21** (1) ○ (2) ✕

22 (1) ✕ (2) ○ (3) ○ (4) ✕ **23** (1) 95° (2) 70°

24 (1) 75° (2) 50° (3) 85° **25** (1) 70° (2) 35° (3) 70°

26 (1) ∠PQC, ∠PDE (2) ∠QPD, ∠QCF

27 (가) 원주각 (나) 90 **28** (1) 75° (2) 45° (3) 135°

29 (1) 90° (2) 35° (3) 20°

30 (1) ∠TCD, ∠TBA (2) ∠TDC, ∠TAB (3) $\overline{CD}$

유형연습

01 풀이 참조 **02** $4\sqrt{3}$ cm **03** 풀이 참조

04 (1) 정삼각형 (2) 6 cm **05** 12 **06** 8 cm

07 $\dfrac{9\sqrt{3}}{4}$ cm² **08** 16π cm² **09** $24-4\pi$

10 $x=7, y=5$ **11** 5 cm **12** 풀이 참조

13 64° **14** 63° **15** 125° **16** $6\sqrt{3}$ cm

17 28 cm **18** 풀이 참조 **19** 75°

20 (1) 52° (2) 91° (3) 37° **21** 130° **22** 160°

23 풀이 참조 **24** 35° **25** 54° **26** 35°

01

오른쪽 그림과 같이 현 AB의 양 끝 점 A, B로부터 같은 거리에 있는 점들은 모두 현 AB의 수직이등분선 위에 있다. 현 AB의 양 끝 점 A, B로부터 같은 거

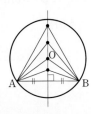

리에 있는 원의 중심 O도 현 AB의 수직이등분선 위에 있다. 따라서 원에서 현 AB의 수직이등분선은 그 원의 중심 O를 지난다.

📄 풀이 참조

[다른 풀이]

원 위에 또 다른 한 점 C를 잡으면 원 O 는 외접원이다. 원의 중심 O는 △ABC 의 외심이다. 삼각형의 외심은 세 변의 수직이등분선의 교점이므로 △ABC의 한 변인 $\overline{AB}$의 수직이등분선은 원 O의 중심을 지난다.

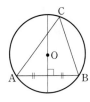

02

$\overline{OP}$와 $\overline{AB}$의 교점을 M이라 하면 $\overline{OM}$ 는 현 AB의 수직이등분선이다. $\overline{OA}=4$ cm, $\overline{OM}=\dfrac{1}{2}\overline{OP}=\dfrac{1}{2}\times4=2$(cm)이므로 직각삼각형 OAM에서

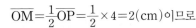

$$\overline{AM}=\sqrt{\overline{OA}^2-\overline{OM}^2}$$
$$=\sqrt{4^2-2^2}=2\sqrt{3}\,(cm)$$

따라서

$\overline{AB}=2\overline{AM}=2\times2\sqrt{3}=4\sqrt{3}\,(cm)$

📄 $4\sqrt{3}$ cm

03

원의 중심에서 현에 내린 수선은 그 현을 이등분하므로 $\overline{AM}=\overline{BM}, \overline{CN}=\overline{DN}$ 이때 $\overline{AB}=\overline{CD}$이므로 $\overline{AM}=\overline{CN}$ △OAM과 △OCN에서 $\overline{AM}=\overline{CN}$ $\overline{OA}=\overline{OC}$(반지름) ∠OMA = ∠ONC=90° 이므로 직각삼각형의 합동 조건에 의하여 △OAM≡△OCN 따라서 $\overline{OM}=\overline{ON}$

📄 풀이 참조

04

(1) $\overline{OD}=\overline{OE}=\overline{OF}$이므로

$\overline{AB}=\overline{BC}=\overline{CA}$

따라서 △ABC는 정삼각형이다.

(2) $\overline{OB}$를 그으면

△OBD와 △OBE에서

$\overline{OB}$는 공통

$\overline{OD}=\overline{OE}$

∠ODB=∠OEB=90°

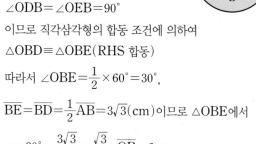

이므로 직각삼각형의 합동 조건에 의하여

△OBD≡△OBE(RHS 합동)

따라서 ∠OBE=$\frac{1}{2}\times 60°=30°$,

$\overline{BE}=\overline{BD}=\frac{1}{2}\overline{AB}=3\sqrt{3}$(cm)이므로 △OBE에서

$\cos 30°=\frac{3\sqrt{3}}{\overline{OB}}=\frac{\sqrt{3}}{2}$, $\overline{OB}=6$ cm

따라서 원 O의 반지름의 길이는 6 cm이다.

🖺 (1) 정삼각형 (2) 6 cm

05

$\overline{PO}=\overline{PQ}+\overline{QO}=8+5=13$

$\overline{OB}=\overline{OA}=5$

∠OBP=90°이므로 직각삼각형 PBO에서

$\overline{PB}=\sqrt{13^2-5^2}=12$

🖺 12

06

원 O와 $\overline{AD}$, $\overline{AE}$, $\overline{BC}$, $\overline{DE}$의 접점을 각각 F, G, H, I라 하자.

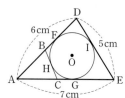

$\overline{BH}=\overline{BF}$, $\overline{CH}=\overline{CG}$이므로

(△ACB의 둘레의 길이)

$=\overline{AC}+\overline{CH}+\overline{HB}+\overline{BA}$

$=(\overline{AC}+\overline{CG})+(\overline{BF}+\overline{BA})$

$=\overline{AG}+\overline{AF}$

$=2\overline{AG}$

이때 $\overline{AG}=x$ cm라 하면

$\overline{AF}=\overline{AG}=x$ cm

$\overline{DI}=\overline{DF}=(6-x)$ cm

$\overline{EI}=\overline{EG}=(7-x)$ cm

이고 $\overline{DE}=\overline{DI}+\overline{EI}$이므로

$(6-x)+(7-x)=5$

$2x=8$, $x=4$

따라서

(△ACB의 둘레의 길이)$=2x=2\times 4=8$(cm)

🖺 8 cm

07

$\overline{PA}=\overline{PB}$이고 ∠APB=60°이므로 △APB는 정삼각형이다.

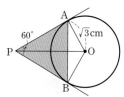

$\overline{PO}$를 그으면 △PAO≡△PBO이므로

∠APO=$\frac{1}{2}$∠APB

　　　$=\frac{1}{2}\times 60°=30°$

△PAO에서 ∠PAO=90°이므로

$\tan 30°=\frac{\sqrt{3}}{\overline{PA}}=\frac{1}{\sqrt{3}}$, $\overline{PA}=3$ cm

$\overline{PA}=\overline{PB}=3$ cm이고 ∠APB=60°이므로

△APB$=\frac{1}{2}\times 3\times 3\times \sin 60°$

　　　$=\frac{9}{2}\times \frac{\sqrt{3}}{2}=\frac{9\sqrt{3}}{4}$ (cm²)

🖺 $\frac{9\sqrt{3}}{4}$ cm²

08

큰 원의 반지름의 길이를 R cm, 작은
원의 반지름의 길이를 r cm이라 하고
점 O에서 현 AB에 내린 수선의 발을
H라 하자.

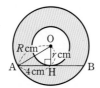

직각삼각형 AHO에서
$\overline{OA}=R$ cm, $\overline{OH}=r$ cm,
$\overline{HA}=\dfrac{1}{2}\overline{AB}=4$ cm

이므로 피타고라스 정리에 의하여
$R^2=r^2+4^2$, $R^2-r^2=16$

따라서 색칠한 부분의 넓이는 큰 원의 넓이에서 작은 원의 넓
이를 뺀 것과 같으므로
$\pi R^2-\pi r^2=\pi(R^2-r^2)=16\pi$ cm^2

$\qquad\qquad\qquad\qquad$ 🔖 16π cm^2

09

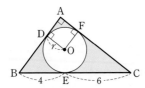

원 O의 반지름의 길이를 r라 하면 $\square ADOF$가 정사각형이
므로
$\overline{AD}=\overline{AF}=r$
$\overline{AB}=r+4$, $\overline{AC}=r+6$이므로 직각삼각형 ABC에서 피타
고라스 정리에 의하여
$(r+4)^2+(r+6)^2=10^2$
$2r^2+20r-48=0$
$r^2+10r-24=0$
$(r+12)(r-2)=0$
$r>0$이므로 $r=2$
따라서 색칠한 부분의 넓이는
($\triangle$ABC의 넓이) $-$ (원 O의 넓이)
$=\dfrac{1}{2}\times 6\times 8-\pi\times 2^2$
$=24-4\pi$

$\qquad\qquad\qquad\qquad$ 🔖 $24-4\pi$

10

$\square$ABCD가 원 O에 외접하고
$\square$ABCD의 둘레의 길이가 30 cm이므로
$\overline{AB}+\overline{DC}=\overline{AD}+\overline{BC}=15$ cm
즉, $x+8=y+10=15$이므로
$x=7$, $y=5$

$\qquad\qquad\qquad\qquad$ 🔖 $x=7$, $y=5$

11

$\overline{AB}$의 길이는 원 O의 지름과 같으므로 원 O의 반지름의 길
이는 2 cm이다.

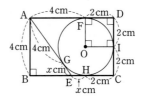

이때 원 O와 $\overline{AD}$, $\overline{AE}$, $\overline{EC}$, $\overline{CD}$와의 접점을 각각 F, G, H,
I라 하면
$\overline{DF}=\overline{DI}=\overline{IC}=\overline{HC}=2$ cm이므로
$\overline{AG}=\overline{AF}=6-2=4(\text{cm})$
$\overline{EG}=\overline{EH}=x$ cm라 하면
$\overline{BE}=\overline{BC}-\overline{EC}=6-(\overline{EH}+\overline{HC})$
$\qquad=6-(x+2)=4-x(\text{cm})$
직각삼각형 ABE에서 피타고라스 정리에 의하여
$(4+x)^2=(4-x)^2+4^2$
$16x=16$, $x=1$
따라서
$\overline{AE}=\overline{AG}+\overline{GE}$
$\qquad=4+1=5(\text{cm})$

$\qquad\qquad\qquad\qquad$ 🔖 5 cm

12

원 O의 지름 PQ를 그으면
$\angle QPB=\dfrac{1}{2}\angle QOB$,
$\angle QPA=\dfrac{1}{2}\angle QOA$
이므로

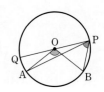

$$\angle APB = \angle QPB - \angle QPA$$
$$= \frac{1}{2}\angle QOB - \frac{1}{2}\angle QOA$$
$$= \frac{1}{2}(\angle QOB - \angle QOA)$$
$$= \frac{1}{2}\angle AOB$$

답 풀이 참조

13

$$\angle AOB = 2\angle ACB$$
$$= 2 \times 58° = 116°$$

□PBOA에서 $\angle PAO = \angle PBO = 90°$이므로

$$\angle APB = 180° - \angle AOB$$
$$= 180° - 116° = 64°$$

답 64°

14

한 호 BD에 대한 원주각 $\angle BCD$와 $\angle BAD$의 크기는 같으므로 △ADQ에서

$$\angle PDC = \angle DAQ + \angle AQD$$
$$= \angle BCD + \angle AQD$$
$$= 26° + 37° = 63°$$

답 63°

[다른 풀이]

△BCQ에서

$$\angle ABC = \angle BCD + \angle AQD$$
$$= 26° + 37° = 63°$$

이고, 한 호 AC에 대한 원주각 $\angle ABC$와 $\angle ADC$의 크기는 같으므로

$$\angle PDC = \angle ADC = \angle ABC = 63°$$

15

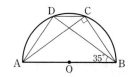

$\overline{AC}$를 그으면 $\overline{AB}$는 반원 O의 지름이므로

$$\angle ACB = 90°$$

이때 $\angle ACD = \angle ABD = 35°$이므로

$$\angle DCB = \angle ACB + \angle ACD$$
$$= 90° + 35° = 125°$$

답 125°

16

$\angle AOB = 2\angle ACB = 2 \times 60° = 120°$이고

△AOB는 $\overline{OA} = \overline{OB}$인 이등변삼각형이므로

$$\angle OAB = \frac{1}{2} \times (180° - 120°) = 30°$$

원의 중심 O에서 $\overline{AB}$에 내린 수선의 발을 M이라 하자.

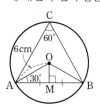

$\cos 30° = \dfrac{\overline{AM}}{6}$이므로

$$\overline{AM} = 6 \times \cos 30° = 6 \times \frac{\sqrt{3}}{2} = 3\sqrt{3}\,(\text{cm})$$

따라서

$$\overline{AB} = 2\overline{AM}$$
$$= 2 \times 3\sqrt{3} = 6\sqrt{3}\,(\text{cm})$$

답 $6\sqrt{3}$ cm

17

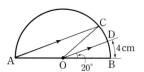

$\overline{OC}$를 그으면 $\overline{AC}\,/\!/\,\overline{OD}$이므로

$$\angle BAC = \angle BOD = 20°$$

△AOC는 $\overline{OA} = \overline{OC}$인 이등변삼각형이므로

$$\angle ACO = \angle CAO = 20°$$
$$\angle AOC = 180° - 2 \times 20° = 140°$$

따라서 $20° : 140° = 4 : \overset{\frown}{AC}$에서

$$1 : 7 = 4 : \overset{\frown}{AC}$$
$$\overset{\frown}{AC} = 7 \times 4 = 28\,(\text{cm})$$

답 28 cm

18

△ABF에서

$\angle ABF = \angle BFD - \angle CAD$

$\qquad = 66° - 18° = 48°$

이고 $\angle FDE = 48°$이므로 $\angle ABF = \angle FDE$이다.

따라서 네 점 A, B, D, E는 한 원 위에 있다.

📋 풀이 참조

19

□ABCD가 원 O에 내접하므로 한 쌍의 대각의 크기의 합은 180°이다.

즉, $\angle ADC + 112° = 180°$이므로 $\angle ADC = 68°$

△PCD에서

$\angle ADC + 37° + \angle x = 180°$이므로

$\angle x = 180° - 68° - 37° = 75°$

📋 75°

20

(1) □ABCD가 원에 내접하므로

$\quad \angle QAB = \angle BCD = 52°$

(2) △PBC에서

$\quad \angle QBA = \angle BCD + \angle APD$

$\qquad = 52° + 39°$

$\qquad = 91°$

(3) △AQB에서

$\quad \angle AQB = 180° - (\angle QAB + \angle QBA)$

$\qquad = 180° - (52° + 91°)$

$\qquad = 37°$

📋 (1) 52° (2) 91° (3) 37°

21

$\overline{BE}$를 그으면 □ABEF는 원에 내접하

므로

$\angle ABE = 180° - \angle F$

$\qquad = 180° - 120°$

$\qquad = 60°$

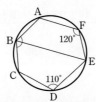

□BCDE는 원에 내접하므로

$\angle CBE = 180° - \angle D$

$\qquad = 180° - 110° = 70°$

따라서

$\angle B = \angle ABE + \angle CBE$

$\quad = 60° + 70° = 130°$

📋 130°

22

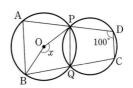

$\overline{PQ}$를 그으면 □CDPQ가 원에 내접하므로

$\angle PQB = \angle D = 100°$

□ABQP가 원에 내접하므로

$\angle A = 180° - \angle PQB$

$\qquad = 180° - 100° = 80°$

따라서

$\angle x = 2\angle A$

$\quad = 2 \times 80° = 160°$

📋 160°

23

원 O의 지름 AC와 선분 PC를 그으면

$\angle CAT = \angle CPA = 90°$

또, $\angle CAB$와 $\angle CPB$는 $\overparen{BC}$에 대한

원주각이므로

$\angle CAB = \angle CPB$

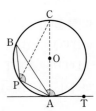

따라서

$\angle BAT = 90° + \angle CAB$

$\qquad = 90° + \angle CPB = \angle BPA$

📋 풀이 참조

24

□ABCD는 원에 내접하므로

$\angle D = 180° - \angle B$

$\quad = 180° - 105° = 75°$

△ACD에서

$\angle CAD = 180° - (70° + 75°) = 35°$

따라서 $\angle DCT = \angle CAD = 35°$

답 35°

25

□ATCB는 원에 내접하는 사각형이므로

$\angle BAT = 180° - \angle C$

$\quad = 180° - 102° = 78°$

△BAT는 $\overline{BA} = \overline{BT}$인 이등변삼각형이므로

$\angle BTA = \angle BAT = 78°$

$\angle ABT = 180° - 78° \times 2 = 24°$

이때 $\angle ATP = \angle ABT = 24°$이므로 △PAT에서

$\angle APT = \angle BAT - \angle ATP$

$\quad = 78° - 24° = 54°$

답 54°

26

$\overleftrightarrow{PQ}$가 두 원의 공통인 접선이므로

$\angle CDT = \angle BTQ = \angle BAT = 65°$

따라서 △CDT에서

$\angle ATB = 180° - (\angle CDT + \angle DCT)$

$\quad = 180° - (65° + 80°) = 35°$

답 35°

[다른 풀이]

$\angle BTQ = \angle BAT = 65°$

$\angle DTP = \angle DCT = 80°$

따라서 $\angle ATB = 180° - (65° + 80°) = 35°$

7 통계

확인문제

01 (1) 6 (2) 42 (3) 7

02 (1) 54.8 (2) −55.6 (3) 6

03 (1) 5 (2) 4.5 (3) 67 (4) 12 (5) 30.5 (6) 5

04 (1) 5 (2) 3, 4 (3) 25 (4) 6

(5) 11 (6) 없다. (7) 13, 15

05 (1) 3 (2) 3 (3) 3 **06** (1) × (2) × (3) ○

07 (1) 30분 (2) 29분 (3) 37분 **08** 산포도

09 (1)

변량	5	7	6	3	9
편차	−1	1	0	−3	3

(2)

변량	9	16	8	12	20
편차	−4	3	−5	−1	7

10 (1) 30 (2) 6 (3) $\sqrt{6}$ **11** (1) 9회 (2) 7 (3) $\sqrt{7}$회

12 (1) 4 (2) 성호: 3, 은성: −1 (3) 8

13 (1) 12 (2) 80 **14** 15 **15** 10

16 (1) 40 (2) 135 (3) 7 (4) $\sqrt{7}$ **17** (1) ○ (2) ×

18 (1) × (2) ○ (3) × **19** 산점도

20 (1) 80점 (2) 50점

21 (1) 음의 상관관계 (2) 양의 상관관계

유형연습

01 83 **02** 5.3 **03** 2.5 **04** 3 **05** 풀이 참조

06 16권 **07** 2 **08** 분산: 9.5, 표준편차: $\sqrt{9.5}$

09 6 **10** 12 **11** $3\sqrt{5}$ **12** $\dfrac{13}{3}$

13 ⑤ **14** 풀이 참조 **15** 4명 **16** 양의 상관관계

01

변량 47, 95, 4, 75, 26, x의 평균이 55이므로

$$\frac{47 + 95 + 4 + 75 + 26 + x}{6} = 55$$

$247 + x = 330$

따라서 $x = 83$

답 83

02

10개의 변량에서 중앙값은 5번째와 6번째 변량의 평균이다. a를 제외한 9개의 변량을 작은 값부터 크기순으로 나열하면 1, 2, 3, 3, 4, 7, 7, 9, 11과 같고, 5번째와 6번째 변량의 평균은 $\dfrac{4+7}{2}=5.5$로 5가 아니므로

$4 < a < 7$

이때 10개의 변량의 중앙값은 4와 a의 평균이므로

$\dfrac{4+a}{2}=5$, $4+a=10$, $a=6$

따라서 10개의 변량의 평균은

$\dfrac{1+2+3+3+4+6+7+7+9+11}{10}=\dfrac{53}{10}=5.3$

답 5.3

03

6개의 변량의 평균이 2이므로

$(\text{평균})=\dfrac{4-3+1-2+a+b}{6}=2$에서

$a+b=12$

최빈값이 4이므로 a, b 중 하나는 4이다.

이때 $a < b$이므로

$a=4$, $b=8$

6개의 변량을 작은 값부터 크기순으로 나열하면

$-3, -2, 1, 4, 4, 8$

따라서 중앙값은 3번째와 4번째 값의 평균인

$\dfrac{1+4}{2}=2.5$이다.

답 2.5

04

최빈값이 1과 4가 되기 위해서는 a, b, c를 제외하고 1이 2개 있으므로 a, b, c 중 2개는 4이고 나머지 한 개는 1, 2, 3, 4가 모두 아니어야 한다.

$a=b=4$라 하면 1, 3, 2, 1, 4, 4, c의 평균이 3이므로

$\dfrac{1+3+2+1+4+4+c}{7}=3$

$15+c=21$, $c=6$

7개의 변량을 작은 값부터 크기순으로 나열하면

1, 1, 2, 3, 4, 4, 6

따라서 중앙값은 4번째 수인 3이다.

답 3

05

자료의 값 중 53이라는 극단적인 값이 있으므로 평균은 이 자료의 대푯값으로 적절하지 않다. 또한, 자료의 개수가 적으므로 값이 2번 나온 최빈값 6을 대푯값으로 선택하는 것도 적절하지 않다.

따라서 극단적인 값이 있는 경우에도 자료 전체의 특징을 잘 대표할 수 있는 중앙값이 대푯값으로 적절하고, 자료를 작은 값부터 크기순으로 나열하면 6, 6, 7, 8, 9, 10, 11, 12, 13, 53이므로 5번째와 6번째 값의 평균인 $\dfrac{9+10}{2}=9.5$가 중앙값이다.

답 풀이 참조

06

변량을 모두 더한 후 개수로 나누어 평균을 구하면

$\dfrac{3+5+10+11+11+16+22+24+27+31}{10}$

$=\dfrac{160}{10}=16(\text{권})$

따라서 현수네 반 학생들의 평균 연간 읽은 책 권수는 16권이다.

답 16권

07

편차의 총합은 0이므로

$-1+0+2-3+x=0$

따라서 $x=2$

답 2

08

$(\text{평균})=\dfrac{(a-5)+a+(a+2)+(a+3)}{4}=\dfrac{4a}{4}=a$

이므로

$$(분산) = \frac{(-5)^2 + 0^2 + 2^2 + 3^2}{4}$$

$$= \frac{38}{4} = 9.5$$

따라서 (표준편차) $= \sqrt{9.5}$

답 분산: 9.5, 표준편차: $\sqrt{9.5}$

09

1조의 변량과 2조의 변량의 차이가 6개이므로 2조의 편차는
$-2 + 6 = 4$(개)

5조의 편차를 x개라 하면 편차의 총합은 0이므로
$$-2 + 4 + 0 + 1 + x = 0$$
$$x = -3$$

따라서
$$(분산) = \frac{(-2)^2 + 4^2 + 0^2 + 1^2 + (-3)^2}{5}$$

$$= \frac{30}{5} = 6$$

답 6

10

평균이 4이므로
$$\frac{2 + x + 4 + y + 8 + 3}{6} = 4$$
$$x + y + 17 = 24$$
$$x + y = 7 \qquad \cdots\cdots ㉠$$

분산이 $\frac{11}{3}$이므로
$$\frac{(-2)^2 + (x-4)^2 + 0^2 + (y-4)^2 + 4^2 + (-1)^2}{6} = \frac{11}{3}$$
$$x^2 + y^2 - 8(x+y) + 53 = 22$$
$$x^2 + y^2 - 3 = 22$$
$$x^2 + y^2 = 25 \qquad \cdots\cdots ㉡$$

따라서 $(x+y)^2 = (x^2+y^2) + 2xy$에 ㉠, ㉡을 대입하면
$$7^2 = 25 + 2xy$$
$$2xy = 24$$

따라서 $xy = 12$

답 12

11

$a+b+c+d = 8$이므로 변량 $3a-2$, $3b-2$, $3c-2$, $3d-2$ 의 평균은
$$\frac{(3a-2)+(3b-2)+(3c-2)+(3d-2)}{4}$$

$$= \frac{3(a+b+c+d) - 8}{4}$$

$$= \frac{3 \times 8 - 8}{4} = 4$$

$a^2 + b^2 + c^2 + d^2 = 36$이므로 변량 $3a-2$, $3b-2$, $3c-2$, $3d-2$의 분산은
$$\frac{(3a-2-4)^2 + (3b-2-4)^2 + (3c-2-4)^2 + (3d-2-4)^2}{4}$$

$$\frac{(3a-6)^2 + (3b-6)^2 + (3c-6)^2 + (3d-6)^2}{4}$$

$$= \frac{\{3(a-2)\}^2 + \{3(b-2)\}^2 + \{3(c-2)\}^2 + \{3(d-2)\}^2}{4}$$

$$= \frac{9}{4}\{(a^2+b^2+c^2+d^2) - 4(a+b+c+d) + 16\}$$

$$= \frac{9}{4}(36 - 4 \times 8 + 16)$$

$$= \frac{9}{4} \times 20 = 45$$

따라서 표준편차는
$$\sqrt{45} = 3\sqrt{5}$$

답 $3\sqrt{5}$

12

A, B 두 반의 평균 점수가 3점으로 같으므로 두 반 전체의 평균도 3점이다.

따라서 A, B 두 반을 섞은 전체 자료의 분산은
$$\frac{\{전체 \ (편차)^2의 \ 합\}}{(전체 \ 학생 \ 수)}$$

$$= \frac{\{A반 \ (편차)^2의 \ 합\} + \{B반 \ (편차)^2의 \ 합\}}{(A반 \ 학생 \ 수) + (B반 \ 학생 \ 수)}$$

$$= \frac{5 \times 2 + 7 \times 6}{5 + 7}$$

$$= \frac{52}{12} = \frac{13}{3}$$

답 $\frac{13}{3}$

13

① A 자료와 B 자료의 변량의 합은 각각 50으로 같으므로 평균도 5로 같다.

② A 자료의 표준편차는

$$\sqrt{\frac{9+4+1+16+4+4+1+1}{10}}=\sqrt{4}=2$$

③ B 자료의 분산은

$$\frac{1+1+4+1+1+4+4}{10}=1.6$$

④ A 자료의 분산이 B 자료의 분산보다 크므로 A 자료의 산포도가 더 크다.

⑤ B 자료의 산포도가 더 작으므로 A 자료보다 평균을 중심으로 더 고르게 분포되어 있다.

따라서 옳은 것은 ⑤이다.

🗒 ⑤

[참고] (평균을 중심으로 고르게 분포되어 있다.)
= (자료 값들이 평균에 가깝게 분포되어 있다.)

14

키와 몸무게를 각각 x cm, y kg이라 할 때, 순서쌍 (x, y)를 좌표로 하는 점을 좌표평면 위에 찍어서 산점도를 그리면 다음과 같다.

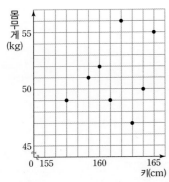

🗒 풀이 참조

15

IQ보다 EQ가 더 높은 학생은 다음 그림에서 대각선의 위쪽에 있는 점의 개수와 같으므로 4명이다.

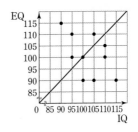

🗒 4명

16

미세 먼지의 농도가 높아짐에 따라 초미세 먼지의 농도도 대체로 높아지므로 두 변량 사이에는 양의 상관관계가 있다.

🗒 양의 상관관계

진짜
수학의 답을
찾아서!

수학의 답

중학 수학 3

필독

중학 국어로 수능 잡기

✦ **필독** 중학 국어로 수능 잡기 시리즈

문학 ─ 비문학 독해 ─ 문법 ─ 교과서 시 ─ 교과서 소설

중학도 EBS!

EBS중학의 무료강좌와 프리미엄강좌로 완벽 내신대비!

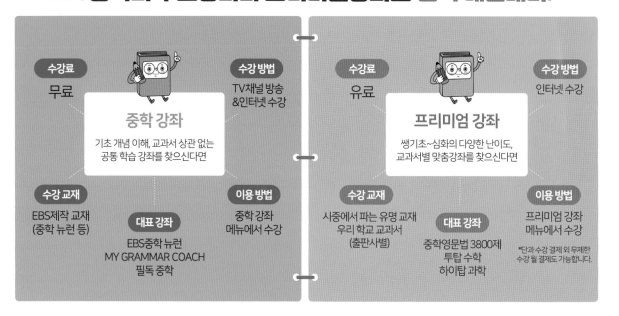

수강료
무료

수강 방법
TV채널 방송
&인터넷 수강

중학 강좌
기초 개념 이해, 교과서 상관 없는
공통 학습 강좌를 찾으신다면

수강 교재
EBS제작 교재
(중학 뉴런 등)

대표 강좌
EBS중학 뉴런
MY GRAMMAR COACH
필독 중학

이용 방법
중학 강좌
메뉴에서 수강

수강료
유료

수강 방법
인터넷 수강

프리미엄 강좌
쌩기초~심화의 다양한 난이도,
교과서별 맞춤강좌를 찾으신다면

수강 교재
시중에서 파는 유명 교재
우리 학교 교과서
(출판사별)

대표 강좌
중학영문법 3800제
투탑 수학
하이탑 과학

이용 방법
프리미엄 강좌
메뉴에서 수강

*단과 수강 결제 외 무제한
수강 월 결제도 가능합니다.

프리패스 하나면 EBS중학프리미엄 전 강좌 무제한 수강

내신 대비 진도 강좌

☑ 국어/영어: 출판사별 국어7종/영어9종
　　　　　우리학교 교과서 맞춤강좌

☑ 수학/과학: 시중 유명 교재 강좌
　　　　　모든 출판사 내신 공통 강좌

☑ 사회/역사: 개념 및 핵심 강좌
　　　　　자유학기제 대비 강좌

영어 수학 수준별 강좌

☑ 영어: 영역별 다양한 레벨의 강좌
　　　문법 5종/독해 1종/듣기 1종
　　　어휘 3종/회화 3종/쓰기 1종

☑ 수학: 실력에 딱 맞춘 수준별 강좌
　　　기초개념 3종/문제적용 4종
　　　유형훈련 3종/최고심화 3종

시험 대비 / 예비 강좌

· 중간, 기말고사 대비 특강
· 서술형 대비 특강
· 수행평가 대비 특강
· 반배치 고사 대비 강좌
· 예비 중1 선행 강좌
· 예비 고1 선행 강좌

왜 EBS중학프리미엄 프리패스를 선택해야 할까요?

현직 교사들이
직접 참여하는 강의

타사 대비 60% 수준의
합리적 수강료

60%

프리패스 회원만을
위한 특별한 혜택

자세한 내용은 EBS중학 > 프리미엄 강좌 > 무한수강 프리패스(http://mid.ebs.co.kr/premium/middle/index) 에서 확인할 수 있습니다.

*사정상 개설강좌, 가격정책은 변경될 수 있습니다.